主　编：陈　恒　孙　逊

光启文库

光启随笔

光启文库

光启随笔　　光启讲坛
光启学术　　光启读本
光启通识　　光启译丛

主　编：陈　恒　孙　逊

学术支持：上海师范大学光启国际学者中心

责任编辑：施帼玮
装帧设计：纸想工作室

难问西东集

徐国琦 著

商务印书馆
2019年·北京

图书在版编目（CIP）数据

难问西东集 / 徐国琦著. —北京：商务印书馆, 2019
（光启文库）
ISBN 978－7－100－16902－8

Ⅰ. ①难… Ⅱ. ①徐… Ⅲ. ①世界史 — 文集
Ⅳ. ①K107-53

中国版本图书馆 CIP 数据核字（2018）第280978号

权利保留，侵权必究。

难 问 西 东 集

徐国琦 著

商 务 印 书 馆 出 版
（北京王府井大街36号 邮政编码 100710）
商 务 印 书 馆 发 行
山东临沂新华印刷物流
集团有限责任公司印刷
ISBN 978－7－100－16902－8

2019年2月第1版　　　开本 889×1194　1/32
2019年2月第1次印刷　　印张 11
定价：56.00元

出版前言

梁启超在《清代学术概论》中认为,"自明徐光启、李之藻等广译算学、天文、水利诸书,为欧籍入中国之始,前清学术,颇蒙其影响"。梁任公把以徐光启(1562—1633)为代表追求"西学"的学术思潮,看作中国近代思想的开端。自徐光启以降数代学人,立足中华文化,承续学术传统,致力中西交流,展开文明互鉴,在江南地区开创出海纳百川的新局面,也遥遥开启了上海作为近现代东西交流、学术出版的中心地位。有鉴于此,我们秉承徐光启的精神遗产,发扬其经世致用、开放交流的学术理念,创设"光启文库"。

文库分光启随笔、光启学术、光启通识、光启讲坛、光启读本、光启译丛等系列;努力构筑优秀学术人才集聚的高地、思想自由交流碰撞的平台,展示当代学术研究的成果,大力引介国外学术精品。如此,我们既可在自身文化中汲取养分,又能以高水准的海外成果丰富中华文化的内涵。

文库推重"经世致用",即注重文化的学术性和实用性,既促进学术价值的彰显,又推动现实关怀的呈现。文库以学术为第一要义,所选著作务求思想深刻、视角新颖、学养深厚;同时也注重实用,收录学术性与普及性皆佳、研究性与教学性兼顾、传承性与创新性俱备的优秀著作。以此,关注并回应重要时代议题与思想命题,推动中华文化的创造性转化与创新性发展,在与国外学术的交流对话中,努力打造和呈现具有中国特色的价值观念、思想文化及话语体系，为夯实文化软实力的根基贡献绵薄之力。

文库推动"东西交流"，即注重文化的引入与输出，促进双向的碰撞与沟通，既借鉴西方文化，也传播中国声音，并希冀在交流中催生更绚烂的精神成果。文库着力收录西方古今智慧经典和学术前沿成果，推动其在国内的译介与出版；同时也致力收录汉语世界优秀专著，促进其影响力的提升，发挥更大的文化效用；此外，还将整理汇编海内外学者具有学术性、思想性的随笔、讲演、访谈等，建构思想操练和精神对话的空间。

我们深知，无论是推动文化的经世致用，还是促进思想的东西交流，本文库所能贡献的仅为涓埃之力。但若能成为一脉细流，汇入中华文化发展与复兴的时代潮流，便正是秉承光启精神，不负历史使命之职。

文库创建伊始，事务千头万绪，未来也任重道远。本文库涵盖文学、历史、哲学、艺术、宗教、民俗等诸多人文学科，需要不同学科背景的学者通力合作。本文库综合著、译、编于一体，也需要多方助力协调。总之，文库的顺利推进绝非仅靠一己之力所能达成，实需相关机构、学者的鼎力襄助。谨此就教于大方之家，并致诚挚谢意。

清代学者阮元曾高度评价徐光启的贡献，"自利玛窦东来，得其天文数学之传者，光启为最深。……近今言甄明西学者，必称光启"。追慕先贤，知往鉴今，希望通过"光启文库"的工作，搭建东西文化会通的坚实平台，矗起当代中国学术高原的瞩目高峰，以学术的方式阐释中国、理解世界，让阅读与思索弥漫于我们的精神家园。

上海师范大学光启国际学者中心

2017年3月

序 言

　　我认识的中外学者不少，但像陈恒先生这样有领袖才干和行政能力的学者不多。作为百无一用、只会舞文弄墨的书生，我对陈先生抱有崇高的敬意。不仅如此，陈先生还对我有恩，当我还默默无闻时，他主编的"上海三联人文经典书库"即出版我的第一本英文著作 China and the Great War（《中国与大战》）的中文版。不久前我的难登大雅之堂的小书《边缘人偶记》问世后，陈先生又亲自出面，在上海师范大学的光启国际学者中心组织读书会，邀请不少我十分尊敬的学者屈尊参加，让我如坐春风。所以当陈先生吩咐我为其主编的"光启文库"贡献点什么时，于公于私，我都无法拒绝，只能恭敬不如从命。

　　服从陈先生命令容易，但付诸实施难。我平生所学不多，拿得出手的中文文字更少。踌躇再三，只好献丑，终于编成了您手中的这些文字。时间跨度从1987至2018年，长达31年之久！在这31年间，我从青涩害羞的瘦削青年变成老脸皮厚的肥胖中年，从人子到人父。我生活的世界也发生了翻天覆地的变化。难怪在翻捡手中的这些文字时，有一种莫名其妙的沧桑感。很能体会曹雪芹所说的"满纸荒唐言，一把辛酸泪"的心态！对这些文字，我虽百感交集，但在这里无法也不想多说什么。我只想说明的是，对于那些不符合今天学术规范的地方，我不敢以时代局限搪塞。对我自己都感到脸红的粗浅文字，也不敢修改以遮丑，还是以原面目示人。知我、罪我，还是全由读者诸君评判吧。

这些文字有读书杂记、有书评，也有正儿八经的论文。所收文章包括美国史、美国外交史、中美关系史、战争史、读书记等等，不一而足。涉及美国、中国、法国、中外关系、美国外交、一战等等。题材长短不一，格式不同。古人云："名不正，则言不顺。"但为该书取个什么名字，也让我颇费思量。之所以取《难问西东集》这个书名，是因为我不知道这本书究竟是什么东西。当我在思考该给本书取个怎样的书名时，电影《无问西东》的最后几句台词回荡在我的耳边："愿你在被打击时，记起你的珍贵，抵抗恶意；愿你在迷茫时，坚信你的珍贵，爱你所爱，行你所行，听从你心，无问西东。"这里收集的个人文字当然很难说珍贵，但毕竟反映了自己学术人生一步步走来的旅程，即使是敝帚，还是有点自珍的。其中当然也包含苏东坡所说的"人生到处知何似，应似飞鸿踏雪泥。泥上偶然留指爪，鸿飞那复计东西"那种心境。对本人来说，诗里的"东西"两字还有一种特殊含义。平生问学志在不中不西，不古不今，甚至不伦不类。这里的文字，也或多或少地反映了我的学术追求。不东不西，所以难问西东！

这几年我一直在构造自己的所谓"共有历史"体系。是否成功，还很难说。但这本书的问世，无疑是许多人参与其中和共有的，如果说此书有历史的话，其历史就是共有的历史。收在这里的绝大多数文字是当年的编辑朋友或其他友人逼出来的，没有他们的鞭策，就没有这本小书。所以，我在这里要特别感谢李剑鸣、吴浩、吴崇诰、赵梅、刘小磊、刘青峰、余国良、朱晓江等众多朋友。

因我不怎么会中文打字，要把当年文字变成电子文档，对我是不小的挑战。晏绍祥、谭徐峰两位在百忙之中，毅然答应帮我处理打字事宜，解决了我的燃眉之急。香港《二十一世纪》杂志主编张志伟先生不仅慨然同意我使用在该杂志发表的部分文字，甚至不辞辛苦提供电子文档，在此我深表谢意。妻子尤卫群多年来任劳任怨，支持我全心问学，本书的每篇文字都有她的奉献。不仅如此，本书里好几篇文章也是她帮我打成电子文档的。文字是无法表达我对她的感激之情的。商务印书馆上海分馆的鲍静静总编辑从一开始就对此书鼓励有加，让本想打退堂鼓的我只好奋力向前，完成陈恒先生吩咐的使命。感谢张宁曦先生费心帮我将英文注释规范化。

如果说这本难问西东的小书有任何可取、可读或可借鉴的地方，上述人士功不可没；不言而喻的是，本书的任何错误概由作者承担，无关时代和他人。

徐国琦

2018年夏于波士顿

目 录

序 言   1

第一部分　读书天下

读书之余话读书   3
美国在危机中   11
20世纪80年代以来的美国外交史学   38
《美国宪法》与美国经济发展   56

第二部分　知人论世

塞缪尔·P.亨廷顿及其文明冲突论   63
美国文化心理情结与文明冲突论   84
麦克纳马拉的忏悔   105

第三部分　"大战"遗产

第一次世界大战及一战华工的世界意义   113

第一次世界大战期间的西线华工和中美共有历史　134
巴黎和会前后中国知识界与美国外交政策　170
何为中国：1919年的中国和世界　186

第四部分　亦中亦西

为反对"两个美国"而斗争　209
越南战争的现代记忆及其影响　223
从批判的武器到武器的批判　244

第五部分　何以美国

美国早期对法外交　259
威廉·亨利·西沃德和美国亚太扩张政策　276
均势与美国门户开放政策　296
西奥多·罗斯福的欧洲均势外交　310

后　记　333

第一部分
读书天下

阿瑟·德夫,《出航的船》,约1929年

读书之余话读书

《南方周末》刘小磊先生命我写一篇有关"秘密书架"或读书方法的文字。由于《南方周末》是我尊重的屈指可数的几个国内刊物之一,理应效命,所以就贸然答应了。但等到拿起笔来,略一思考,就不禁惶恐起来。发现我虽读书、写书多年,却根本没有锦囊妙计,没有什么"秘密书架"或任何可以示人的所谓高明读书方法,如果非要说有的话,充其量乃"皇帝的新衣",是经不起推敲的。但受人之托,要终人之事,文字还得写。不得已,只好同读者诸君开诚布公地交代我一些读书的经历和想法,我姑妄言之,不敢希望大家姑妄信之。

我把自己作为读书人的经历分为以下几个阶段:一是"好读书,不求甚解"阶段。二是"为己之学,为人之学"阶段。三是"尽信书,不如无书"阶段。这三阶段论似乎与王国维先生的学问三境界说有点相辅相成。他的三境界如下:"独上高楼,望尽天涯路""衣带渐宽终不悔,为伊消得人憔悴""众里寻他千百度,蓦然回首,那人却在灯火阑珊处"。这里不敢掠王先生之美,就不再展开了吧。

如同我不久前出版的一本小书《边缘人偶记》所坦白的,我自幼出身贫寒之家,小时候没有读书环境和机会。在求知欲最强的阶段无书可读。侥幸考上大学后,像饥饿之人突然遇到食物,立即不加选择地进入"好读书,不求甚解"阶段,找到稍有兴趣的书马上就读起来,可谓饥不择食。时常发生陶渊明所谓的"开卷有得,便欣然忘食"情景,甚至达到唐太宗提到的"开卷有益,朕不以为劳也"之境界。尤其找到一本所谓的时髦书或禁书,实在是能体会古人的"雪夜闭门读禁书"的快意。《古文观止》以及各种野史笔记、王了一(古文字学家王力)的《龙虫并雕斋文集》、曹聚仁的《我与我的世界》都是在这一时期好好享受过的。虽然这一阶段主要集中在读书早期,但直到今天在读专业书读得头昏脑涨时,我偶尔也会回到初心,找一些轻松书籍,放纵一下自己,修身养性。

这种"信手拈来、快意读书"时期可惜很快就成为奢侈品,可遇不可求。当读书已成为稻粱谋和在学术界生存立足的敲门砖和工具时,即进入所谓"为己之学,为人之学"阶段。这时候读什么书是必须有所选择或没有选择的。可以说是功利性读书,有的放矢。读书的主要目的是要为自己立言做准备。所读的书一方面是为自己教书育人而必须读,另一方面就是为自己要写书而先读书。所谓"为己为人"读书意即在此。所以在这一阶段所读的书跟本人个人爱好可能没有多少关系,哪怕是令人恶心的书,只要是与所讲或所写的题目有关,也要捏着鼻子读下去。此外,在"他山之石,可以攻玉"的心理作用下,还要读有关学术方法、写作技巧方面的书。记得当年写《中国与大战:寻求新的国家认同与国际化》一书时,恨不得读破所有有关第一次世界大战(后文简称"一战")方面中外著作,在香港大学开设"中美关系史"课程时,也咬牙阅读了相关的几乎所有个人认为必须读的书,才敢登台授课。如果第一阶段读书的出发点是因为饥不择食,为了"书中自有颜如玉",是精神层面,那么现阶段读书则充其量是为了"书中自有黄金屋",为了能混迹学术界,则属于物质方面了。就读书品质而言,档次有点下降,似乎少了点浪漫的东西。

中国读书人的老祖宗孔夫子告诉大家,人到了50岁则为"知天命"之年。我已年过50,哪敢称知天命啊!但在读书方面,倒是进入潇洒的"尽信书,不如无书"阶段。可能是自己在圈子里打滚了几十年,也写了几本吓唬人的书,到了"曾经沧海难为水"的地步,为颜如玉读书或为黄金屋读书的动力已不多了,反而成了孟夫子"尽信书,不如无书"的信徒,能入眼的书实在是不多。故对图书馆、书店或同事们的诸多书籍,哪怕拿到手中,也常有坐怀不乱的感觉,提不起要读的激情了。倒是对多年前读过的书,好像是年轻时暗恋过的情人一样,偶尔想再看一眼,如孔子所说,"学而时习之,不亦说乎"。年轻时轻信所谓"书山有路勤为径,学海无涯苦作舟"之类的话,现在想想如果没有悟性,一个人再勤再吃苦也不会有太大收获。反而诸如"举一反三""心有灵犀一点通"之类的道理可能更有说服力,再说,正如庄子所感叹的,知无涯,但生有涯呀!人到中年,深深感到"以有涯随无涯,殆已"!迫不得已,读书进入"尽信书,不如无书"阶段,只好对许多书视而不见了。

看到这种不励志的话,编辑先生一定后悔请我写这篇文章了,就此打住,回到秘密书架话题。前面说到我没有什么秘密书架,但有几本书对我的学术人生影响很大。古人说:"读书破万卷,下笔如有神。""下笔如有神"我不敢说,但说读万卷书,应该是有的。在所读过的无数种书中,有四本书对我影响极大。第一本是司马迁的《史记》。遥想当年刚进大学后,猛啃《史记》,把这套书从头读到尾,还详细琢磨。当时我的英文基础差,但古文不错,很想考中国古代史专业万绳楠先生的研究生。所以我读完《史记》后,我认为自己发现了一个前人没能发现的问题,花了几个星期写了有生以来第一篇正规文章,然后偷偷塞到万老师家的门缝里。当时的老师是没有个人办公室的,好像万老师第一年也未给我们上过课,学生要找老师都要到老师家里去。我偷偷摸摸把文章塞到万老师家后,苦等了几个星期,泥牛入海无消息。我想他大概看不上我的文章,心中特别沮丧,觉得一番心思付诸东流,对中国古代史的兴趣顿感索然。尽管如此,《史记》的作用和影响犹存,其毕竟是我有生以来第一次正规读的一套书。

对我学术人生影响很大的第二本书是詹姆斯·乔尔(James Joll)的《第一次世界大战的起源》(*The Origins of the First World War*)。

记得刚到哈佛大学历史系攻读博士学位时,按规定,我必须上入江昭(Akira Iriye)教授为研究生所开的国际史讨论班课程,当时大概有不到10人修这门课。该课的要求之一是每个学生应在入江昭教授指定的书单中挑一本书作为精读对象,并带领全班同学讨论其主题。由于我第一节课因故迟到,有趣和好读的书都被别人捷足先登了,留给我的只剩下詹姆斯·乔尔所写的《第一次世界大战的起源》。所以我就被入江昭教授指定为此书的引评人,我因此被迫成为班上的"一战专家"。引评人的责任是详细介绍该书的观点及研究的得失。我只好硬着头皮,把此书好好读了一遍。轮到我做引评人的那节课时,我一本正经地向同学介绍了此书的观点及写作方法,然后郑重其事地强调,这本书当然很好,还是很有影响的,但这本英国人写的书有个致命伤,就是西方中心论,因为它对包括日本和中国在内的亚洲鲜少提及,遑论分析了。然后我非常郑重地进一步指出,西方"一战"研究,缺乏国际史的视野,对中国因素的考察尤其欠缺。入江昭教授听了我的一番议论后点评道:"很好,既然如此,你的讨论班论文应该以此为题,研究'一战'的中国因素。"因为这是老师主动提出的论文题目,后来我提交的讨论班论文便是《中国与第一次大战》。显然老师对我的论文很满意。日后当我搜肠刮肚、苦思冥想我的博士论文题目时,入江昭教授说:"你为什么不再接再厉,继续选中国与第一次大战做博士论文题目呢?"结果就是自己后来的博士论文竟是关于第一次世界大战!时隔30年,可以说我直到今天仍未摆脱一战的"魔咒",不时被约请撰写有关一战的文章或著作,并成为所谓"国际著名一战专家"。时乎,命乎?今天想来还是詹姆斯·乔尔所写的《第一次世界大战的起源》那本书造的孽!

美国著名学者费正清(John King Fairbank)的《美国与中国》(*The United States and China*)一书对我的影响也很大。这本书在"文革"时期有大字的中文版,我在"好读书,不求甚解"阶段读过。1990年底我刚到美国时,费正清还在世,我一直有拜见他的想法,可惜在我还没有来得及去拜访他之前,他老人家就在1991年去世了。我只有机会参加他的追思会。说起来,我算是他学生的学生,因为入江昭先生是他的直系弟子。2008年冬天,我有机会同哈佛大学出版社著名编辑林赛水喝酒聊天。林赛水系我在哈佛大学出版社出版的《奥林匹克之梦:中国与体育,1895—2008》(*Olympic Dreams: China and Sports, 1895-2008*)一书的编辑。我们以书会友,因此成为朋友。那天在酒酣耳热的情况下,林赛水问我未来的研究计划。我借助酒劲,告诉他有机会的话我要写一本"惊天地,泣鬼神"的中美关系史杰作,彻底颠覆目前学术现状。原以为这只是酒后吹吹牛而已,当不得真的。未想到林赛水是有心人,对我的这一设想很感兴趣,鼓励有加。结果我花了好几年时间为哈佛大学出版社写了一本《中国人与美国人:一个共有的历史》(*Chinese and Americans: A Shared History*)。事后想想,我在和林赛水吹牛时,冥冥之中,无疑想到了好多年以前读的费正清的《美国与中国》。拙著《中国人与美国人:一个共有的历史》一书无疑是以他的《美国与中国》一书为楷模的。梁思成给

Fairbank先生取中文名"费正清"时,可能寓意"正本清源"之意。所以,这里我也要正本清源,感谢这位正本清源太老师,感谢他1948年写了那本书,让我多年后受惠不浅!

另一位哈佛教授亨廷顿(Samuel P. Huntington)先生的大作《文明的冲突论》(*The Clash of Civilizations and the Remaking of World Order*)是另一本对我影响极大的书。我因学习兴趣广泛,刚到哈佛时像刘姥姥进大观园,什么都好奇,都想学,并自告奋勇正式上了亨廷顿教授一门关于文明冲突的讨论班课。1993年亨廷顿在美国《外交》杂志上发表了一篇洛阳纸贵的文章"The Clash of Civilizations?"轰动全球后,他就想一鼓作气写一本书。按照哈佛大学教授的写书流程,最好先开一门讨论课,组织一批哈佛优秀学生,由老师介绍观点,学生出谋划策。亨廷顿也没逃出这套模式,1994年春天他在哈佛准备开一门新课,专门集中在"文明冲突"(Clash of Civilizations,课程表代号:Government 2788)。这门课只收了他亲自挑选的15名学生,这些学生分别来自不同国家、不同文明背景和不同专业。学生有从墨西哥来的,英国来的,欧洲大陆来的,各种各样的人都有。我大概是作为亚洲背景的学生,成为这15名学生之一。我也是唯一的历史系学生,其他多是来自经济系、政治系等。《文明的冲突论》一书对我的影响是,我不仅有幸参与了这本书的写作过程,近距离领略了名家的风采和风范,更重要的是,我学到了大学者勇于探索、追求真理的胆识和真知灼见。《文明的冲突论》出版后,一石激起千层浪,引起极大反响,当然也毁誉交加。亨廷顿曾亲口告诉我,一本书出版后,如毫无反响,则是败笔;反之,一本著作哪怕是批评声音不断,也是成功的,因为它造成轰动、引起关注。作为学者,这就足够了。到了今天,每当我自问所做的题目是否太有挑战性时,我都会回想起亨廷顿老师的言语,人也顿时胆大起来。

(此文的缩减版以"对我影响最大的四本书"为题原载《南方周末》文化版2018年4月19日)*

---

* 对《南方周末》副刊主编刘小磊先生邀请撰写此文谨表谢意。

美国在危机中
——美国是否衰落论战述评*

美国会衰落吗？这是美国短短200余年历史中一个长久的话题。熟悉美国历史的人也许会同意这样一个观点："天定命运""扩张""衰落"是理解美国思考未来的关键词汇。美国的开国元勋们担心过美国的未来衰落。美墨战争、美西战争前后美国人也大喊过一阵"应承担天定命运"，向外扩张，否则美国就要衰落的论调。进入20世纪后，在美国关于本国是否衰落的议论更是屡见不鲜。苏联卫星的上天，越南战争（后文简称"越战"）的失败，美元的贬值和与黄金脱钩等一系列事件发生时，美国人都惊呼过美国在衰落。而且，至少从约翰·F. 肯尼迪竞选总统以来，衰落这个名词竟堂而皇之地进入美国四年一度的大选中，成

---

* 本文在写作过程中，得到哈佛大学欧内斯特·R. 梅（Ernest R. May）教授的大力帮助，特此致谢。

为政治名词。如是而观,世人实在不应对美国人的衰落论调作"泰山崩于前"的惊乍了。

然而,20世纪80年代中后期以来美国关于衰落的辩论在内容、性质及背景诸方面都大大有别于从前。如果说,19世纪所谓的衰落说法反映了美国人的狂妄自大,20世纪80年代以前的衰落论调暴露出美国人缺乏自信的话,那么,目前这场方兴未艾的围绕美国是否衰落的论战则是"狼真来了"的心理写照。

这场论战有下列几个特点:一是持续时间长。如果从保罗·M.肯尼迪的《大国的兴衰》问世作为这场论战的开端的话[1],这场论战的结束尚无尽头。新的专著、新的文章正源源不断地问世,加入论战之列。二是影响大。政界要人、学术名流、工商巨子、寻常百姓均卷入这场论战之中,甚至包括一些外国人。如英国的苏姗·斯特兰奇(Susan Strange),法国的M.杰奎斯·阿提尼(M. Jacques Attali)都为此撰写过论著。[2] 三是辩论

---

[1] 事实上,在肯尼迪出版《大国的兴衰》(Paul M. Kennedy, *The Rise and Fall of the Great Powers*, New York: Random House, 1987)之前,美国学者已出版不少关于美国衰落的论著。但在肯尼迪《大国的兴衰》于1987年问世后,关于美国衰落才引起广泛注意。故一般均以肯尼迪这本书作为美国衰落问题论战的开端。

[2] 参见 Susan Strange, *States and Markets*, London: Pinter, 1988 和 "The Future of the American Empire", in *Journal of International Affairs*, Fall, 1988, vol. 42;阿提尼系法国密特朗总统的主要顾问及欧洲重建与发展银行负责人。他在1990年出版了一本重要的有关国际形势发展的著作,其中有很大篇幅讨论美国衰落问题。参见 M. Jacques Attali, *Lignes d'Horizon*, Paris: Foyard, 1990。该法文书现已被译成英文出版,参见 M. Jacques Attali, *Millennium: Winners and Losers in the Coming World Order*, New York: Times Books, 1991。书中的主要观点是:美国衰落已成为毫无疑问的事实。在经济上,美国事实上已退居日本之后,并沦为"日本的谷仓";在政治上,统一的欧洲将会发挥更重要的作用。

已深入到美国的政治之中。1992年的大选实际上就是围绕如何应付美国衰落或危机展开的。[1] 更耐人寻味的是，角逐共和党总统候选人提名的帕特里克·布坎南（Patrick Buchanan）也就衰落问题向布什挑战。[2]

本文旨在对目前美国衰落问题学术论战予以客观介绍，并就其中主要观点、方法加以简要分析、评论。

一　衰落学派的观点

保罗·M. 肯尼迪是衰落学派的主要代表。两大学派的论战也是由他首先定下基调的。一般而言，衰落学派和未衰落学派实际上是围绕着他的观点及议论框架进行发挥或以之作为矢的予以批判的。肯尼迪俨然是衰落学派的旗手。

肯尼迪有关美国衰落的观点主要体现在他的畅销书《大国的兴衰》及相关文章中。其主要观点是：虽然美国今天在经济、军事、外交方面仍执世界牛耳，但由于"帝国阵线过长"效应的影响，美国在世界总产值、贸易、高科技等项中所占的比例日趋下降，处于衰落状态。并正步历史上西班牙、荷兰和英国等大国衰落的后尘。美国决策人今天面对的将是"一个长期的尴尬现实，即今日美国国家实力已经远远不能同时保卫美国所有全球利益和

1　*The New York Times*, Dec. 16, 1991, A1.
2　Ibid., Dec. 11, 1991, B12.

承担所有义务"[1],衰落已成为事实。美国目前能做到的只是如何"体面地"让衰落速度变缓而已。[2] 肯尼迪建议美国正视现实,让外交政策中"实力与义务"相称。要做到这一点,美国应削减军备,减少其所承担的国际义务,吸取历史上大国衰落的教训。[3]

除肯尼迪外,属于衰落学派之列的包括大卫·P. 卡列奥(David P. Calleo)、罗伯特·吉尔平(Robert Gilpin)、C. 弗雷德·伯格斯顿(C. Fred Bergsten)、斯蒂芬·F. 柯恩(Stephen F. Cohen)、约翰·兹斯曼(John Zysman)、查尔斯·P. 金德尔伯格(Charles P. Kindleberger)、托马斯·J. 麦考密克(Thomas J. McCormick)、伊曼纽尔·沃伦斯坦(Immanuel Wallerstein)、阿伦·弗雷德伯格(Aaron Friedberg)、曼柯·奥尔森(Mancur Olson)、理查德·N. 罗斯克伦斯(Richard N. Rosecrance)等人。他们各自著书立说,从各种角度解释美国为什么衰落及怎样才能避免进一步衰落。殊途同归,可谓是这些人著作的共同特点。限于篇幅,本文不可能将每个人的观点一一予以介绍。这里仅择几位有代表性作者的观点介绍一下。

卡列奥关于美国衰落的代表作是《美国霸权之后:西方同盟

---

[1] Paul M. Kennedy, *The Rise and Fall of the Great Powers*, p. 515.
[2] Ibid., p. 534; James R. Schlesinger, "Is the United States Facing a Period of Inevitable Economic Decline?" in *Editorial Research Reports*, Aug. 12, 1988, vol. 2, no. 6, p. 412; Paul M. Kennedy, "The Decline of America", in *The Atlantic Monthly*, Aug., 1987, vol. 259; Paul M. Kennedy and Edward N. Luttwak, "The Rise and Fall of the Great Powers" (Luttwak 与 Kennedy 的对话), in *American Scholar*, Spring, 1990, vol. 59, no. 2.
[3] Paul M. Kennedy, "A Guide to Misinterpreters", in *The New York Times*, Apr. 17, 1988.

的未来》。卡列奥认为，美国已开始相对衰落[1]，而且，"由于经济不景气及管理不当，相对衰落将开始转为绝对衰落"[2]。对于衰落的主要原因，卡列奥虽然赞成肯尼迪的说法，即系"美国义务过分延伸"[3]，但认为美国政治体系本身存在的弱点也是导致美国衰落的重要原因之一。[4] 他还从分析战后美国外交政策出发，认为美国衰落是战后美国外交政策的必然结果。美国大力扶植日本、德国势力，帮助他们发展经济，其结果必然会导致美国本身地位下降。所以，美国的衰落是战后美国外交政策"成功"的体现，而非"失败"的结果。[5]

伯格斯顿也认为美国在经济上已经衰落。原因是美国过分依赖外国经济力量但又无力对外国经济实力予以操纵，加以影响。另一个原因是美国的生产率较日本、欧洲诸国要低。[6]

历史学家麦考密克和社会学家沃伦斯坦则从世界体系论角度来分析美国的衰落。在沃伦斯坦看来，大国衰落是一个必然的循环过程，按周期发生。如威尼斯在1550年前后衰落下去，荷兰

---

[1] David P. Calleo, *Beyond American Hegemony: The Future of the Western Alliance*, New York: Basic Books, 1987, p. 4.

[2] David P. Calleo, "The End of the Hegemony of the Cheap", in *New Perspective Quarterly*, Spring, 1988, p. 32.

[3] 卡列奥在《美国霸权之后：西方同盟的未来》一书中多次提到"美国义务过分延伸"的影响（如第216、220页）。

[4] David P. Calleo, *Beyond American Hegemony: The Future of the Western Alliance*, pp. 216, 219.

[5] Ibid.

[6] C. Fred Bergsten, "The World Economy After the Cold War", in *Foreign Affairs*, Summer, 1990, vol. 69, no. 3.

在1660年前后衰落,英国在1873年后衰落。美国衰落发生在1967年。[1] 麦考密克在其专著《美国半世纪》里对沃伦斯坦的说法加以进一步发挥。他认为,从历史上看,霸权在性质上是一种"现象",其本身"包含着导致经济灾难的种子"。因为维持霸主地位需要经济和军事优势[2],而这两者是一对矛盾。这种矛盾迫使核心大国总是位于"22条军规"的尴尬处境。要维持霸权,须维持强大的军事实力,这势必要影响经济发展,减弱经济竞争能力。反之,如裁减军备,以加强经济,则霸业难保。100年以前的英国就这样被这种矛盾拖垮,现在轮到美国重蹈覆辙了。[3]

顺便提一下,虽然麦考密克的分析方法在实质上与肯尼迪并无多少差异,二人都是从分析经济与军事关系入手的,但麦考密克却强调他的方法与肯尼迪等人存在实质上的分歧。他在一篇文章中写道,对肯尼迪及其他现实主义者来说,"经济权力只是扩大国家影响的一个工具,而非动因",而他本人则恰恰相反。[4]

1　Immanuel Wallerstein, "The United States and the World Crisis", in Terry Boswell and Albert Bergensen, eds., *America's Changing Role the World-System*, New York: Praeger, 1987, pp. 14−17; Immanuel Wallerstein, *America and the World: Today, Yesterday and Tomorrow*, New York: Fernand Braudel Center for the Study of Economies, Historical Systems, and Civilizations, State University of New York at Binghamton, 1991.

2　Thomas J. McCormick, *America's Half-Century*, Baltimore: Johns Hopkins University Press, 1989, p. 155; Thomas J. McCormick, "World Systems", in Michael J. Hogan and Thomas G. Paterson, eds., *Explaining the History of American Foreign Relations*, New York: Cambridge University Press, 1991, p. 94.

3　Thomas J. McCormick, "World Systems", p. 95; Nigel Harris, *Of Bread and Guns: The World Economy in Crisis*, New York: Penguin Books, 1983.

4　Thomas J. McCormick, "World Systems", pp. 96−98.

上述学者在一定程度上代表着美国衰落难以逆转的看法。但还有一部分学者，虽然也认为美国已经衰落，但并不认为这种衰落是不可避免的。他们认为，如果美国采取有效措施，改弦易辙，仍有可能重新回到霸主地位。

吉尔平即属于这一类学者。他认为美国衰落主要是由于不同的政治利益集团一意追求本身利益得失，而不顾国家大局所致。从而造成消费大于生产和投资，以及海外义务负担过重等现象。如果美国能克服这些利益集团的影响，衰落是可以避免的。[1]

弗雷德伯格虽也站在肯尼迪衰落学派的旗下，但他不赞成肯尼迪的"帝国阵线过长"的理论。他认为，国防开支或军事负担并不是美国衰落的主要原因。军事负担充其量只不过使美国已经衰落的局势变得更严重罢了。他认为导致美国衰落的主要原因是美国的国内政策与政治。如增加福利、扩大消费等都是导致美国衰落的主要原因。[2]

罗斯克伦斯的《美国经济复兴：一个新的大胆战略》可能是美国虽衰落但可挽回阵营里的最有代表性的一本书。罗斯克伦斯从很早时候起，就一直留意美国的权力消长问题。早在1976年，他就主编过一本叫《作为普通国家的美国：其外交政策及未来》。

---

[1] Robert Gilpin, *The Political Economy of International Relations*, New Jersey: Princeton University Press, 1987; Robert Gilpin, *War and Change in World Politics*, New York: Cambridge University Press, 1981; Mancur Olson, *The Rise and Decline of Nations: Economic Growth, Stagflation, and Social Rigidities*, New Haven: Yale University Press, 1982.

[2] Aaron Friedberg, "The Political Economy of American Strategy", in *World Politics*, Apr., 1989, vol. 41, no. 3.

他在该书的《导言》中写道，美国称霸的时代已经"结束"[1]。就外交政策中"负担及义务来看"，美国"现在是"，而且"应该是一个普通国家"了。[2]

1987年，罗斯克伦斯又出版了另一本代表他衰落论调的书——《贸易国的兴起》。其主要观点是，由于美国及苏联沉湎于紧张的军备竞赛，这影响了两国的经济发展，从而促成了一批新的成功的贸易国家应运而生。这批贸易国家在经济上巨大的成功，迫使美国进入衰落期。[3]

然而，在《美国经济复兴：一个新的大胆战略》一书中，虽然他仍认为美国处于衰落状态，但过去的那种悲观调子则完全不见了。如果以前可以称其为不折不扣的"衰落"论者，现在由于该书的出版，则应称之为"衰落—复兴"派了。在这本书中，尽管他还是用了一定篇幅谈美国正步历史上英国等大国的后尘，在经济、科技、贸易方面正在衰落[4]，但全书的基调似乎不是分析美国为什么衰落，而是集中在它怎样才能复兴方面。罗斯克伦斯认为，美国衰落固然是事实，但美国"能够而且将会复兴"，"在对政策采取重大调整之后，它将重新恢复处理国内经济及社会问题

---

1 Richard N. Rosecrance, *America as an Ordinary Country: U. S. Foreign Policy and the Future*, Ithaca: Cornell University Press, 1976, pp. 1, 264.

2 Ibid.

3 Richard N. Rosecrance, *The Rise of the Trading State: Commerce and Conquest in the Modern World*, New York: Basic Books, 1986.

4 Richard N. Rosecrance, *America's Economic Resurgence: A Bold New Strategy*, New York: Harper & Row, 1990, pp. 7−8, 30, 48, 212−213.

的能力,并在未来的岁月里,对国际社会的稳定做出贡献"。[1] 目前的衰落,在一定程度上对美国是一件好事,因为它可以刺激美国调整经济和政治体系,给美国领导人提供改革之机。[2] 而且,现在的国际形势也对美国有利。所以,美国目前的衰落只是一个"新生的序曲"[3]。

罗斯克伦斯关于应付衰落的主要建议并不新鲜,无非是削减联邦赤字,提高教育水平,增加储蓄,增加科研及发展方面的投资,鼓励美国商人及金融家重视长远利益,要有长远目标,等等。

关于美国的长远目标,一位年轻的学者戴维·C.亨德里克森专门为此撰写了一部书,书名叫《美国战略的未来》。他认为美国长远目标的核心应是"目标与手段的平衡"。亨德里克森指出,自20世纪70年代起,美国就出现了"目标与手段"的脱节,他称之为"李普曼鸿沟"。正是这种鸿沟,导致了美国的衰落。[4]

二 未衰落学派的反驳

未衰落学派主要是反驳衰落学派的观点而兴起的,其主要反驳对象是肯尼迪。两大学派的主要分歧当然是美国衰落和未衰

---

[1] Richard N. Rosecrance, *America's Economic Resurgence: A Bold New Strategy*, pp. 7-8, 30, 48, 212-213.
[2] Ibid.
[3] Ibid.
[4] David C. Hendrickson, *The Future of American Strategy*, New York: Holmes & Meier, 1987; David C. Hendrickson, *Reforming Defense: The State of American Civil-Military Relations*, Baltimore: Johns Hopkins University Press, 1988.

落的问题。未衰落学派主要从下述几个方面反驳衰落学派的基本观点：

一、错误的历史横向比较。未衰落学派不同意包括肯尼迪及其他一些衰落学派成员关于美国正走英国等历史上大国老路的说法。认为这种类比方法是不科学的甚至错误的。沃尔特·W. 罗斯托（Walt W. Rostow）便公开撰文批评这种类比，提醒美国人"当心"[1]。不过对这种类比批评最激烈的恐怕要算哈佛大学小约瑟夫·S. 纳伊（Joseph S. Nye, Jr.）教授。纳伊认为今天的美国与维多利亚时代的英国至少有四个基本不同的地方：第一，霸权的程度不一样。纳伊与他的哈佛同事罗伯特·O. 科霍恩（Robert O. Keohane）均认为，"英国从未达到美国在1945年后在世界产值比重方面所占的比例"。今天的美国仍旧能保证美国本身及国际社会的安全，但英国当时很难做到这一点。第二，美国比英国在依赖外部世界方面程度要小。例如，进口只占美国的GNP（国民生产总值）的20%左右，但进口在1914年英国的GNP中所占比例高达25%。两国在世界经济中所占比重也大不相同。即使在大英帝国达到强盛顶峰的19世纪70年代，其所占世界经济比重只名列第三。然而，今天美国的名次仍遥遥领先，比最接近它的竞争者的GNP还要多出近一倍。第三，美国今天在国防义务方面比英国当时的选择余地要大得多。第四，两国所面临的地缘政治上的挑战

---

[1] Walt W. Rostow, "Beware of Historians Bearing False Analogies", in *Foreign Affairs*, Spring, 1988.

也大不相同。当时美国、德国、俄国都是英国经济、军事上的强有力的挑战者,但今天,没有国家能在经济、军事上严重威胁美国。况且,拖垮英国的不是大英帝国本身,而是德国。[1]

二、错误的历史纵向比较。未衰落学派中不少学者认为,肯尼迪等衰落论者把今天的美国与1945年的美国相比同样是不正确的。因为1945年美国达到权力顶峰的现象是不正常的。这种"非正常"的现象是由于"第二次世界大战(后文简称'二战')效应"造成的。因为二战把主要大国拖入极端的暂时的衰弱状态,而未受战争损害的美国相应上升到"非正常"的强盛地位。随着其他国家逐渐恢复到正常的水平,美国地位有所下降当然也是正常的。根据纳伊和另一位哈佛大学教授塞缪尔·P.亨廷顿等人的说法,"二战效应"大约延续了25年。所以,到20世纪70年代中期以后,美国在世界产值、贸易中比重跌落,不过是回到自然状态而已。[2] 用亨廷顿的话说,这不是"衰落",而是一种"调整",是某种"恢复",恢复到正常状态。所以,将这种所谓的"衰落"

---

[1] Joseph S. Nye, Jr., *Bound to Lead: The Changing Nature of American Power*, New York: Basic Books, 1990, pp. 49-68; Joseph S. Nye, Jr., "The Misleading Metaphor of Decline: Analogies Between the United States and Post-Imperial Britain are Inaccurate and Mischievous", in *The Atlantic Monthly*, Mar., 1990, vol. 265, no. 3; Robert O. Keohane, "Power and Interdependence", in *Scott, Foresman / Little, Brown Series in Political Science*, 2nd ed., Glenview, Ill. Scott, Foresman, 1989; Robert O. Keohane and Joseph S. Nye, Jr., "Power and Interdependence Revisited", in *International Organization*, Aug., 1987, vol. 41, no. 4, pp. 725-753.

[2] Joseph S. Nye, Jr., *Bound to Lead: The Changing Nature of American Power*, pp. 72-73.

视为"调整","更能接近美国的现实"。[1] 纳伊对此也有一个形象的比喻。他称处于"二战效应"影响下的美国就像一个街道中称王称霸的小男孩。他的横行乡里只是一时的现象,因为其他小孩都得了流感;一旦他们从流感中恢复,小男孩的影响下降便是自然的了。[2] 所以纳伊认为,"一旦别国经济健康恢复,美国的优势地位注定要下降"[3]。斯坦利·霍夫曼(Stanley Hoffmann)也撰文指出,美国的这种衰落不仅正常而且是美国有意造成的,"因为1945年以后的世界格局完全是不正常的。为此,美国尽力帮助西欧、日本、韩国和中国台湾地区发展经济。结果必然是美国在世界总产值中的比例下降"[4]。

既然将今天的美国与1945年的美国相比不对,那么与哪一年比对呢?纳伊倾向于1938年。因为这一年正好是二战爆发的前一年,未受到"二战效应"的影响。其地位可以代表美国实际水平。美国在世界产值中所占比重在20世纪70年代中期后摆脱掉

---

1 Samuel P. Huntington, "The U. S. —Decline or Renewal?" in *Foreign Affairs*, Winter, 1988, vol. 67, no. 2; Samuel P. Huntington, "Coping with the Lippmann Gap", in *Foreign Affairs*, Winter, 1988, vol. 66, no. 3; Mary H. Cooper, Francis Fukuyama and Samuel P. Huntington, "Can Defense Contractors Survive Peace?" in *Editorial Research Reports*, Sept. 29, 1989, vol. 2, no. 12.

2 Joseph S. Nye, Jr., *Bound to Lead: The Changing Nature of American Power*, p. 6.

3 Joseph S. Nye, Jr., "The Misleading Metaphor of Decline: Analogies Between the United States and Post-Imperial Britain are Inaccurate and Mischievous", p. 87.

4 Stanley Hoffmann, "Reagan's America: Innocents at Home", in *The New York Review of Books*, May 28, 1987, vol. 34; Stanley Hoffmann, "What Should We do in the World?" in *The Atlantic Monthly*, Oct., 1989, vol. 264, no. 4.

"二战效应"的影响,趋于稳定并延续至今,回到了应占的地位,即与1938年时其所占的比重大致相同甚至高一点。[1] 兰德公司的查尔斯·沃尔夫(Charles Wolf)也持同样的比较法。他写道:"如果使用更确切和更有代表性的参照年份——比方说20世纪60年代中期(或二战前的年份,如1938年)——我们便可发现一个令人吃惊的事实,即美国在世界总产值中的比重在'那时'与'现在'大致相同,约为22%至24%左右。"[2]

三、"帝国阵线过长"理论不对。未衰落学派不同意用所谓"帝国阵线过长"理论来证明美国的衰落,认为与事实不符。在未衰落学派中的许多学者看来,美国今天的国防开支比过去下降而不是上升。美国今天在海外承担的政治和军事负担也较20世纪50至60年代要轻得多。[3] 美国今天的国防开支大约为6%,但在冷战期间曾高达10%。所以,理查德·哈斯(Richard Haass)认为无论如何也谈不上美国"帝国阵线过长"。他甚至斥责衰落派要求美国削减军备、减轻国防义务负担的建议是"小事聪明,大事糊涂"。因为这种建议有可能导致对美国不利的世界均势局势的变化,从而浪费更多的美国人力和物力。[4]

正是从以上三个根本分歧出发,未衰落学派认为美国没有

1　Joseph S. Nye, Jr., *Bound to Lead: The Changing Nature of American Power*, pp. 73-78, 88.

2　Charles Wolf, "America's Decline: Illusion or Reality?" in *The Wall Street Journal*, May 12, 1988, p. 22.

3　Joseph S. Nye, Jr., *Bound to Lead: The Changing Nature of American Power*, pp. 73-78, 88.

4　Richard Haass, "The Use of History", in *Orbis*, Summer, 1988, p. 414.

衰落。衰落学派之所以得出错误的结论，是因为他们使用了错误的方法和理论。不过，在未衰落论者之间对于看问题的角度、解释方法等方面也有分歧。大致归纳，大约有两种意见。一是认为美国根本就没有衰落，美国今天仍是头号大国。或者如果说美国权力有所起伏，但美国的基本霸主地位并未动摇。即使有暂时的衰退现象，也没有什么害处，容易解决。另一种观点认为虽然美国尚未衰落，但确实存在严重问题。这些问题如不尽快、妥善解决，前景则不容乐观。

本·J. 瓦滕伯格（Ben J. Wattenberg）和查尔斯·克劳斯谟（Charles Krauthammer）等人大概可归于持第一种意见者之列。瓦滕伯格的新书《第一个全球国家》集中体现了他关于美国是否衰落的意见。该书实际上是他的专栏文章选辑，无完整体系，体裁零散，内容尚有不连贯或矛盾之处，但有一点却很明确，那就是他清楚表达出美国从未衰落的观点。他在书中明确宣称，"我认为有关美国衰落的说法是胡说八道"[1]，美国不但未衰落，而且会在国外影响越来越大，国内社会将变得更好。它不但是头号大国，而且正成为"第一个全球国家"[2]。他号召美国继续积极参与国际事务，奉行"新天定命运主义"，继续在国际社会发挥领导作用。

克劳斯谟与瓦滕伯格殊途同归。他在最近的一篇文章《单极

---

[1] Ben J. Wattenberg, *The First Universal Nation: Leading Indicators and Ideas About the Surge of America in the 1990s*, New York: Maxwell Macmillan International, 1991, p. 188.

[2] Ibid., pp. 8, 17.

时刻》中声称，冷战之后的世界格局的特征是世界不是多极化，而是单极化。"现在是单极时刻"，目前世界权力的中心是在"无法挑战的超级大国——美国"，在最近的将来，没有国家能够与美国抗衡。克劳斯谟比瓦滕伯格聪明之处在于他承认美国目前存在经济问题。但认为这种经济上的危机无损于美国的"单极"地位，因为经济力量虽是维持大国地位的一个必需条件，但并不是唯一条件。克劳斯谟认为美国能够维持"单极"地位在于它是唯一的拥有军事、政治、外交、经济等多项优势的大国。既然美国是处于"单极"地位的超级大国，何以解释在海湾战争期间美国国务卿及财政部长在全世界托钵化缘的现实？克劳斯谟承认这是一个尴尬的事实，经济衰退将最终影响到美国的"单极"地位。但他不同意这种经济衰退是"帝国阵线过长"造成的。他认为衰退的根源在美国国内，如低税率、低储蓄率、生活水准太高等。在他看来，美国积极卷入国际事务不但不会引起国内经济衰退，反而促进经济增长，因为美国的经济发展有赖于一个开放、安全的国际环境。[1]

　　纳伊的理论在一定程度上亦可归于第一类意见之列。尽管他的论战著作可能是未衰落论者中最有体系、最为复杂的。纳伊完全不同意美国衰落的看法，指责衰落论者对美国问题的"诊断"是错误的，减轻美国国际义务的负担的主张恰恰会造成美国的衰

---

[1] Charles Krauthammer, "The Unipolar Moment", in *Foreign Affairs*, Winter, 1991, vol. 70, no. 1, p. 23; Charles Krauthammer, "Can America Stand Alone?" in *Time*, Oct. 22, 1990, vol. 136, no. 17, p. 96.

落而不是避免衰落。[1] 纳伊还指责衰落学派把"对外力量的削弱"与"内部衰退"两种完全不同的概念"混为一谈"。纳伊认为，尽管美国存在许多问题，但并未衰落。他批评衰落论者用过分夸张或虚构美国过去的强盛来证明今天的衰落。[2] 纳伊强调过去美国无论是在军事还是经济上"从未成为十足的霸主国"[3]。美国今天存在的问题在过去也存在，有时甚至更严重。美国今天纵有衰退迹象，那也是美国战后政策使然。因为美国在战后"并非追求称霸盟国，而是倾向于促进它们的经济振兴和建立一个遏制苏联的战略伙伴关系"。这种衰退是一种自然的反应，而不是衰落的标志。[4]

纳伊理论的重要性在于他从一种全新的角度即新的国际关系相互依存的现实来分析美国力量的性质变化和衰落问题。他认为衰落论者并未弄清美国力量的真正所在。纳伊认为美国力量由两部分组成：硬力（hard power）及软力（soft power）。硬力指军事、经济等力量。软力包括社会的弹性，阶级的流动性，经济的开放性，文化、意识形态的吸引力等。美国在这两种力量特别是软力方面，处于世界上独一无二的地位。衰落论者只看到美国力量的硬的一面，而忽视了其软的一面。而在今天的这种互相依存的国际关系形势下，软力更能发挥巨大的作用。美国目前应注意的正

---

1 Joseph S. Nye, Jr., "The Misleading Metaphor of Decline: Analogies Between the United States and Post-Imperial Britain are Inaccurate and Mischievous", p. 86.
2 Joseph S. Nye, Jr., *Bound to Lead: The Changing Nature of American Power*, pp. xii, viv.
3 Ibid.
4 Joseph S. Nye, Jr., "Understanding U. S. Strength", in *Foreign Policy*, Fall, 1988, p. 107.

是加强"软力"优势。¹ 正是从"硬力"与"软力"概念分析，纳伊得出结论说美国不但毫无衰落，而且正处于上升状态。也正因为新的国际形势及美国两种力量的综合优势，纳伊声称美国不但不应从国际事务中退出，而将"注定"在国际社会中承担"领导"地位。²

未衰落学派中持第二种意见的人可更确切地被称之为"复兴"论者。在他们看来，目前美国的问题并不像衰落论者指出的那样严重，并未达到衰落的地步，或虽过去有点衰落迹象，但现正在复兴。美国的当务之急是采取有效措施，解决问题，防衰落之患于未然。《华尔街日报》记者凯伦·E. 豪斯（Karen E. House）更明确地表述了这一点。她这样写道："经济力量理所当然地最终依赖人口资源"，而美国拥有这样的资源。美国经济上的主要竞争对手日本则正处于老龄社会，又缺乏外来移民。正是这种有利的人口资源，可以帮助美国"恢复"国家活力，让"美国之梦永存"。³

---

1 Joseph S. Nye, Jr., "Soft Power", in *Foreign Policy*, Fall, 1990, no. 80.

2 Ibid., p. 166; Joseph S. Nye, Jr., "Against 'Declinism' — American Power After the Cold War", in *The New Republic*, Oct. 15, 1990, vol. 203, no. 16; Joseph S. Nye, Jr., "The Changing Nature of World Power", in *Political Science Quarterly*, Summer, 1990, vol. 105, no. 2; Joseph S. Nye, Jr., "No, the U. S. Isn't in Decline", in *The New York Times*, Oct. 3, 1990, vol. 140, A21(N), A33(L).

3 Karen E. House, "Are We Underestimating America's Future?" in *Reader's Digest*, May, 1989, vol. 134, no. 805; 参见其发表在 *The Wall Street Journal*（《华尔街日报》）上的系列文章：(1) "The '90s & Beyond; As Power is Dispersed Among Nations, need for Leadership Grows; Economic Rivalries Pose Risk of Instability that U. S. Might Lessen—If it will the Price of Calling the Shots",

（转下页）

亨廷顿亦可归于"复兴"派之列。他认为说美国衰落是错误的，因为美国并没有衰落。美国在国际上影响力下降是因为美国与别国之间的力量鸿沟在缩小，因为美国今天面临的是一个在经济上、军事上、政治上比以前更冷酷无情的世界。他虽然承认美国存在经济衰退，但批评衰落派的分析经不起推敲。在他看来，美国出现的困境不是"帝国阵线过长"，而是卡特、里根政府政策失误造成的。"消费主义，而不是军事主义，是美国力量的威胁。"亨廷顿认为这种政策失误将会并能够得到纠正。他认为，对一个大国的真正考验是它的"复原力"，而美国在过去和现在都比别国拥有更强的"复原力"。[1]

美国NBC（国家广播公司）晚间新闻评论员约翰·钱塞勒（John Chancellor）是未衰落学派里一个特别的人，观点也很有趣。

（接上页）

in *The Wall Street Journal*; Feb. 21, 1989. (2) "The '90s & Beyond: Communist Giants are too Burdened at Home to Lead much Abroad; Soviets Face Wobbly Empire, Sick Economy; China has Better Luck, but Far to go; An Ideology Under Siege", in *The Wall Street Journal*, Feb. 6, 1989. (3) "The '90s & Beyond: Europe's Global Clout is Limited by Divisions 1992 can't Paper Over; Economic Unity Offers Hope, but Old National Rivalries will Hold Continent Back; How to React to Gorbachev?" in *The Wall Street Journal*, Feb. 13, 1989. (4) "The '90s & Beyond: For all Its Difficulties, U. S. Stands to Retain Its Global Leadership; Basic Strengths Should Blunt Challenge of Japan, China, Russia and Unified Europe; One Issue: The Will to Lead", in *The Wall Street Journal*, Jan. 23, 1989. (5) "The '90s & Beyond: Though Rich, Japan is Poor in Many Elements of Global Leadership; In Politics, Arms and Ideology, It Wields Little Influence, While Alienating many; Myth of an Asian Trading Bloc", in *The Wall Street Journal*, Jan. 30, 1989.

1　Samuel P. Huntington, "The U. S. —Decline or Renewal?"

他在《危险与希望：对美国的评论》一书里写道，"本书不属于衰落派"，"我不认为有什么不可避免的力量促成美国衰落"。美国的确存在严重危险，但这种危险的存在是美国"自己的错"。美国人既然造成了错误，他们也"有能力解决这些问题"。他声称自己是一个"乐观主义者"，"而不是衰落论者"，但是一个"受惊的乐观主义者"。[1]

钱塞勒的"受惊"的确有许多理由，因为他发现"美国的事情很糟"[2]。在国外，它受到严重挑战；在国内，生活水准下降，巨额财政赤字和贸易赤字，教育体系紊乱，等等。但他认为所有这些问题不是由"帝国阵线过长"造成的，而是由于美国领导人处理不当或"放任自流及漠不关心"。

钱塞勒的结论是，美国并未衰落。现在的危险虽很大，但"希望更大"。它需要的是马上行动，正视危险及"成功的信念"[3]。他相信美国人一旦觉醒或受到惊吓后，是"能够创造出奇迹的"[4]。

亨利·R.诺（Henry R. Nau）也不赞成美国衰落的说法，他认为说美国衰落"只是一个谜而已"。美国目前的经济衰退，只是由于缺乏"目的或政策"的"人为错误"，是可以补救的。批评美国衰落派忽视了美国仍有多方选择的余地。只要美国信仰并

1　John Chancellor, *Peril and Promise: A Commentary on America*, New York: Harper & Row, 1990, pp. 12, 16, 22, 163.
2　Ibid.
3　Ibid.
4　Ibid.

实行自由市场政策，一切都会好起来。[1] 霍夫曼也认为声称美国衰落的人忽视了今天的世界是一个不断变化的世界这一事实。在今天变化了的世界体系里，美国虽未真的衰落，但"已无力控制"世界。美国今天能做到的是"领导"而不是"统治"世界。[2]

在本节的最后我须提一下唐纳德·埃德温·纽霍特兰（Donald Edwin Nuechterlein）的观点。纽霍特兰在他的最新著作中《美国重新受命》（遗憾的是，这本书在谈到中国时，出现了许多不该发生的错误）中，试图在衰落问题论战中保持中立姿态，例如他在书中表示同意纳伊的观点，认为美国在20世纪90年代仍处于上升状态，它在世界上的地位没有任何一个国家能够挑战。但他也表示赞成肯尼迪的意见，认为由于美国全力投入冷战中，忽视了美国的经济基础，造成美国在前十几年的衰落。不过，他的基本观点仍属复兴派之列。他指出，美国虽衰落过一阵，但在1981至1989年已得到恢复。在1990年四个综合指标（国防、经济、外交及价值观）方面，美国至少在三个指标中的地位甚至比25年前还好。只有经济指标一项较1980年差。但这一项是完全可以得到改善的。他认为美国在20世纪90年代的任务是如何把20世纪80年代的力量复兴、维持下去。所以，纽霍特兰的观点是美国现在根本不是衰落，而是情况很好。[3]

---

1 Henry R. Nau, *The Myth of America's Decline: Leading the World Economy into the 1990s*, New York: Oxford University Press, 1990.

2 Stanley Hoffmann, "What Should We Do in the World?" p. 88.

3 Donald Edwin Nuechterlein, *America Recommitted: United States National Interests in A Restructured World*, Lexington: University Press of Kentucky, 1991.

三 几点评论

论战双方表面上看，似乎旗帜鲜明，观点对立，但实际上，却是同多异少。在许多问题上，双方并无实质分歧，只是视角不同而已。换句话说，他们表达的是一个硬币的不同面罢了。例如，纳伊总是说衰落学派"强调（美国）大账簿上的消极面，但它还有另外的一面"[1]。双方的论战有时颇有抬杠之嫌。强调哪一面或从什么视角看问题是双方方法论上的重大区别，而不是观点上的实质差异。实际上双方都同意，如果以1945年为参照系，美国今天的地位确实在下降。美国今天确实有许多严重的社会和经济问题，这是事实。问题是如何分析这种事实。双方的争论似乎可以归纳为这样的数学表达法，即（以1945年为100），衰落派认为美国今天的力量库里X%是空的。未衰落学派则认为美国力量库中，(100-X)%是满的。双方的论战实际上是围绕两个问题进行的。一是X究竟多大？二是该不该以1945年做参照系或以什么做参照系？要回答这两个问题，首要的一点是要采用一种标准的尺度来衡量。遗憾的是，双方正是使用了不一致的尺度。如果论战双方总是用不同的尺度来测量美国的力量库，大概永远不能正确回答美国是否衰落问题。

在怎么比较上论战双方也同样出现分歧，而同什么比较或怎

---

[1] Joseph S. Nye, Jr., *Bound to Lead: The Changing Nature of American Power*, p. xii.

样比较是问题的关键。如前文指出,衰落学派喜欢同1945年比。肯尼迪在其《大国的兴衰》一书中明确写道:美国从20世纪60年代以来,"正迅速失去1945年在世界财富、生产和贸易中所占的相对比重"。要认识美国相对衰落,"最重要的事实"是应"提1945年"。[1] 诚然,同1945年比,人们很容易得到美国衰落的结论。连纳伊这位未衰落学派的主要发言人也承认,"毋庸置疑,美国在20世纪末的今天比在20世纪中期的力量要小得多"[2]。但纳伊他们并不同意用1945年做参照系,他们觉得1938年作为参照系较好。但是选用1938年也有问题,这就是1937至1938年美国再次陷入经济危机,其在世界产值中的比重、出口份额在这一年比通常年份又小得多。当时由于各种原因的作用,其他国家则躲过了这场危机。所以,双方的参照系选择都有重大误差。一个是故意把参照系定得太高以说明美国今天的衰落,另一个则有意把参照系定得过低,来证明美国并未衰落。

现在可以算出双方的X为多大了。如果选用1945年为参照系,这个X似乎很大,大到甚至超过50。但要用1938年为参照系,则这个X很小,小到几乎是零甚至是负数。而且X多大的问题还涉及双方的统计方法问题,这同样是一个比较方法问题。纳伊采用近几年美国中央情报局和其他一些机构的统计方法,即使用各种币值的实际购买力而不是汇率来比较各国GNP的大小。他的《注

---

[1] Paul M. Kennedy, *The Rise and Fall of the Great Powers*, p. 432.

[2] Joseph S. Nye, Jr., *Bound to Lead: The Changing Nature of American Power*, p. 5.

定领导》一书即主要采用这一统计方法。得出的结论是美国在过去15年里所占世界产值的比重，甚至在7个主要经济大国中所占的比重不是下降而是上升了。但肯尼迪仍采用汇率来统计美国的经济力量。两种方法的差别是很大的。如果用汇率来计算的话，日本的GNP已达到美国的60%左右。但要用实际购买力来计算的话，则只有美国的40%了。两种方法哪种为佳，是否各有利弊，这当然不是肯尼迪、纳伊等人能解决的问题，这是经济专家的事。但我的怀疑是，如果论战双方总是用不同的参照系、不同的统计方法来说明共同的问题，恐怕双方的论点都有似是而非的嫌疑。

看来，论战的关键还不是以哪一年为参照系或采用哪一种统计方法的问题，关键在于论战双方怎样给关键词"衰落"（decline）和"力量"（power）下定义。双方在定义上都有些问题，有很大的分歧。

首先是"衰落"包不包括国内社会、经济、文化、伦理、政治等方面的恶化及在国际社会影响力下降（包括GNP、贸易比重、外交影响等）两方面内容？或者说衰落只是一种外部力量对比，与内部恶化本身没有特别的直接联系？著名学者雷蒙·阿隆（Raymond Aron）认为，内部衰微与外部实力下降是两码事，"衰微（decadence）暗含价值判断"，"衰落则描述一种实力关系"。[1] 纳伊在其对美国力量进行评估时，实际上采用的就是这一定义。他认为"衰落"本身不包括"内部恶化"问题，应把"衰

---

1 Raymond Aron, *In Defense of Decadent Europe*, South Bend: Regnery / Gateway, 1979, p. xv.

落"视为"一种力量关系"。[1] 所以,即使美国内部事务糟糕,只要外部力量关系没有"衰落",就不能说美国衰落了。肯尼迪虽并未对"衰落"和"力量"两词下过明确的定义,但读者还是可以从他的著作中看出他的定义实际上是指第一种,即衰落=内部恶化+外部影响下降。对"衰落"定义的分歧,直接影响到他们对美国力量的分析。肯尼迪主要是从经济力量来分析国际力量对比;纳伊则更多地从国际关系的变化及美国力量性质的变化方面来衡量美国的实力,认为"软力"的作用更大。但肯尼迪怀疑这种"软力"的效果,他问道,当日本和德国成为全球的主要经援国,美国成为全球最大的债务国时,美国难道能仅凭所谓"软力"领导世界吗?[2]

两个定义,谁是谁非?笔者不想也无力在这里做出判断,但就论战本身来看,双方的概念模糊显然无助于双方在美国衰落问题上做出有说服力的解释。概念问题毕竟还是学术问题,最终可以得到解决,然而双方在论战时却搅进了强烈的感情色彩,这就不是学术问题了。这一点在未衰落派学者身上尤其明显。

未衰落论者指责主张衰落的学者是"失败主义者"[3],认为这种"失败主义"的论调除了真的会导致美国衰落外,没有多少积

1　Joseph S. Nye, Jr., *Bound to Lead: The Changing Nature of American Power*, p. 16.
2　Paul M. Kennedy, "Fin-de-Siècle America", in *The New York Review of Books*, Jun. 28, 1990, p. 37.
3　Joseph S. Nye, Jr., "The Misleading Metaphor of Decline: Analogies Between the United States and Post-Imperial Britain are Inaccurate and Mischievous", p. 86.

极意义。[1] 甚至指责如果美国真的衰落的话，那是衰落学派的过错，因为是他们让美国误入歧途。[2] 瓦滕伯格在他的书中列举出肯尼迪的"三大错误"，其中"最大的错误"是肯尼迪不懂得美国，因为他是一个年轻时移民美国的英国人。[3] 这种带有感情色彩的理由很难站得住脚。就在同一本书中，瓦滕伯格为了证明美国不会衰落的观点，引用了大量的托克维尔（Alexis de Tocqueville）的话，宣称托克维尔直到今天"仍然是美国的最好观察者"[4]，但托克维尔是一个地地道道的法国人，而且在美国居住的时间比肯尼迪要短得多。这里除掉感情色彩外，很难发现有多少学术成分。

衰落派学者也没有避免在论战时掺进感情色彩。肯尼迪在自己的文章中便坦率地声称，在讨论美国衰落问题时，"我清楚地发现很难做到客观"。他指责未衰落学者特别是纳伊的著作有"诱使美国领导人盲目乐观"的危险。指控彼得·诺瓦克（Peter Novak）等人的未衰落论调"不可饶恕地助长了美国文化的骄傲自大情绪及种族优越感"[5]。

这种感情色彩甚至延伸到评价衰落论战本身的意义上。例如，肯尼迪认为美国人讨论衰落本身说明了美国在衰落。因为

---

[1] Joseph S. Nye, Jr., *Bound to Lead: The Changing Nature of American Power*, p. 73.

[2] Richard Haass, "The Use of the History", p. 419.

[3] Ben J. Wattenberg, *The First Universal Nation: Leading Indicators and Ideas About the Surge of America in the 1990s*, pp. 23, 188.

[4] Ibid.

[5] Paul M. Kennedy, "Fin-de-Siècle America", pp. 32, 36, 38.

国家就像一个人，强壮的人从不担心身体，只有在身体变得虚弱时，才开始谈论健康。一个大国只有在它衰落时才容易考虑履行大国义务的能力问题。[1] 但纳伊、亨廷顿则认为美国人讨论衰落恰恰说明美国没有衰落。因为一个人越是担心自己的健康，他就会变得更健康。所以，只要美国人周期性地被提醒美国要衰落的话，美国就不可能衰落。在亨廷顿看来，这种关于衰落的一般美国人的担心和争论实际上是一种"大众心理和时尚的表示"，而不是对美国"力量的分析"。[2] 双方在学术辩论时都掺入感情色彩，进一步降低了双方在论战中的科学性。

为什么论战双方陷入含糊不清的参照系、统计方法及感情色彩中不能自拔？也许根子在于美国是否衰落问题本身。今天我们很难在衰落与未衰落之间找出一条明确的界线。而且，很难用传统的大国衰落的眼光来看一个生活在完全不同的新的国际体系下的美国衰落问题。这是一个全新的时代，是后冷战时代，是一个苏联作为政治实体不再存在的时代，是一个信息时代，是一个技术、经济、文化、价值观扮演国际关系中重要角色的时代。这种时代对每一个现代国家都是严峻的挑战，对本身的确存在许多严重问题的美国更是如此。但是，这也是一个充满机遇的时代。如果一个国家能奉行一种正确的政策，选择一条正确的路线，也许这种时代能提供一个更加光明的未来。危险+机会，这正是中国

---

[1] Paul M. Kennedy, *The Rise and Fall of the Great Powers*, p. 530.
[2] Samuel P. Huntington, "The U. S. —Decline or Renewal?" pp. 77–96.

式的"危机"定义。所以,我倒觉得用"美国在危机中"而不是"美国在衰落"来描述美国局势,可能更符合今天的现实,而且更能让大家心平气和地讨论美国的现实处境,而不是陷入像这场关于衰落问题论战的纠缠不清之中。

(原载《美国研究》1992年第1期)*

---

* 作者按语:美国人有极强的自我反省能力。在20世纪50年代美国惊呼苏联在高科技方面超过美国,从而刺激美国人登月成功。20世纪80年代美国朝野大谈美国衰落,最终击垮苏联,以至美国在冷战中不战而胜,并成为唯一的超级大国。30多年已过,美国仍然一枝独秀,无论在硬实力还是软实力方面都遥遥领先,无人能及。这些成功无疑同美国人的危机意识有关。

20世纪80年代以来的美国外交史学

20世纪80年代以来,美国外交史研究固然有了长足发展,在某些方面甚至取得了值得赞赏的成绩,但美国外交史作为一门学科,早在20世纪70年代末即面临严重危机,受到学科内外学者的强烈批评。

其他学科如社会史、文化史的勃勃生机及蒸蒸日上的活力,给外交史学带来严重压力和挑战。虽然美国同行有深刻的反省意识及学术生存欲望,但到21世纪,该学科能否生存,在相当大程度上仍取决于它能否真正顺应新环境,成功接受多方面的挑战。严格意义上说,传统意义上的美国外交史(即研究范围局限于美国,研究重点放在政府及外交政策、外交关系层次上)作为一个专业范畴,今日在美国一些高等学府实际上已不复存在。

一 现　状

评估美国外交史学科现状,有必要提及美国外交史家唯一的专业组织——美国外交史学家协会（The Society for Historians of American Foreign Relations）。该协会自1967年成立以来，会员人数不断增加，截至1995年6月5日，共有1 719名会员，较1994年的1 638名会员增加了5%。其中终身会员138位，正式会员914名，退休或无业会员172名，学生会员495人。[1] 学会迄今为止尚设有13项学术奖及基金，以资助或奖励优秀学人。此外，1977年开始出版的学会会刊《外交史》杂志（*Diplomatic History*），篇幅也越来越大，由开始时的每期95页增至今日的160余页，已发展成为颇有影响力的专业学术季刊。美国外交史学科在培养新生力量方面，也有可喜成绩。据学会1995年3月出版的《学会通讯》报道，1993至1994年度在美国完成的有关外交史方面的博士论文达283篇之多（不完全统计）。

衡量一个学科的成就，重点是视其学术影响力及成果。就影响而言，近十几年来，美国学者在美国外交史研究方面同其他学科相比，并不逊色。一个明显的例子就是保罗·M. 肯尼迪的《大国的兴衰》。该书一出版即引起强烈轰动，成为历史学著作中罕见的畅销书，并进一步跻身《纽约时报》畅销书书目之列。一时间，该书"洛阳纸贵"，成为社会上各界的议论话题，并引发美国是否衰落的全美大辩论。此书的成功不仅让肯尼迪声名鹊起，而且美国外交史学界也颇感增光不少。此外，1995年春季发行的《外交史》杂志关于1945年美国向日本投放原子弹历史问题专号（"Hiroshima in History and Memory"）引起新闻界的广泛注意及

---

1 The Society for Historians of American Foreign Relations, *Newsletter*, Sept., 1995, p. 33.

反响，使常有四面楚歌及孤寂之感的外交史同人颇有一丝慰藉。[1]

就成果而言，在这十余年来，美国外交史领域也出现了不少有分量的著作及有影响的理论或流派。尝试用新的方法透视美国外交史的新著新人层出不穷。例如，20世纪80年代以来开始崭露头角的女历史学家罗森宝（Emily S. Rosenberg）在其成名作《美国之梦的扩张：美国经济及文化扩张，1890—1945》(Spreading the American Dream: American Economic and Cultural Expansion, 1890–1945)一书中，从新的视野描述自19世纪末到第二次世界大战以来的美国扩张之路。该书通过考察美国人对自由信念的执着追求及对自由市场、自由信息的信仰，研究美国势力的不断扩张及影响。此书融文化、经济、政府与社会合作等多视野于一体，对世纪之交以来的美国对外扩张提出新的解释，令人耳目一新。赫根（Michael J. Hogan）、麦考密克等人也另辟蹊径，自20世纪80年代初以来大力推崇新的研究方法——"合作理论"（corporatist synthesis），该解释模式的主要观点是，至少自第一次世界大战到20世纪50年代美国外交的一个显著特点是，美国工业、商业、农业及劳工界在美国向外扩张方面同政府密切配合。美国外交政策是政府同这些利益集团妥协及合作的产物。赫根在用该模式分析美国外交政策方面取得了令人瞩目的成绩，并因此成为该模式的主要代言人。他在这方面的主要著作有《非正式协约：英美经济外交中的民间合作机制，1918—1928》(Informal Entente: The

---

[1] The Society for Historians of American Foreign Relations, *Newsletter*, Sept., 1995, p. 33.

Private Structure of Cooperation in Anglo-American Economic Diplomacy, 1918−1928)、《复兴与改革：美国在20世纪寻求国外经济新秩序》（"Revival and Reform: America's Twentieth-Century Search for a New Economic Order Abroad", in *Diplomatic History*）和《马歇尔计划：美国、英国与西欧重建，1947—1952》（*The Marshall Plan: America, Britain and the Reconstruction of Western Europe, 1947−1952*）。其中《马歇尔计划》代表着合作模式经过几年的摸索，已臻成熟。该书是建立在研究新开放档案基础上用合做理论作理论框架加以分析的坚实作品。该书侧重三个主题：一、马歇尔计划是美国国内工商业及政府通力合作妥协的产物；二、马歇尔计划的制定系出于英美两国稳定欧洲的共同需要；三、该计划是决策者一贯追求西欧联合的产物。合作模式在推翻流行已久的有关20世纪20年代美国奉行的是孤立主义外交路线的看法方面贡献良多。

尽管合作模式与20世纪60年代兴起的新左派史学一样，侧重研究内政特别是经济因素在美国外交政策上的影响，但两者实际上有着质的差别。差别之一是，在新左派外交史学里，政府只是资本家的傀儡，充当配角；合作模式则认为两者并重，密切合作。此即所谓外交史学"合作"模式的来源。差别之二是，合作模式并不仅仅局限于经济因素，其视野较新左派更为宽阔。合作模式的解说架构近来日益壮大，蔚然成为一独立学派。评论者对之褒贬参半。褒之者称其为把握20世纪美国外交真谛的锁钥[1]，贬

---

[1] Thomas J. McCormick, "Drift or Mastery", in *Reviews in American History*, Dec., 1982, pp. 318−329.

之者则认为其将复杂问题简单化，以偏概全，顾此失彼。盖底斯（John Lewis Gaddis）便是其中主要的批评者。[1] 然而，不管赞成与否，该学派已成为不容忽视的力量，这是不争的事实。

20世纪60年代迅猛崛起的新左派外交史学并不像批评者预言的那样，只会昙花一现。到90年代，经济因素在外交决策中的重要性在新左派学者的强势出击下，现已为大多数外交史家所接受。20世纪60至70年代开始崭露头角，脱颖而出的新左派外交史学者如拉费伯（Walter LaFeber），麦考密克，高德纳（Lloyd Gardner），佩特森（Thomas G. Paterson）等人目前正处学术上鼎盛时期，学养更为成熟，学术地位举足轻重。这些人的视野较以前开阔，已在很大程度上超越了局限经济一隅的狭隘观念。一个明显的例子便是麦考密克的《美国半世纪》。这位新左派外交史学干将，几年前用世界体系论来分析美国二战以来半个世纪的外交历程。对美国从世界霸主走向衰落的历史进行宏观扫描。贯穿《美国半世纪》的两个关键概念是"世界体系"及"霸权"。在一个新的世界体系中，通常很少有一个国家升至霸主地位。但二战之后的美国由于得天独厚的条件，成为其中为数极少的一个例外。经济的优势地位导致美国升至霸主地位。在第二次世界大战后，美国即处于这种人类历史上难得的全球霸权地位。但美国也难逃"22条军规"（Catch-22）的局限。维持霸权地位不可避免会

---

[1] John Lewis Gaddis, "The Corporatist Synthesis: A Skeptical View", in *Diplomatic History*, Fall, 1986, pp. 357−362.

影响其经济发展,并最终导致权力的衰落。美国的霸主地位至1958年达到峰巅之后,即开始下落。美国霸权地位只持续半个世纪而已。麦考密克此书立论大胆,发人深省。[1] 其基本观点与保罗·M.肯尼迪的大国衰落与其过分扩张有密切关联的看法,有异曲同工之妙。毋庸讳言,新左派外交史家的学术观点在20世纪80至90年代虽有发展,但其基本观点仍是万变不离其宗,在原有基础上并无重大突破,其未来之进一步发展比较困难。

近年来,美国外交史学者进一步拓宽研究领域,并把新兴学科的某些理论引入外交史研究。例如,梅倚兰(Elaine May)把妇女史的概念运用到外交史。她在一本专著中得出这样的结论:冷战时期美国的围堵苏联政策是与其在国内遏制妇女联系在一起的。外交政策与家庭生活是一个铜板的两面而已。[2] 史密斯(Geoffrey Smith)则把美国的反共政策同其排斥同性恋者相提并论。[3] 洁复枝(Susan Jeffords)甚至认为美国的越南战争政策的部分动机是为了将美国文化"雄性化"[4]。罗森宝也大力主张多研究性别与国际政治的关系。[5]

---

1 Thomas J. McCormick, *America's Half-Century*.

2 Elaine May, *Homeward Bound: American Families in the Cold War Era*, New York: Basic Books, 1988.

3 Geoffrey Smith, "National Security and Personal Isolation: Sex, Gender, and Disease in the Cold-War United States", in *The International History Review*, May 14, 1922, pp. 221-240.

4 Susan Jeffords, *The Remasculinization of America: Gender and the Vietnam War*, Bloomington: Indiana University Press, 1989.

5 Emily S. Rosenberg, "'Foreign Affairs' After World II: Connecting Sexual and International Politics", in *Diplomatic History*, Winter, 1994, vol. 18, no. 1, pp. 59-70.

另外，还有不少学者强调"话语理论"（discourse theory）在研究国际关系方面的重要性。认为政治语言会界定政治心态、环境及国家认同，影响人类的行为，因此，话语本身在外交史领域有其重要地位。[1] 宁克维奇（Frank Ninkovich）在一篇颇见功力的文章中，从文化角度深入剖析话语在外交史研究中的重要性。声称外交史学者如能恰当运用话语理论，外交史画面会"更有说服力，更有意义"[2]。宁克维奇的观点来源于他的导师入江昭。在1978年的美国外交史学家协会主席演说中，入江昭声称外交史应是国际关系史，国际关系史应是文化关系史。[3]

二 批评与回应

尽管美国外交史研究取得了可喜的成绩，但随之而来的是一系列批评及由此导致的深刻反省。美国外交史学科经常被人责为如同尚待进化的鳄鱼、蟑螂，"原始、单调"[4]。早在1971年，长期任教哈佛大学的著名外交史学家欧内斯特·R.梅就警告同行要扩大外交史研究的视野，否则，该领域会有"濒临消失"的危

---

[1] Lynn B. Hinds and Theodore Otto Windt, Jr., *The Cold War as Rhetoric: The Beginnings, 1945-1950*, New York: Praeger, 1991.

[2] Frank Ninkovich, "Interests and Discourse in Diplomatic History", in *Diplomatic History*, Spring, 1989, p. 161.

[3] Akira Iriye, "Culture and Power: International Relations as Intercultural Relations", in *Diplomatic History*, Spring, 1979, pp. 115-128.

[4] John Lewis Gaddis, "New Conceptual Approaches to the Study of American Foreign Relations: Interdisciplinary Perspectives", in *Diplomatic History*, Summer, 1990, p. 406.

险。[1] 十年后[2]，梅野（Charles S. Maier）撰文批评美国外交史研究领域已沦为史学领域的"继子"（stepchild），已不再是史学的前沿学科。梅野认为这种局面的出现，主要是美国外交史学家自己造成的，因为他们视野狭隘、观点及方法陈旧、不熟悉外语及外国档案资料。梅野甚至尖刻地指出，大多数美国外交史学家们所谓的研究只不过"原地踏步"而已（marking time）。他寄望在20世纪80年代美国外交史研究有所改善。[3]

梅野此文一出，无疑是对美国外交史学科的当头棒喝，导致外交史学家迄今仍方兴未艾的反省、辩论。梅野文章甫一问世，当时的《外交史》杂志主编孔华润（Warren I. Cohen）即迅速组织专家讨论。入江昭、拉费伯等人在孔华润的邀请下，纷纷撰文同梅野商榷。[4] 令不少外交史学家沮丧的是，他们发现梅野的批评不无道理。近来出现的诸多关于外交史学科状况的评论文章，在相当程度上仍是对梅野批评的反应。这些文章或赞成支持梅野的

1　Ernest R. May, "The Decline of Diplomatic History", in George A. Billias and Gerald N. Grob, eds., *American History: Retrospect and Prospect*, New York: Free Press, 1971.

2　更早的批评见 Ernest R. May and Alexander DeConde, "What's Wrong with American Diplomatic History?" in The Society for Historians of American Foreign Relations, *Newsletter*, May, 1970; David S. Patterson, "What's Wrong (and Right) with American Diplomatic History? A Diagnosis and a Prescription", in The Society for Historians of American Foreign Relations, *Newsletter*, Sept., 1978。

3　Charles S. Maier, "Marking Time: The Historiography of International Relations", in Michael Kammen, ed., *The Past Before Us: Contemporary Historical Writing in the United States*, Ithaca: Cornell University Press, 1980, pp. 355－377.

4　Responses to Charles S. Maier by Akira Iriye, Walter LaFeber, Melvyn P. Leffler, Michael Hunt, Robert D. Schulzinger and Joan Hoff-Wilson, in *Diplomatic History*, Fall, 1981, pp. 354－382.

观点并进一步发挥,或反对梅野的批评,对其逐条驳斥。无论同意与否,这些文章大都未跳出梅野文章的窠臼。为了克服美国外交史学科存在的问题,不少学者献计献策,提出补救之道。例如,克莱格(Gordon A. Craig)在其1982年度美国历史学会主席演说中建议,为避免美国外交史学科的进一步衰落,外交史学家应同政治学家携手合作,借鉴他们的方法,以弥补外交史研究方法不足的缺陷。[1] 盖底斯也持类似观点,他认为,要改变该学科的"理论贫困",同行要虚心学习兄弟学科,并打破坐井观天特别是美国例外论对研究的束缚。他呼吁外交史学家应把美国作为国际体系一员,而不是一个独特的例外来进行研究。[2] 马克斯(Sally Marks)觉得美国外交史学家的弊病是,"不识庐山真面目,只缘身在此山中",他们由于语言及视野限制,在学术研究中唯华盛顿马首是瞻,形成研究中的"光荣孤立"。[3] 她号召同行走出局限美国一隅的弊端,进一步,天地皆宽。

近几年在检讨美国外交史学科方面最为深刻的可能是韩德(Michael Hunt)。在1992年冬季号的《外交史》杂志上,韩德发表了题为《美国外交史的长期危机》一文,对该领域进行全面检讨。这篇文章韩德酝酿了数年之久,并广泛征求意见,可谓深思熟虑之作。韩德在此文中不是简单指手画脚,而是通过对美国外

---

1 Gordon A. Craig, "The Historian and the Study of International Relations", in *The American Historical Review*, Feb., 1983, vol. 88, no. 1, pp. 1–11.

2 John Lewis Gaddis, "New Conceptual Approaches to the Study of American Foreign Relations: Interdisciplinary Perspectives".

3 Sally Marks, "The World According to Washington", in *Diplomatic History*, Summer, 1987, vol. 11, no. 3. pp. 265–282.

交史领域诸学派逐一评点，理解该领域的真正处境，再试图对症下药。韩德认为美国外交史领域大致有三大学派。一是历时悠久且声势浩大的所谓"现实派外交史学"。孔华润、迪万（Robert Divine）、傅理若（Robert Ferrell）、盖底斯、欧内斯特·R.梅以及史密斯（Gaddis Smith）等人均为此派名家。他们侧重于研究美国本身的外交政策。"国家利益""地缘政治""国际现实"等概念是他们的关键词。韩德声称，现实派学者在学科领域中建树良多，功不可没，但其方法亦有不少缺陷。他们过分强调了政府及所谓外交政策精英（foreign policy or informed public）的作用，但他们对这些概念的内涵则模糊不清，语焉不详。根据韩德的分类，第二大流派是所谓"进步外交史学"（progressive diplomatic history），此派特点是把外交与内政放到一起研究，分析经济体制、社会结构、文化氛围等与外交政策的关联以及外交政策对内政的影响。进步外交史学无疑扩大了传统外交史的研究范围。但韩德表示，遗憾的是对并非铁板一块的经济集团及利益集团，该学派则王顾左右而言他，缺乏具体深入的分析。第三大流派是国际学派，其着重分析国际大环境对美国外交决策的影响。韩德声称哈佛大学对此学派贡献很大。梅是为数极少的身兼"现实"学派及国际学派的重要学术代表人物。

韩德的结论是，尽管美国外交史学科曾长期面临严重危机，但由于该学科学者努力不断地调整、提高及注意研究的多元化，长期存在的学科危机正趋向终结。[1]

---

[1] Michael Hunt, "The Long Crisis in U. S. Diplomatic History", in *Diplomatic History*, Winter, 1992, vol. 16, no. 1, p. 135.

如果说韩德的乐观还甚为谨慎,孔华润等人则根本不认为该学科有严重问题。孔华润一开始就强烈表示不同意梅野的观察。1984年底,他利用发表美国外交史学家协会主席演说的机会,进一步对梅野的观点进行驳斥。他一直认为,美国外交史学科是历史专业中"最包罗万象、兼收并蓄"和"最具难度"的学科。作为以研究中美关系为专长的学者,孔华润特别强调美国外交史学家在美国与东亚关系方面研究做出的突出贡献。他宣称美国与东亚关系学科是历史学科中的尖端,20世纪80年代历史学科中"最令人激动、最重要、可读性最强"的著作均出自本领域的专家之手。[1] 孔华润特别推崇入江昭,称赞入江昭是美国外交史学者之楷模,表示梅野所向往的国际关系史研究的理想模式,入江昭在他众多的著作中已经付诸实施。孔华润的结论是,美国外交史学科状况良好,如要百尺竿头,更进一步,处方是"向入江昭学习"。[2]

在美国外交史领域占有一定地位的佩特森教授也不认为本学科有什么危机。他曾利用1990年6月份《美国史杂志》的大量篇幅,邀请名家笔谈他们研究美国外交史的独特方法。参加者有入江昭、韩德、罗森宝、麦考密克、《外交史》杂志主编赫根及赖夫乐(Melvyn P. Leffler)等人。他们从文化、意识形态、性别、世界体系论、依附论、国家安全、科层政治、心理学等多重角度探讨其对外交史的影响。佩特森声称这些研究模式的存在,充分

---

[1] Warren I. Cohen, "The History of American East Asian Relations: Cutting Edge of the Historical Profession", in *Diplomatic History*, Spring, 1985, vol. 9, no. 2, p. 102.

[2] Ibid., p. 112.

表明该学科的多彩多姿、充满活力及同其他专业的兼容。[1] 佩特森乐观地认为，外交史学家已走出狭隘，现可与学科内外广泛及不同的听众对话了。[2] 佩特森的这些乐观看法在翌年出版的《解释美国外交关系史》一书中得到进一步发挥。

该书除收入上述学者的文章外，又加入了许多包括"公共舆论""科层政治"等内容。该书共有两部分组成。第一部分旨在为美国外交史学科正名。作者在这部分指出，尽管该学科也许存在问题，但没有必要改换门庭、另起炉灶。外交史学家没有理由妄自菲薄。该书的重点在第二部分，其占全书的四分之三篇幅以上。这一部分旨在说明本学科并不像批评者所说的问题丛生，而是充满活力、一派繁荣景象，外交史学科前程似锦。[3] 赖夫乐在其1995年1月所做的美国外交史学家协会主席演说中，虽然感叹美国外交史学家已被忽视了一代人的时间，但声称外交史在历史学科中扮演中心角色的时间已经来临，有声有色、繁荣昌盛的美国外交史研究即将出现。[4]

三　前　瞻

美国外交史学科的前景如何，这是一个很难预测的问题。一

1　Thomas G. Paterson, "A Round Table: Explaining the History of American Foreign Relations", in *The Journal of American History*, Jun., 1990, p. 93.

2　Ibid., p. 98.

3　Michael J. Hogan and Thomas G. Paterson, eds., *Explaining the History of American Foreign Relations*.

4　Melvyn P. Leffler, "New Approaches, Old Interpretations, and Prospective Reconfigurations", in *Diplomatic History*, Spring, 1995, vol. 19, no. 2, pp. 174-177.

个学科的存在及发展受到诸多复杂因素的制约,外交史学科尤其如此。美国在国际关系中地位的变化,美国人文化心态的改变,国际体系的变更,都是影响美国外交史学科前景的重要变数。这些变数一方面决定了社会对外交史专家需求市场的大小;更重要的,它们左右着外交史学者的研究方法、分析角度及研究的参照系数(例如是像过去那样以美国为中心、美国例外、重视国家利益等因素,还是另辟蹊径)。在后冷战时代,美国外交史学家过去熟悉的模式,习以为常的理论,习惯的思维方式已不复有效。新的模式,新的参照系尚未完全建立。未来对外交史学家是一个巨大挑战。第一个首当其冲的挑战就是欧内斯特·R. 梅教授所说的"范式的失落"(paradigm loss)[1],外交史学家为此感到无所适从。与范式的失落相关的第二个挑战是随着国际关系的重大变化,专业需求市场的萎缩。美国人在高呼冷战胜利之后,对外交史的兴趣渐减。一批年轻的外交史专家特别是初出茅庐的博士们突然发现求职乏门。这一局面会不可避免地影响未来美国外交史学科的发展。挑战之三是研究角色的失落。一直在外交史研究领域占主导地位的民族国家、政府、军事间对抗等角色正逐渐失去其重要性,经济科技、信息、文化等因素在外交及国际关系中的地位日趋上升。挑战之四是美国地位的相对衰落,美国的经济优势、文化优势甚至价值优势正受到其他国家的强烈冲击。

面对这些前所未有的新挑战,美国外交史学科如要继续生

---

1 Ernest R. May, "Paradigm Lost to Press and Historians", in *Nieman Reports*, Fall, 1995, pp. 28–29.

存，除大力调整、革新外别无选择。

纵观近一个世纪以来的美国外交史学，顺时应变是其一重要特征。美国外交史学科是随着时代的变迁而不断发展的，例如，第一次世界大战的结束引发了比尔德（Charles A. Beard，又译为俾耳德）为首的修正派史学的出现；冷战带来凯南（George F. Kennan）、摩根索（Hans Morgenthau）等人为代表的现实主义外交史学的兴起；越南战争则促成威廉斯（William A. Williams）领导的新左派外交史学的问世。这些变化及调整都是在外交史本身范畴内发生的，仍然是以美国为重心，以政府为主要对象，不同的只是变化研究角度而已。但在国际格局发生了天翻地覆变化的后冷战时代，仅做此调整是无济于事的，它必须进行一场重大改革。改革的关键是跳出传统外交史的框架，变美国外交史为国际史，打破唯美国独尊、以美国为轴心的研究方法。

许多美国外交史学家在20世纪80年代以来意识到这种改革的必要性。他们认为美国外交史（Diplomatic History）这一称呼本身就意味着观念狭隘，缺乏创造性，过于重视政府角色及外交谈判，而忽视文化、经济等重要因素。另一个常用的称呼外交政策史（History of U. S. Foreign Policy）缺陷也是如此。一些学者因此大发"名不正，则言不顺"之慨，建议更名。但对于选择何种名称，学者们则难以达成共识。一些人建议用"美国外交关系史"（History of U. S. Foreign Relations）[1]较妥，另一些人则认为改称

---

[1] Thomas G. Paterson, "A Round Table: Explaining the History of American Foreign Relations", p. 96.

"美国国际史"（U. S. International History）更为合适。例如，商恩（Christopher Thorne）在他一度引起强烈反响的批评该学科的文章中提出，为了纠正比比皆是的以美国为中心的所谓"'美国和XX'模式"（"The United States and XX" paradigm），建议将美国外交史学家协会改组为美国国际关系史学者协会（The Society of the United States Historians of International History），该会会刊《外交史》应更名为《国际史评论》（Review of International History）。[1] 梅、入江昭、韩德等知名学者近年来利用各种场所大声疾呼，号召国际化美国外交史研究（Internationalizing U. S. Diplomatic History）。入江昭在其美国历史学会主席演说[2]，梅[3]和韩德[4]在其美国外交史学家协会主席演说中，都是以此为主题的。

国际史这一名称近来已得到很大程度上的认同。例如，在多年来一直是美国外交史研究重镇的哈佛大学历史系，外交史已改为国际史。耶鲁大学历史系目前也有倾向接受这一名称的趋势。由保罗·M. 肯尼迪发起的国际关系史研讨班并不以外交史命名，即是一个例证。众多学者会认同这一名称的趋势在不久的将来会越来越明显。笔者认为，不管该学科将来是否正式更名，但不可

---

[1] Christopher Thorne, "After the Europeans: American Designs for the Remaking of Southeast Asia", in *Diplomatic History*, Spring, 1988, vol. 12, no. 2, pp. 206−207.

[2] Akira Iriye, "The Internationalization of History", in *The American Historical Review*, Feb., 1989.

[3] Ernest R. May, "Writing Contemporary International History", in *Diplomatic History*, Spring, 1984, vol. 8, no. 2, pp. 103−114.

[4] Michael Hunt, "Internationalizing U. S. Diplomatic History", in *Diplomatic History*, Winter, 1991, vol. 15, no. 1, pp. 1−11.

否认的倾向则是，同传统方法，以美国为中心，以权力、政府为重点的美国外交史研究，将必然会被多层面和国际取向的研究所代替。我们有理由相信在后冷战时代，随着世界由两极向多极发展，各种经济共同体的相继出现，信息时代的来临，各国经济的不断整合，以及政府角色的相对削弱，国际史的兴盛应当是必然现象。

后冷战时代向美国外交史学家提出强烈挑战，但也为他们提供了历史性机遇。例如，苏联档案的开放及美俄学者的合作，可以解开许多美国学者过去无法自圆其说的或费解的冷战历史难题。冷战后的和平气氛也有利于解开重大争论谜团。

如果美国外交史学科能够打破樊篱，换言之，如其顺利过渡到国际史的话，本学科的进一步发展出现"柳暗花明又一村"的局面应该是可能的。过渡到国际史的一个体现就是要扩大研究美国内政、社会同其外交政策的联系。20世纪80年代以来，随着美国多元文化研究的发展，妇女史等学科的兴旺发达，出现了一大批从文化、性别等角度研究美国外交政策的有影响的著作，在下一个世纪，更多更好的广义外交史著作的问世应该是理所当然的现象。过渡到国际史的第二个体现是应进一步加强对国际社会、多元文化等方面的研究。美国社会同国际社会的广泛交流，各国档案的开放，特别是随着苏联、中国等国家外交档案的逐渐开放，其他国家的杰出学者同美国外交史学者进行深入交流，研究范围的进一步拓宽，无疑会为作为国际史的美国外交史研究更上一层楼打下良好的基础。历史学家伊摩曼（Richard H. Immerman）曾专门撰文呼吁外交史学科要加强研究的多元性，反对定于一尊，主张百家争鸣。[1] 笔者认为，研究的多元化（pluralism）将是未来美国外交史发展的一个必然趋势。另外，外交史学科的发展需要改变厚今薄古的现象，这个现象一直是外交史研究的一个问题。浏览外交史杂志，翻阅近来出版的专著，一个显著特点是研究第二次世界大战以后的论著占绝大多数。这一现象已引起不少专家的注意，并深感担忧。遗憾的是，这一趋势在短期内很难扭转。

从广义上说，20世纪80年代以来，美国外交史研究面临的问题多是历史学科共同面临的问题，外交史学科的危机是历史学科总体危机的反映。而历史学科的危机，在相当大程度上，同美国的社会问题特别是文化及意识形态问题密切相关。近两年围绕历史教学标准问题的争论[2]，围绕史密森博物院拟议筹划展览美国向日本投放第一颗原子弹的"Enola Gay号"飞机[3]事件等引起轩然

---

[1] Richard H. Immerman, "The History of U. S. Foreign Policy", in *Diplomatic History*, Fall, 1990, vol. 14, no. 4, pp. 574–583.

[2] 1994年加利福尼亚大学洛杉矶分校发表了美国及世界历史标准，作为美国教育部门的历史教学的参考。该标准受到历史学家的广泛支持，但当标准公开后，却受到保守势力的强烈攻击。他们指责这所谓的标准旨在暴露美国阴暗面，贬斥西方文化，他们要求历史教学要弘扬美国及西方的价值观，鼓吹西方中心论，该标准结果遭到美国参议院以99对1票的压倒性谴责。

[3] 为纪念第二次世界大战结束50周年，史密森博物院拟在美国航天博物馆（National Air Space Museum）展览曾承担向日本投放原子弹的"Enola Gay号"飞机。但其解说词受到二战退伍军人集团及保守势力的强烈抨击，认为它一味强调原子弹对日本人带来的灾难，忽视其对二战结束的重要作用。保守的专栏作家克劳哈摩（Charles Krauthammer）称史密森博物院此举是"绑架历史"，是"文化的堕落"。（*Time*, Feb. 13, 1995, p. 90）美国国会也威胁要举行听证，砍削史密森博物院的拨款。在巨大压力下，该展览被迫取消。对这种政治干涉历史的做法，美国历史学家组织（Organization of American Historians）为此通过决议，抗议国会行动。

大波，并激发进步派同保守派的大论战，就是政治干预学术及历史的明显例证。前者涉及美国人根深蒂固的以美国及西方文明为中心的心理情结，后者则直接卷入如何看待重大外交事件。这两大与外交史学科休戚相关的争论，结果均以代表进步、理性、学术自由一方的失败告终。这一结局充分反映了美国当前政治文化的反动。在这种社会文化大氛围下，历史学包括外交史学的何去何从，仍是未定之数。在这种情况下，历史学家特别是美国外交史研究者的边缘化似乎难以避免。另一方面，东亚国家特别是中国的逐渐强大，新冷战或新孤立主义外交史学随时都会死灰复燃。亨廷顿的文明冲突论，甚嚣尘上的所谓围堵中国说，也是政治学家给美国外交史学家送出的一个危险但充满诱惑的信号。

笔者的结论是，作为美国史分支的美国外交史专业，将会逐步被国际史所代替，这是美国外交史得以生存的唯一出路。由于国际史的范围广，涉及面宽，很难定于一尊，因此，未来的国际史会是一个缺乏大师的学科。像兰格（William Langer）、威廉斯、入江昭这样影响一代学者及学科的大家将很难再现。

（原载南开大学历史研究所美国史研究室编：
《美国历史问题新探：杨生茂教授八十寿辰纪念论文集》，
北京：中国社会科学出版社，1996年）

《美国宪法》与美国经济发展

美国自独立之后,其经济发展速度之快,是世界历史上所罕见的,它为何能后来居上?原因很多。在此,笔者提出《美国宪法》与其经济发展问题,意在引起学者们的注意。

北美独立战争的爆发是殖民地商业资本发展的必然结果。经济的发展必然要求政治上的独立。然而,与独立战争的胜利俱来的并非政治上的真正统一,当时的邦联政府并不是一个真正的政府,而只是为适应战争需要而设立的"外交机构"。有人甚至描绘它是"一个头脑受四肢控制的怪物"。经济上债台高筑,各州相互拆台,自行其是,以至弊病丛生,百废待兴。在新的形势下,美国如何进一步保护和促进其经济发展,便成为摆在美国开国元勋面前的一项艰巨的任务,甚至连美国本身能否自立于世,也有待于美国自己的抉择。幸运的是,美国开国元勋们做出了明智的选择,他们制定了世界上第一部资产阶级成文的宪法。1787年

《美国宪法》的制定首先是美国当时的政治特别是经济上的需要。著名历史学家查尔斯·A.比尔德在系统研究《美国宪法》产生的背景后得出结论认为，该宪法是一部"经济的文件"。这一观点不无道理。

一国的经济发展同社会制度密切相关。《美国宪法》规定美国是联邦制的资产阶级共和国，改变了"头脑受四肢指挥的怪物"形象。联邦的建立，有利于全国市场的形成，有利于美国对外贸易的扩大。美国可以借助于联邦政府的力量，来促进其经济的发展。恩格斯指出，"这种纯粹的资产阶级制度""有朝一日必定会导致震惊全世界的转折，一旦美国人开始做了，他们就会以巨大的力量和飞快的速度做下去，使我们欧洲人相形之下显得十分幼小"。历史的事实正好印证了恩格斯这句话的无比正确。

一国的经济飞速发展需要一个长期的政治稳定和和平环境。200年来，美国共参加了9次大的战争，其中3次是在美国本土上进行的，时间也只有18年。而且这3次中有2次是为美国独立和巩固独立所必需的，另一次则是为美国经济的高速起飞提供条件。所以，美国本土发生的3次战争从根本上来说，不但没有对美国经济造成破坏，反而促进了它的迅速发展。为什么从华盛顿到里根这200多年的时间内美国政治上一直没有什么大的动乱，政局一直比较稳定？原因之一是《美国宪法》所确立的一系列原则在很大程度上保证美国长期政治稳定和和平局面的实现。

我们知道，对外贸易与资本主义经济发展的关系十分密切。没有对外贸易，资本主义本身就不可能存在。美国之所以要求独立，追求扩大对外贸易是一个主要目标。弗吉尼亚的一位美国独立领导人理查德·亨利·李（Richard Henry Lee）便明确无误地说道，"只要我们把自己当作英国的臣民，那么，欧洲就没有一个国家会和我们打交道或进行贸易。……所以，要求独立是（我们的）一个必然选择"，1776年美国大陆会议制定的《条约计划》更是鲜明地从外交上体现了这一点。《条约计划》所制定的条约几乎完全是一个商业的航海条约。可以说，其实质上是为美国早期外交定下了这个基调，即政治上的孤立和商业上的扩张。《美国宪法》也体现了这一基调的内容，特别重视鼓励对外贸易，写进许多条款并加以具体规定，如第1条第9项的第5款，第10项的第2、3款等都是与对外贸易有关的，其中特别重要的是上述第5款，它规定"对任何一州的出口货不得课税"，这种规定大大促进了美国对外贸易的发展，使美国从一开始就成为一个重要的商业国。《美国宪法》这种鼓励对外贸易的做法在美国立国之初，对于促进美国经济发展意义重大。甚至在美国工业高度发达的今天，对外贸易仍是美国经济发展的至关重要的因素。美国和日本目前进行的"贸易战"便充分说明了这一点。《美国宪法》制定者之所以能够跻身世界第一流的政治活动家之中，主要"就由于他们承认经济利益在政治上的力量，并且巧妙地加以运用"，"从而把一个新的政府建立在唯一可以稳定的基础——经济利益基础——之上"。[1]

人类发展的历史告诉我们，科学技术是生产力，忽视科学技术的国家必然要受到严厉的惩罚，付出惨重的代价。把科学技术

---

[1] 查尔斯·A.比尔德：《美国宪法的经济观》，何希平译，北京：商务印书馆，1984年，第10、106页。

斥为"奇技淫巧"的清政府终被"夷人"的坚船利炮所征服就是一个典型的例子。而这个在我们还处于"乾隆盛世"时仍是不毛之地的美国一旦独立便气势不凡,高度重视科学技术的作用。《美国宪法》明确规定"保证著作家和发明家对于其著作和发明在一定期限内享有专利权,以奖励科学和实用技艺的进步"[1]。由于宪法的保证,从1790年美国专利局的建立至1911年,共授专利权达100万之多。许多国外科学家、学者和身怀绝技的发明家受到吸引而远涉重洋来到美国。这些人为美国的经济发展做出了重大的贡献。

美国经济飞速发展的一个重要因素还在于它有得天独厚的自然条件,有丰富的自然资源,而这一条件的获取方式基本上也在《美国宪法》上规定下来。资产阶级的本性是扩张,而领土的扩张是其中的一个重要方面。一部美国外交史,就是美国的扩张史。不过,美国虽然通过多种手段(例如购买、发动战争、屠杀土著居民等)夺取领土,但领土获得后允许领地以州的平等身份加入联邦。早在《美国宪法》问世之前,美国联邦政府就曾颁布过有关解决西部土地问题的法令,其中最重要的是1787年的《西部法令》。该法令规定西部领地以州的身份加入联邦的具体步骤,从而一举解决了美国向西扩张方式的问题。《美国宪法》正式把这一做法作为最高法律,它规定"国会得准许新州加入本共和国","国会有权整理并制定关于属合众国所有之土地或其他财产之必要法规与条例"。[2] 正是由于《美国宪法》的这种法律保证,在成为美国第14个州的佛蒙特到美国国旗上第50颗星的阿拉斯加

---

1 《美国宪法》第1条第8项第8款。
2 《美国宪法》第4条第3项。

加入联邦的100多年过程中,美国由一个偏居一隅的小国发展成为地大物博、横跨两洋的国家,这种美国式的领土扩张,为美国经济的飞速发展提供了物质条件。

一国的经济发展不仅仅需要丰富的自然资源,而且,更重要的是需要开发这些资源的人。移民在美国经济史上扮演着特别重要的角色,同美国的发展有着密切的关系。可以说没有移民就没有美国,也就没有其高度发达的今天。这是美国经济发展的一个独特因素。《美国宪法》虽然没有明文规定有关移民的条款,但它仍体现了鼓励移民的思想。例如,根据宪法规定,移民在成为美国公民若干年后,就有资格竞选众议员、参议员等。正是历尽艰辛、富于智慧的移民"使美国能够以巨大的力量和规模开发其丰富的工业资源,以至于很快摧毁了西欧的工业垄断地位"[1]。

应该指出,美国1787年的宪法由于当时各种因素的限制,也包含了不利于美国经济发展的条款。例如奴隶制的存在就大大阻碍了美国经济的全面发展,只是经过一场血战消除了这块附在美国经济躯体中的赘瘤后,美国的经济才能轻装上阵,阔步向前。直到南北战争后美国经济发展才进入了一个狂飙时期。

(原载《历史教学》1987年第12期)*

---

[1] 恩格斯语。

* 这是我的处女作,有生以来第一次正式发表的学术文字。虽然幼稚、青涩,但聊感自慰的是,此文接触了一个重大课题。美国的经验告诉我们,一个国家要想长治久安、实现经济的长足发展,一个稳定且长期行之有效并具有至高无上地位的宪法是不可或缺的。

第二部分
知人论世

阿奇博尔德·莫特利,《自画像》,约1920年

塞缪尔·P. 亨廷顿及其文明冲突论[*]

塞缪尔·P. 亨廷顿系哈佛大学政府系讲座教授及约翰·M. 奥林战略研究所（John M. Olin Institute for Strategic Studies）所长。曾在卡特政府国家安全委员会任职，为当时国家安全事务顾问布热津斯基（Zbigniew Brzezinski）的左右手。并经常担任美国国务院、国防部、中央情报局等部门角色。政治上，他以保守出名。曾因支持越南战争及卷入诸多中央情报局研究项目等原因，一度被人斥为"疯狗"及"学政复合体成员"（academic-political complex）。[1] 学术上，他以现代马基雅维里（Niccolò Machiavelli）

---

[*] 承蒙亨廷顿教授将当时尚未出版的《如果不是文明，是什么？》（"If not Civilization, What?"）一文手稿供作者参考，特此致谢。

[1] 有关批评亨廷顿政治倾向的诸多评论，参见以下几篇文章：Jared Diamond, "Soft Sciences are Often Harder than Hard Sciences", in *Discover*, Aug., 1987, vol. 8, pp. 34–37; Jared Diamond, "Scholars Bite Mad Dog", in *The Nation*, May 9, 1987, vol. 244, p. 595; Fareed Zakaria, "Blood Lust in Academia: The Professor's Vendetta", in *The New Republic*, Jul. 27, 1987, vol. 197, pp. 16–18; Ezra Bowen, "The Posse Stops a Softie, Scientists Blackball a Political Theorist", in *Time*, May 11, 1987, vol. 129, pp. 76–77; Eliot Marshall, "Academy Rejects Huntington Nomination", in *Science*, May 8, 1987, vol. 236, pp. 661–662.

自诩[1]，一向以提出极具争议的观点或理论闻名于学术界。他的十来种学术著作大多探讨当代重大政治、国际关系等领域的理论问题，在学术上颇多建树。

亨廷顿的第一本重要著作《士兵与国家》(*The Soldier and the State*)，便是探讨军民关系方面的一流理论专著，甚至在其出版30多年后，仍被权威军事史家爱德华·M.科夫曼（Edward M. Coffman）誉为"挑战性著作"，值得任何军事史学者参考。[2] 1968年出版的《变动社会中的政治秩序》(*Political Order in Changing Societies*)，则集中研究各种政府类型（专制型、独裁型、民主型、准民主型等）如何维持政治稳定的问题。他在书中提出一个著名原则："国家之间的最重要的分别不在于其政府形式，而在于统治的程度。"[3] 该书出版后，风行一时，不少学者及政界人士倍加推崇。20世纪80年代后期，亨廷顿又把目光集中到当代各国民主化问题，并于1991年出版《第三次民主浪潮：20世纪末的民主化》(*The Third Wave: Democratization in the Late Twentieth Century*)。该书认为，迄今为止，世界上共出现了三大民主浪潮。第一次浪潮发生在1826至1926年间。包括美国在内的近30个国家踏入了民主进程。全民普选为其主要标志。发生在1943至1962年间的第二

---

1 亨廷顿对自己欲充当现代马基雅维里的野心，一直坦承不讳。参见Samuel P. Huntington, *The Third Wave: Democratization in the Late Twentieth Century*, Norman: University of Oklahoma Press, 1991, preface, p. xv。

2 Edward M. Coffman, "The Long Shadow of 'The Soldier and the State'", in *The Journal of Military History*, Jan., 1991, vol. 55, no. 1, pp. 69–83.

3 Samuel P. Huntington, *Political Order in Changing Societies*, New Haven: Yale University Press, 1968, p. 1.

次民主浪潮，促成20多个国家跻身民主社会之列。1974年的葡萄牙革命揭开了第三次民主浪潮的序幕。该浪潮至今方兴未艾。亨廷顿的结论是，这三次浪潮的一个显著特点是其曲折性，即高潮之后总伴随退潮。但世界民主化的总体趋势是以"进两步，退一步"模式前进。导致第三次民主浪潮的主要原因是：一、威权政府失去其统治基础；二、经济发展；三、宗教的作用；四、国际政治的变化；五、民主化的"滚雪球"效应。在亨廷顿看来，第三次民主浪潮的出现主要是内部因素而不是外界影响促成的。他还强调文化因素在民主化进程中的影响，认为某些文化具有反民主倾向。

从以上所介绍的亨廷顿三种代表著作可以看出，他善于把握重大问题，并提出独到见解。亨廷顿的这一特色的最新体现便是他发表在《外交》杂志（*Foreign Affairs*）1993年夏季号的《文明的冲突》及该刊同年12月号的《如果不是文明，是什么？》两篇著名论文。在这两篇文章中，亨廷顿精心思考后冷战时期国际关系的重大理论问题，亦即未来国际冲突的主要根源是什么？意欲成为新时代的乔治·F. 凯南[1]可能是亨廷顿撰写上述两篇文章的主要动机。

一

1989年后，世界进入所谓后冷战时期。指导美国外交政策

---

[1] 乔治·F. 凯南，美国方面冷战精神之父。他在1947年以"X先生"为笔名在《外交》杂志上发表《苏联行为的基础》，为"遏制战略"提供了理论根据。

40多年的"遏制战略"因此过时。"冷战时期许多熟悉的模式及规范(亦)应抛弃"[1],时代呼唤新的"X先生"。《波士顿环球报》写道,新时期的乔治·F. 凯南,"您在何方?"[2] 许多学者及政客在1989年后都想成为新凯南,纷纷撰文,提出对后冷战国际关系模式的形形色色的解释,如"单极时刻"论[3]、"民族国家衰落"论[4]、"不再有主要战争"论[5]等。其中影响最大的便是美国前国务院官员,现在兰德公司任职的富兰西斯·福山(Francis Fukuyama)提出的"历史终结"论(the end of history)。福山最早在1989年夏季号的《国家利益》(*The National Interest*)上抛出这一观点。他的这篇名为《历史的终结?》的文章发表后,引起广泛注意,到1991年止,至少有14个国家翻译出版了这一文章。[6] 1992年,福山进一步将其观点引申,并出版成书。书名是《历史的终结及最后之人》(*The End of History and the Last Man*)。

福山的主要观点是,冷战的结束,表明西方的政治制度、意

---

[1] 美国共和党联邦参议员马尔科姆·沃勒普语。参见 Malcolm Wallop, "America Needs a Post-Containment Doctrine", in *Orbis*, Spring, 1993, vol. 37, no. 2, p. 187。

[2] *The Boston Globe*, Nov. 1, 1993, p. 5.

[3] 关于"单极时刻"论的详细介绍,参见本书第一部分之《美国在危机中》。

[4] 该论点主要认为,冷战的结束标志着"全球主义"和"部落主义"的结束,在此基础上建立的"民族国家"的重要性相应衰落。

[5] 该观点认为,大国之间发生战争的可能性随着冷战结束而不复存在。约翰·穆勒是该观点的主要提倡者,参见 John Mueller, *Retreat from Doomsday: The Obsolescence of Major War*, New York: Basic Books, 1989。

[6] Ellen K. Coughlin, "Author Revisits Disputed Thesis About the 'End of History'", in *The Chronicle of Higher Education*, Jan. 8, 1992, vol. 38, no. 18, A8.

识形态、经济体系等赢得彻底胜利,同时也标志着与西方对立的其他意识形态体系的失败。因此哲学意义上的长期意识形态的冲突及进化告一段落,大国之间你死我活的战争可能也将不复存在。后冷战时期政治家要解决的是冷战遗留下来的一些"技术问题"。长期以来的人类冲突因此宣告终结。追求自由成为人类的主要奋斗目标。在此必须指出,福山所指的历史终结局限于一定地区,在部分区域,历史还在重演。但福山坚信,这种仍在重演的历史之终结也只是时间的问题,因为追求自由是人类的天性。

遗憾的是,福山虽然探讨"历史终结"这一极具挑战性的问题,但他的论述并不是真正的历史分析,而是哲学意义上的论证。其思辨框架缺乏历史证据,甚至出现史实错误。更有甚者,他用来支持自己论点的所谓"历史教训",许多站不住脚。芝加哥大学历史学家威廉·H.麦克尼尔(William H. McNeill)直言,福山"根本就错了"[1]。

"历史终结"论是1989年西方朝野普遍存在的盲目乐观心态的产物。可惜这种乐观并不能持久。1990年后的国际关系发展证明,人类并没有像福山宣称的那样"回到黑格尔时代",黑格尔的理论也没有完全战胜尼采的哲学。血淋淋的历史仍在重演。根据最近发表的研究报告资料,1992年全世界的军火开支高达6 000亿美元,一年内发生了29次战争。战火中死亡人数达17年以来最高纪

---

[1] William H. McNeill, "History Over, World Goes On", in *The New York Times Book Review*, Jan. 26, 1992, p. 14, Col. 1.

录。[1] 由此可见，冷战的结束不但没有带来所谓太平盛世，反而使各国之间的政治、军事、文化、外交、经济诸方面的争夺更趋复杂、尖锐。"历史终结"论的说法如同思想史中的"回到柏拉图时代""大同世界"等说法一样，只不过是一厢情愿。

对于上述包括福山理论在内的诸多说法，亨廷顿统称为"结束主义"（endism）。他认为这种"结束主义"的主张提供了歌舞升平的假象，是"危险的、富有破坏性"的理论。亨廷顿尤其不同意福山的分析。指责其"历史终结"论有两大错误。一是过分强调历史的可测性及时间的永恒性，二是忽视了人性的弱点及"非理性"因素。[2] 在亨廷顿看来，1989年以后出现的所有"结束主义"的观点，虽然不乏部分真知灼见，但都"忽视了一个至关重要的、甚至中心的因素"[3]。这一因素即是亨廷顿极力渲染的所谓"文明冲突"。亨廷顿对他"发明"的"文明冲突"论津津乐道，颇为得意，以为发现了理解未来国际关系的秘诀。他除了在《外交》杂志夏季号隆重推出其理论外，为扩大影响，又在1993年6月16日《纽约时报》专栏版刊出其中心观点，并在接受《新观点季刊》等媒体采访时大力宣传他的"文明冲突"论。[4]《外交》杂

---

1 *The Boston Globe*, Nov. 10, 1993, p. 17.
2 Samuel P. Huntington, "No Exit: The Errors of Endism", in *The National Interest*, Fall, 1989, no. 17, p. 10.
3 Samuel P. Huntington, "The Clash of Civilizations?" in *Foreign Affairs*, Summer, 1993, vol. 72, no. 3, p. 22.
4 Samuel P. Huntington, "The Islamic-Confucian Connection", in *New Perspectives Quarterly*, Summer, 1993, pp. 19–24.

志进一步推波助澜，在1993年10月号上刊登部分知名人士同亨廷顿商榷的文章，在12月号上发表亨廷顿的答辩文章。《外交》还以极快的时间出版文明冲突论单行本（包括反驳亨廷顿的文章）。一时之间，亨廷顿的文明冲突论如野火春风，席卷世界各地，震动各国朝野，影响之大，实所罕见。

二

亨廷顿文明冲突论的主要观点是，后冷战时间的世界主要冲突之源不是经济或意识形态上的，而是文化方面的冲突。虽然民族－国家（nation-state）将仍是国际事务中的主要角色，但国际冲突将主要发生在不同文明而不是民族国家之中。这种"文明冲突""将决定未来的国际政治"[1]，是人类历史到达一个新阶段的必然结果。

根据亨廷顿对历史的理解，他把国际关系史划分为四个时期。1793年前的国际冲突主要是君主之间的正统之争、领土之争。从法国大革命到第一次世界大战期间，是国际关系史的第二个时期。在这一时期，由于民族国家的兴起，国际关系中的主要冲突是国家利益冲突，侧重于经济、主权、领土、军事上的斗争。随着俄国十月革命后社会主义、共产主义的兴起，国际关系进入第三个阶段。意识形态的冲突取代了国家利益冲突。这种意识形态

---

[1] Samuel P. Huntington, "The Clash of Civilizations?" p. 22.

的冲突经历了所谓资本主义与社会（共产）主义，自由民主制度与法西斯主义、纳粹主义冲突等过程。第二次世界大战结束后，意识形态的冲突进一步上升到代表完全不同文明的两个超级大国之间的争斗及冷战。1989年后随着冷战的结束及苏联的不复存在，国际关系进入亨廷顿所谓的第四阶段，即后冷战时期。在后冷战时期，历史并没有结束，冲突依然存在，但冲突的性质及根源出现了巨大变化。亨廷顿指出，后冷战时期的主要冲突与前三次有显著不同。前三次冲突都是在一个文明体系（西方文明体系）内发生的，但未来的冲突将明显超出西方文明范围，沦为所谓"西方与其他"文明之间的冲突（the west against the rest）。西方文明唯我独尊的局面将受到其他文明的强烈挑战。亨廷顿建议用文明的属性来划分世界。认为冷战时期留下来的"三个世界"的说法似已过时。文明的因素将成为压倒一切的国际冲突之源。亨廷顿甚至断言，"未来的全球冲突将是文明冲突"，"下一次世界大战如果发生的话，将是文明之间的战争"。

什么是"文明"？亨廷顿的定义是，"文明是一个文化的实体"，"是民族之间的最高文化组合及最广泛层次的文明认同"。[1] 根据这一定义，亨廷顿认为目前世界上存在八种文明，即西方文明、儒家文明、日本文明、伊斯兰文明、印度教文明、东正教文明、拉丁美洲文明以及非洲文明。为什么文明之间一定会发生冲突并成为世界主要冲突之源呢？亨廷顿认为，随着各国的

1　Samuel P. Huntington, "The Coming Clash of Civilizations—or, the West Against the Rest", in *The New York Times*, Jun. 6, 1993, sec. 4, E19.

经济现代化及政治民主化进程的发展，人类的民族国家认同感将逐步消失。文化及宗教力量将日趋增长，并在全球范围内形成一个巨大的"非西方化运动"（de-westernization）[1]。这种"非西方化运动"不可避免地导致文明的冲突。亨廷顿的理由是：第一，文明差别是人类最基本的差别。不同的文明有不同的社会及文化价值观。他们对人与上帝的关系、公民与国家的关系、个人与群体的关系、家庭与社会的关系、夫妻关系等看法都有天壤之别。第二，随着人类的技术进步，世界正变成一个地球村。不同文明之间，人民频繁的互动及交流，加强了各民族自身文明意识的觉醒。第三，目前西方文明已达到顶点，并全力把自己的价值观向世界各地推销，这必然要与其他文明发生正面撞击，从而不可避免地导致文明冲突。第四，人类的文化差异及文明特征是最难消除或妥协的。既然文明之间的接触势在必行，文明冲突也就在所难免。第五，世界正出现地区经济共同体趋势，如欧洲共同体以及可能出现的北美自由贸易区等均属这类地区经济主义范畴。这种地区经济主义的出现也必然会增大文明冲突的可能性。

亨廷顿指出，文明冲突有广义与狭义之分。狭义的冲突指毗邻群体之间的领土或统治权之争。广义上的冲突系指代表不同文明的国家之间在军事、经济、宗教等各方面展开的生死搏斗。随着西方在国际经济、政治舞台上的影响衰落，西方文明也必然会受到影响。从而导致由经济、军事冲突引起的西方与其他文明之间的文明对抗。

1　Samuel P. Huntington, "The Clash of Civilizations?" p. 27.

三

亨廷顿对自己的文明冲突论自视甚高，认为它是目前国际关系方面最佳理论。他在1993年12月号《外交》杂志的文章中咄咄逼人地写道：未来国际关系中的主要冲突之源，"如果不是'文明'的话，又是什么？"并直截了当地称其理论建立了"后冷战世界的范式"[1]，俨然以新时代的"X"文章主人自居。诚然，亨廷顿的理论有许多可取之处。例如，他公开承认文明国家在处理国际事务时，采用"双重标准"。他也毫不掩饰西方国家以公正为名，行霸权之实的行径。认为联合国安理会或国际货币基金组织等机构所做的决定都是出于西方自身利益的考虑，但总以反映各国愿望的姿态公之于世。"西方实际上利用国际组织、军事及经济力量统治世界，维持西方的优势。"[2] 亨廷顿理论的最引人入胜之处是它注意并强调各国文明的差异，并从文化角度解释国际冲突问题。然而，其理论的最大弱点也在于此。

事实上，从文明角度分析国际关系并不是亨廷顿的首创。自人类文明产生以来，即有文明冲突一说。到19世纪，有关文明冲突的说法已如汗牛充栋，不胜枚举。在现代，尝试用文明因素解释国际关系，更是大有人在。例如，著名政论家白修德（Theodore White）在1967年发表的一篇文章中这样写道："我们正

---

1 Samuel P. Huntington, "If not Civilizations, What?" in *Foreign Affairs*, Dec., 1993, vol. 72, no. 5, pp. 186–194.

2 Samuel P. Huntington, "The Clash of Civilization?" p. 36.

陷于文明冲突。这种冲突也许会摧毁世界。其中干系最大的是两种文明，即大西洋-地中海文明与太平洋-亚洲文明，它们分别以美国和中国为首。"[1] 曾担任美国历史学会会长的哈佛大学著名历史学家入江昭自20世纪80年代初即尝试从文化角度来透视国际关系，认为国际关系实际上是文化关系。[2] 他在1981年出版的《权力与文化：1941—1945年的日美战争》（*Power and Culture: The Japanese-American War, 1941-1945*），以及1992年问世的《全球模式中的中国与日本》（*China and Japan in the Global Setting*）等论著都是入江昭在这方面探索的结晶。《权力与文化》一书着重研究第二次世界大战期间的日美关系。作者的结论是，日美两国兵戎相见的结果是双方发现彼此目标相近，对战争与和平的构想方面也趋于一致。强调不同文明之间的合作而不是冲突，是入江昭与亨廷顿之间的明显不同之处。

麻省理工学院政治学教授白鲁恂（Lucian W. Pye）在1990年发表的一篇文章中也曾用文明的概念来分析国际政治。他写道，"中国与其说是一个国家，不如说是一种文明"，"外界在对付这种以国家形式出现的文明理应相信自己的乐观天性，并尽力与中国的这种独特社会建立联系"。[3] 与亨廷顿过从甚密的布热津斯

---

1 Theodore White, "An Offering of History to Men Who Must Act Now", in *Harvard Alumni Bulletin*, May 13, 1967, p. 4.

2 Akira Iriye, "The Internationalization of History", pp. 1-9; Akira Iriye, "Culture", in *The Journal of American History*, Jun., 1990, vol. 77, no. 1, pp. 99-108.

3 Lucian W. Pye, "China: Erratic State, Frustrated Society", in *Foreign Affairs*, Fall, 1990, vol. 69, no. 4, p. 58.

基最近也屡次宣称,在后冷战时期,现代地缘政治冲突已不复存在。目前与未来的国际问题的症结是文化和哲学上的,而不是意识形态或经济问题。[1]

亨廷顿是不是最先提出文明冲突论者,并不是重要的问题,重要的是该理论是否言之成理。依笔者看来,亨廷顿的文明冲突论,虽不乏精辟见饵,但漏洞亦多。例如,"文明"一词是亨廷顿理论的关键词,但亨廷顿对该词的解释颇值得商榷。根据英国剑桥大学著名文化学专家雷蒙德·威廉斯(Raymond Williams)的说法,文明主要指已固定下来的社会生活状态。强调某种生活方式的发展过程是"文明"定义的一个重要组成部分。[2] 但亨廷顿为了能自圆其说,有意将文明静态化,好像文明尘封多年后,仍能依然如故。殊不知文明是随着时代发展而发展的,而不是一成不变的概念。亨廷顿甚至忘了自己在别的地方曾写过,"有关某些文化永远不变的说法理应受到怀疑"[3]。亨廷顿应该比别人更清楚,文明的兴衰是历史早已证明了的事实。英国历史学家阿诺德·J.汤因比(Arnold J. Toynbee)曾在其名著《历史研究》(*A Study of History*)中罗列过世界上存在的20多种文明,而在今天,

---

[1] Zbigniew Brzezinski, *Out of Control: Global Turmoil on the Eve of the Twenty-First Century*, New York: Touchstone, 1993; 同时可参见《新观点季刊》记者对布热津斯基的采访,*New Perspectives Quarterly*, Summer, 1993。

[2] Raymond Williams, *Keywords: A Vocabulary of Culture and Society*, Rev. ed., New York: Oxford University Press, 1985, 1983, pp. 58−59.

[3] Samuel P. Huntington, "A New Era in Democracy: Democracy's Third Wave", in *Current*, Sept., 1991, no. 335, p. 36.

其中许多文明早就绝迹了。

"文明"是一个相对的概念,不能绝对化。我们不会因为奴隶制在美国独立后仍存在近一个世纪这一史实,就断定19世纪美国文明是一个奴隶制文明。同样,我们也不应该因为世界上某些地区或国家由于历史的原因,至今依然存在许多非民主成分,就断言它们不能最终民主化,不能同西方文明兼容。事实上,任何国家的现代化过程都是曲折的,是一种渐进的过程。亨廷顿自己是研究世界民主化过程的权威,他深知民主化是一个世界性趋势,"现代世界的总趋势一直是民主政府的日益增多"[1]。亨廷顿另外又写道:"从历史上看,文化是动态的,而不是僵化的,一个社会的主流信仰及态度也是会转变的。"[2] 由此看来,未来的世界应更趋于一致,而不是出现文明的冲突才对。

亨廷顿的文明冲突论忽视了一个非常重要的事实,即"文明"不仅仅是一个地域的概念,亦即文明不仅仅指亨廷顿所说的八大文明,文明的含义应包含现代文明、工业文明、科技文明等。[3] 如就"文明"的地缘含义而言,实际上早在15世纪以后,

---

1　Samuel P. Huntington, "What Cost Freedom? Democracy and/or Economic Reform", in *Harvard International Review*, Winter, 1992/1993, vol. 15, no. 2, p. 10.

2　Samuel P. Huntington, "A New Era in Democracy: Democracy's Third Wave", p. 37.

3　关于"文明"一词的详细含义,参见Raymond Williams, *Keywords: A Vocabulary of Culture and Society*, p. 59; Fernand Braudel, *A History of Civilizations*(English translated by Richard Mayne), New York: Penguin Books, 1993; John Laffey, *Civilization and Its Discontents*, New York: Black Rose Books, 1993; B. D. Nagchaudhuri, ed., *New Technological Civilization and Indian Society*, Indian Institute of Advanced study, 1990。

西方文明已与其他文明发生冲突了，而并不是像亨廷顿所说的现在才开始。文明的地缘含义，充其量只是一个概念（idea）而已，包括亨廷顿在内，大概谁也不能明确指出"西方文明"的地理分界线。所以，笔者认为，单从地理上谈论文明，是不科学的，文明理应包括现代含义，即把工业文明、科技文明、现代化等作为文明定义的一个不可分割的组成部分。从文明的现代意义来看，根本不存在什么严重的文明冲突。因为追求现代化、工业化等成为各国目标，亨廷顿所谓的八大文明，在这一意义上将殊途同归。

正因为亨廷顿对文明定义有意割裂，并将其模糊化、简单化，他的八大文明说颇有牵强附会之嫌。例如，他无法划分日本"文明"的归属，干脆把日本列为一个自成体系的独特文明。殊不知所谓"日本文明"实际上是东方文明与现代工业文明的综合体，代表了所有非西方文明的前进方向：文化上保持自己特色（非西化）的现代化。

亨廷顿的"文明"显然不是理解国际冲突的锁钥，难怪当他用文明冲突论来衡量国际关系时，就显得捉襟见肘了。例如，亨廷顿在解释日本为什么不能像德国在欧洲、美国在北美那样，在亚洲领头建立一个类似经济圈时认为，日本难以做到这一点的原因是日本文明与亚洲其他国家的文明截然不同，彼此很难合作。事实上，真正原因恐怕要比亨廷顿所能理解的复杂得多。但"文明"类别并不是主要的。笔者认为，至少有两个因素不容忽视：一是日本难比美国、德国，它除了其经济、科技实力外，在地缘政治中的比重也要小得多，日本的综合国力不足以在亚太地区领袖群伦。另一个重要因素是亚洲国家的集体记忆。日本没有像德国那样正视其第二次世界大战中的侵略本质，一味欺骗舆论、漠视正义、混淆视听，致使许多历史问题至今未得到解决（如正式道歉、赔偿受害人损失、停止在教科书中玩弄文字游戏等），造成亚洲国家无法信赖日本。毋庸置疑，相互信任是任何一个经济共同体建立的基础。

文明冲突论的另一个欠缺是亨廷顿对事实解释采用双重标准。例如，他根据中国与阿拉伯国家之间的军事贸易就断言儒家文明与伊斯兰文明联手对抗西方文明。如果亨廷顿把军火贸易作为文明冲突的佐证的话，那么，他又如何解释美国是世界上最大的军火商这一事实呢？按照亨廷顿的逻辑，是否应把美国向许多"非西方文明"国家或地区出售军火解释为西方文明与其他文明合作呢？亨廷顿对此讳莫如深，因为这一事实明显与其文明冲突论格格不入。亨廷顿援引的另一个例证是1993年9月国际奥林匹克委员会选择悉尼而非北京，认为委员会根据文明归属投票，文明的分界线决定了投票的结果。当然，亨廷顿没错，西方国家（包括亨廷顿本人）反对北京举办2000年奥运会，并不择手段达到目的。但西方国家这样做的目的主要是基于政治、经济上的考虑，而不是文明的冲突。西方不希望看到一个繁荣强大的中国出现。而且，还有一个有趣的现象不知亨廷顿是否注意到：台湾当局在奥运会投票前正式表示不支持北京举办2000年奥运会，理由是一个强大的大陆会使台湾在国际舞台上更无回旋的余地。这里已毫无文明冲突的踪影了。

亨廷顿在自己文明冲突论中采用回避事实或采用"双重标准"的做法还有一些其他事例,这里不再一一列举。作为一个训练有素的学者,亨廷顿为什么会出现这样的缺憾?原因之一便是以上述及的,他太强调文明冲突在国际事务中的影响;另外就是"西方中心观"在作怪。他的文明冲突论实际上就是这一"西方中心观"的反映,该理论并不是从学术角度考察各文明之间的冲突,而是着意于西方文明与其他文明的冲突上,进而为西方国家出谋划策。在后冷战时期,西方权力的传统杠杆如军事、外交等逐渐失去效力,其他国家(或用亨廷顿的术语,"非西方文明")正致力于国家建设、大力发展经济、加强现代化建设,使西方国家普遍有一种失落感。因为西方经济一直疲软不振,雄风不再,只好利用抽象的"文明"冲突(如人权等)来批评他国。这种现象在近期中美关系中尤为明显。难怪《华盛顿邮报》资深记者唐·奥伯多佛(Don Oberdorfer)最近注意到,"奇怪的是,华盛顿近来关于中国的许多言辞似乎与生机勃勃的北京及东部沿海城市的都市生活风马牛不相及。美国在处理对华政策时似乎比日趋务实的共产主义国家(指中国)更意识形态化。这实在是一个讽刺"[1]。西方国家这种盲目自大又缺乏自信的"包围心态"(a siege mentality)在亨廷顿的文明冲突论中体现非常明显。[2]似乎世界永

1　Don Oberdorfer, "Replaying the China Card", in *The Washington Post*, Nov. 7, 1993, C3.
2　Kishore Mabbubani, "The Dangers of Decadence", in *Foreign Affairs*, Oct., 1993, vol. 72, no. 4, p. 10.

远由西方主宰才叫"正常",才叫"文明和平相处"!

亨廷顿文明冲突论的另一个缺陷是其未能跳出冷战思维模式的窠臼,冷战术语"我们"与"他们"的对立与亨廷顿所谓的"西方文明"与"其他文明"的冲突实乃同出一辙,并无轩轾。因此,文明冲突论在理论上并无重大突破和建树。借用专栏撰稿人布鲁斯·纳萨拔姆(Bruce Nussbaum)的一个名词来说,文明冲突论充其量只能被称为"后冷战之冷战"的理论而已。[1]

亨廷顿文明冲突论的最大弱点是其忽视市场经济在国际关系中的重大影响。经济、科技之争而不是抽象的文明冲突,而将成为未来国际政治中的主要冲突之源。贸易问题又成为世界性的大问题。著名军事战略问题专家爱德华·N. 卢特瓦克(Edward N. Luttwak)甚至创造一个专有名词"地缘经济"(geo-economics)来描述经济问题已取代政治成为国际政治中头等问题。[2]他写道,所谓"地缘经济学",即"商业文法中的冲突逻辑"。他甚至以"(理解)战争,阅读贸易"为题撰写过一篇文章,专门论述贸易冲突的严重性。[3]《纽约时报》所发表的一篇赞成卢特瓦克观点专文指出,"过去的军事及外交之争已被与经济有关的竞争及同盟

---

[1] Bruce Nussbaum, "Is That Old-Time Religion the New World Order?" in *Bloomberg Businessweek*, Sept. 27, 1993, no. 3338, p. 60.

[2] Edward N. Luttwak, *The Endangered American Dream: How to Stop the United States from Becoming a Third-World Country and How to Win the Geo-Economic Struggle for Industrial Supremacy*, New York: Touchstone, 1993.

[3] Edward N. Luttwak, "For War, Read Trade", in *The Times Literary Supplement*, Jan. 29, 1993, no. 4687, p. 22.

所取代。在这个全球一体化市场上，类似北美自由贸易协定的安排便反映了新时代的潮流"。《纽约时报》甚至断言："广而言之，如果在后冷战时代存在一个新体系，存在可取代冷战时期的东西方集团新的团体的话，那么，它似乎不应该是联合国会员国或固定的多边贸易，而应是贸易共同体。"[1] 美国前国务卿亨利·基辛格最近也指出，新时代的新体系是贸易联合体。他认为，北美自由贸易协定便是向该方向迈出的"非常重要的一步"[2]。

也许用贸易共同体，而不是"文明"，更能准确描述未来世界冲突，也更符合事实。按亨廷顿的说法，欧洲与美国同属西方文明，似应属一条战线。但目前的趋势是双方在贸易上的摩擦可能严重影响欧美之间在国际事务中的合作。美国正重新思考其国家取向，并逐步向太平洋而不是大西洋靠拢。国务卿沃伦·克里斯托弗（Warren Christopher）便正式宣称，"西欧不再是世界的最重要区域"，美国过去在处理全球事务时"太欧洲中心化"了。[3] 表示要同亚太地区接近，因为当"我凝视亚洲繁荣之花，便看见美国复兴之果"[4]。美国国务院分管东亚事务的助理国务卿温斯顿·洛德（Winston Lord）更是明确指出，"我们的外交政策与内政之间的关联在亚洲比其他任何地区都要显得密切"[5]。美欧关系因为贸易摩擦已受到严重影响。如，法国把美国的关贸总协定谈

1　*The New York Times*, Nov. 7, 1993, A24.

2　Ibid.

3　*The Washington Post*, Nov. 17, 1993, G4.

4　*The Harvard Crimson*, Nov. 18, p. 4.

5　*The Washington Post*, Nov. 17, 1993, G4.

判视为"掠夺成性的美国商业及文化帝国主义的同义词"[1]。美国最近在国际事务中特别是经济事务中,已有明显脱欧入亚的趋势,并以亚太地区压欧洲,使其在经济上让步。[2]

是"贸易"而非"文明"是国际事务中主轴这一论点,还可从前总统克林顿的近来表现看出。他可以在波斯尼亚、海地、索马里等外交事务中让步,但对于国会通过"北美自由贸易协定这一问题,一直立场坚定,决不让步"[3]。因为他知道经济贸易是调整"美国面向未来"的最后底牌。[4]

关于经济冲突的严重性,亨廷顿事实上在其他地方有清楚的认识。他在1993年春天发表的一篇文章中指出,日本、欧洲和美国之间的矛盾"将导致政治、经济利益的严重对立","在未来的岁月中,美国与主要大国之间的严重冲突可能在经济方面"。[5] 另一文章中,亨廷顿写道,日美未来的关系中,存在"经济冷战"的可能,因为"日本的策略是经济战争的策略"。[6] 亨廷顿甚至同意丹尼尔·贝尔(Daniel Bell)的"经济(冲突)是另一种战争的继续"的说法。[7] 为什么所有这些明智的看法在亨廷顿撰写文明冲突论时都不见了呢?

---

1   *The New York Times*, Nov. 6, 1993, P5.
2   Ibid., Nov. 16, 1993, A16.
3   有关克林顿对北美自由贸易协定的立场,参见Ibid., Nov. 20, 1993。
4   Ibid., Nov. 7, 1993, A1; Nov. 24, 1993, A17.
5   Samuel P. Huntington, "Why International Primacy Matters", in *International Security*, Spring, 1993, vol. 17, no. 4, p. 71.
6   Ibid., pp. 75–76.
7   Daniel Bell, "Germany: The Enduring Fear, A New Nationalism or a New Europe?" in *Dissent*, Fall, 1990, vol. 37, no. 4, pp. 461–468.

四

在后冷战时代的今天，人类唯有合作才能生存。许多问题如温室效应、环境保护、生态平衡等等，是全世界面临的共同挑战。亨廷顿对此置若罔闻，仍在文明冲突论中重祭冷战大旗，鼓吹人类对抗，在理论上是错误的，在实践中易把世界引入歧途。其理论比"历史终结"论更危险、更有害。例如，亨廷顿多次鼓吹西方同中国的未来对抗，实在荒谬绝伦。中国占世界22%人口，却只有世界上7%的可耕地。在世界上人均可耕地面积少于中国的只有孟加拉国和埃及。世界各国，尤其是西方大国，理应支持中国利用这有限的资源解决占世界近1/4人口的温饱问题，支援中国的现代化建设，而不应多方阻挠，更不应以所谓文明冲突的理由妨碍中国的现代文明进程。殊不知，中国一旦失控，将是全人类的灾难。正如普林斯顿大学教授林培瑞（Perry Link）所说的，"由于中国的比重……我们大家都或多或少地与中国同在一条船上"[1]。

1987年亨廷顿在就任美国政治科学协会会长时发表的主席演说中讲道，凭他多年研究政治学的经验，得到的第一个教训就

---

[1] Perry Link, "A Harvest of Empty Notes: The Hectic Pace of Modernization in China", in *The Times Literary Supplement*, Sept. 10, 1993, p. 8; 有关生态问题、环境问题等重要性的论述，参见 Vaclav Smil, *China's Environmental Crisis: An Inquiry into the Limits of National Development*, New York: M. E. Sharpe, 1993; Vaclav Smil, *Global Ecology: Environmental Change and Social Flexibility*, London: Routledge, 1994; Paul M. Kennedy, *Preparing for the Twenty-First Century*, New York: Random House, 1993。

是,"不要因为政治学家想做好事就意味着他实际上做到了",也许"他们可悲地发现自己意图实现无望"。研究政治学最基本的戒律是,"拯救政治绝无灵丹妙药"[1]。我们也许相信亨廷顿提出文明冲突论,并不完全是出于标新立异,出于要做新时代的乔治·F.凯南的动机,也许他真的想要找到一条理解人类冲突的捷径,可惜他的文明冲突论只是一条死胡同。

(原载《美国研究》1994年第1期)

---

[1] Samuel P. Huntington, "One Soul at a Time: Political Science and Political Reform", in *American Political Science Review*, Mar., 1988, vol. 82, no. 1, pp. 3−11.

美国文化心理情结与文明冲突论

美国哈佛大学政府系伊顿讲座教授塞缪尔·P. 亨廷顿在1993年夏季号《外交》杂志上，发表了一篇题为《文明的冲突》的著名文章。文章问世后，引起各国政界与学界人士的广泛注意。影响所及，已远远超出一般学术论著。

亨廷顿的文明冲突论的主要观点是，后冷战时代的国际关系发生了重要变化，经济、军事、外交、意识形态等冲突已不再是未来国际冲突的主要根源。"文明"将在国际关系中扮演主要角色，文明的差异将成为国际冲突中的主要根源。亨廷顿甚至断言，"未来的全球冲突，将是文明冲突"，文明的分界线将是战场的对峙线[1]，"下一次世界大战，如果发生的话，将是文明之间的战争"[2]。

然而，亨廷顿的这一理论一问世，即引起广泛批评，和者甚

---

1 Samuel P. Huntington, "The Clash of Civilizations?" p. 22.
2 Ibid., p. 39.

少。[1] 遗憾的是，这些批评意见，人多攻其一点，不及其余，因此显得有点缺乏力度。例如，几乎无人把亨廷顿的理论放到美国文化心理模式内加以考察。依笔者浅见，只有从研究美国文化心理出发，才能真正把握美国的学术思潮，真正理解美国外交决策的底蕴，并在一定程度上，认清美国外交政策发展的逻辑，进而抓住亨廷顿文明冲突论的症结之所在。

一

美国外交政策与其民族心理密不可分，换言之，外交理论基本上是心理文化的产物。美国是一个民主的国家，民族心理因素在外交上的影响尤其突出。那么，美国的心理情结究竟包括哪些内容呢？概括起来，它至少应涵盖下列方面：第一，美国例外观（American exceptionalism）。美国人从立国之初，由于历史及地理因素诸方面的影响，即形成美国与众不同的心理，认为美国处处高人一等。美国的政治制度、政治文化等都较他国优越，它是人类的新大陆，代表着人类最美好的未来。美国有理由把这种优越的政治制度及政治文化向其他地区扩张。这是美国的"天定使命"。[2] 美国历史上几大外交策略，如孤立主义、门罗主义等，以

---

[1] *Foreign Affairs*, Oct., 1993, pp. 2-26; 香港中文大学出版的《二十一世纪》杂志在1993年10月号及同年12月号发表系列文章，向亨廷顿提出商榷，表达了"另一种声音"。

[2] "天定使命"，又译"天定命运"，英文原文是"manifest destiny"。1845年由美国人约翰·L. 奥沙利文（John L. O'Sullivan）最先使用。

发动几次重要对外战争，如美墨战争、美西战争等，在某种程度上，都可说是这种美国例外论的产物。美国外交政策上的两个重要内容孤立主义及扩张主义，也是由例外论衍生而来，两者构成了美国例外观的双刃剑。

美国心理情结的第二个内容，便是美国民族心理的偏执狂心态（paranoid style）。强烈的与众不同心理必然导致心理偏执，并与美国例外论遥相呼应。这种偏执狂心态充分体现美国民族心理的不健全或不成熟。导致这种情形不外有几个原因。一个因素可能与美国历史短暂有关，短暂的历史极可能导致美国作为一个民族缺乏深沉。另一个因素应该与美国社会的构成有关，美国是一个移民国家，社会流动性很大。人们的社会地位不固定，但每个人都有很高的期望。这种现象反映在国际关系方面，便是大起大落的心理征兆。一旦己方得胜，便以为其一切都比对手强。反之，一旦对方略占上风，辄以为大难临头，不知所措，以致对外交上许多问题做出过分反应。1957年苏联卫星率先上天，美国举国上下出现一片恐怖；20世纪80年代后期席卷美国各阶层的有关美国是否衰落的辩论[1]，都是这种心理的很好例证。已故著名美国思想史专家理查德·霍夫斯塔特（Richard Hofstadter）便指出，苏联卫星事件"不仅仅是对美国民族虚荣的一大打击"，更重要的，它促成了美国"全民族自责大合唱"。[2] 亨廷顿则对美国人汲汲于

---

[1] 关于美国衰落论战的评述，参见本书第一部分之《美国在危机中》。
[2] Richard Hofstadter, *Anti-intellectualism in American Life*, New York: Random House, 1963, pp. 4–5.

美国是否衰落的辩论现象表示出浓厚兴趣,并曾专门撰文指出,这种辩论是美国心理文化因素使然,而并不是对现实的分析。[1]这种心理的产生,可能与美国政治体制也有关联。法国杰出的美国观察家亚历西斯·德·托克维尔,便从美国的政治制度上分析产生这种现象的必然性。他在其不朽著作《美国的民主》中,曾敏锐地注意到:"不可否认的是,民主制度很容易促成人类的嫉妒之心。这固然由于民主制度提供了使人们上升到同一水平之途径,但更重要的原因是,民主制意味着永远让人不满足。(因为)民主制唤起和助长了人们追求平等的激情,但却不能让人完全满意。"[2]

由于理想与现实很难一致,从而很容易导致美国人的心理危机,并影响美国的外交政策进程。孤立主义与扩张主义,唯我独尊与惊慌失措,这些内容看上去自相矛盾,但都是美国民族心理在其外交政策中的体现,也是美国历史上不争的事实。美国历史上的几次重大外交事件,在很大程度上与心理危机有关。美西战争、朝鲜战争、古巴导弹危机、越南战争等,都是这方面的具体事例。美国民族心理的大起大落及多变性不仅仅局限在20世纪,它贯穿了整个美国历史。著名的美国民族诗人沃尔特·惠特曼(Walt Whitman)以毕生心血来撰写美国民族史诗《草叶集》(*Leaves of Grass*),并无数次加以修订,但终因把握不住美国多变

---

[1] Samuel P. Huntington, "The U. S.—Decline or Renewal?" pp. 77—96.

[2] Alexis de Tocqueville, *Democracy in America*, New York: Vintage Books, 1945, vol. 1, p. 201.

的心理，在修订过程中，每每陷入束手无策的境地。[1]

美国民族心理偏执的第二个主要体现，是强烈夸大敌国的阴谋和危险性。霍夫斯塔特在其专门研究美国政治偏执狂心态的著作中，特别强调这一点。他认为，政治上偏执狂心态的一个主要特征是，将"庞大阴谋理论系统化"，总是认为敌对的方面正对本国的政治、文化、生活方式等构成巨大威胁。[2] 把人类历史看成是阴谋史，是克服对手、推动文明前进的历史，是不同文明的对抗史。[3] 霍夫斯塔特的这一见解实乃精辟之见，并为美国历史所证实。例如，在19世纪，美国总是担心欧洲势力侵入美洲，颠覆美国的政治、经济制度。到了20世纪，特别是30年代经济大危机以后，害怕纳粹主义、法西斯主义、共产主义等威胁美国的政治制度及本身生存之心理，影响到美国生活的每一方面，特别是外交政策上。20世纪20年代美国出现的所谓"红色恐怖"，50年代臭名昭著的麦卡锡主义等，都是美国民族偏执狂的明显体现。自命为追求民主、自由的威尔逊政府，其邮政总长阿尔伯特·西德尼·伯尔逊（Albert Sidney Burleson）及总检察长A. 米切尔·帕尔麦（A. Mitchell Palmer），在反对"红色恐怖"的幌子下，曾从事许多非法勾当。甚至连著名的经济学家凡勃伦（Thorstein Veblen）所著学术专著《德意志帝国与工业革命》（*Imperial Germany and*

---

1 Perry Miller, *Nature's Nation*, Cambridge: Harvard University Press, 1967, pp. 12-13.

2 Richard Hofstadter, *The Paranoid Style in American Politics*, Chicago: University of Chicago Press, 1965, p. 4.

3 Ibid., pp. 29-30.

the Industrial Revolution）一书都被邮局查封。将当时美国社会的气氛，喻之为"红色恐怖歇斯底里"，实乃恰如其分。[1]

20世纪50年代的麦卡锡主义更是集歇斯底里之大成，麦卡锡主义的基本内容是反共、反苏。麦卡锡主义不喜欢专家与美国外交政策不符的正确观点，因此断送了美国一代杰出的中国问题专家的前程。麦卡锡主义也不喜欢海外关系，怀疑与共产党国家保持关系的人士，将这些人斥为共产党特务或间谍。著名的中国学家费正清，杰出的蒙古学家欧文·拉铁摩尔（Owen Lattimore），都因为曾去过中国，在20世纪50年代被莫须有地攻击为中共或苏联特务。值得一提的是，麦卡锡时代虽已成为历史，但留下痕迹之深，甚至到后冷战时代的今天，我们仍能感觉到。一个有趣的例子便是，1994年1月中旬前总统克林顿的国防部长候选人英曼（Bobby Ray Inman）宣布退出提名，理由就是"现代麦卡锡主义"正跟他作梗。这一指控是否有理，我们且不去管它，但由此可见麦卡锡主义在美国政治上影响之一斑。

美国民族心理文化的第三个特征是美国人对外交政策的制定采取道德化和浪漫化的态度。美国作为一个民族，缺乏真正的历史感，他们属于目标取向的民族。对复杂的国际问题应用非黑即白的态度，很少考虑这种做法所引起的实际后果。美国的许多冷战政策，特别是卷入越南战争，便是这种外交政策取向的最好例

---

1 Robert K. Murray, *Red Scare: A Study in National Hysteria, 1919–1920*, Minneapolis: University of Minnesota Press, 1955.

证。美国人这种对外交的态度，经常导致其外交政策上的现实主义与理想主义取向的相互矛盾。伍德罗·威尔逊的理想与道德主义外交政策，哈定与柯立芝政府奉行的赤裸裸的现实外交等，便是这种取向矛盾的典型体现。这种矛盾的结果是导致美国的外交政策从短期目标看，可能显得精明、务实、富于实效，但从长期目标看，则显得幼稚、不切实际、不知所措。从哲学意义上看，这种态度是美国实验主义哲学的反映。另一方面，这种态度也是美国历史经历使然。美国立国较短，经验有限，第二次世界大战后，又突然成为超级大国。无论是军事上、经济上、战略上，都处于南面称孤的地位。一时之间，趾高气扬，得意忘形，老子天下第一的心态，极其明显。美国历史的巨大成功与得天独厚的外在条件，很容易使美国人产生对外交政策简单化、浪漫化的态度。

从美国立国到冷战终结这一历史看，整体上说，民族心理对其发展起了良好的推动作用，是美国赖以成功的主要动力。在19世纪，美国的民族特性使其在内部发展方面有奋发向上的斗志，在外交上有强烈的扩张精神，终而成为世界大国。到了20世纪，这种民族心理导致美国一心问鼎世界霸权，加入两次世界大战，并最终成为超级大国。冷战时期，他们有苏联作为主要敌人，故在外交政策上，虽屡犯错误，但毕竟在整体上还有一个外交目标参照系。后冷战时期伊始，美国人虽狂欢一阵，庆祝冷战的胜利，高呼"历史的终结""一统天下的来临"等等，但胜利的喜悦如海市蜃楼一般，很快消失殆尽。一方面，冷战结束后的国际关系比以前更复杂、更危险、更不可控制。另一方面，美国人发现，赢得冷战的并不是美国，而是日本、德国等经济大国。美国人感到日子不比过去好，国家在衰落，并由从前的头号富国下降为最大的债务国。所以，冷战的结束带给美国人的大多是失落、迷茫，不少人要求美国应埋首本身事务，有回到新孤立主义的倾向。许多国际问题专家也纷纷发表形形色色的观点，亨廷顿便是其中之一。他的文明冲突论带有浓厚的美国民族心理文化的烙印，是典型的美国文化土壤滋生出来的产物。

二

亨廷顿文明冲突论的一个突出弱点是他未能摆脱美国文明的优越感，也没有完全避开美国例外论的影响。他的文明冲突论实际上是把美国为首的西方文明置于超越地位。所谓"西方文明"与"非西方文明"的思维模式，与过去所说的"新大陆"与"旧大陆"的说法，冷战时期的"我们"与"他们"、"资本主义"与"共产主义"、"民主制"与"极权制"等概念没有什么差别，所以，所谓文明冲突论是在冷战思维模式下把世界简单两极化的体现。我们并不是机械反对用两分法来分析国际关系。马克斯·辛革（Max Singer）和阿隆·威尔达沃斯基（Aaron Wildavsky）的两分法就比较接近现实。他们在其最近出版的《世界真秩序》（*The Real World Order*）中，把后冷战时期的世界分为两个部分，一个部分是所谓"和平区域"（zones of peace），由发达国家组成，虽然其间不乏经济冲突，但兵戎相见的可能性很小。另一个部分是所谓"发展与动乱地区"（zones of development and turmoil），主要由不发达或发展中国家组成。在该地区，传统的均势外交、战争、革命、动乱等，仍将为国际关系的主要特征。[1]历史学家约翰·刘易斯·盖底斯在1991年《外交》杂志春季号上的一篇文章中，也是用两分法来分析国际关系的。他指出，影响未来国际局势的主要力量有两种，一是结合力（integration），另一个是离心力（fragmentation）。信息革命、世界经济一体化、集体安全、理念的融合、和平等属于结合力范畴。民族主义、经济保护主义、宗教的差异、社会或地区的不平等之类，则构成离心力。结合力与离心力之间谁占优势，将大大影响后冷战时代国际关系。未来的国际冲突主要就是结合力和离心力之间的冲突。[2]

包括上述观点在内的诸多主张，虽有不少有待斟酌之处，但他们比亨廷顿文明冲突论的高明之处在于，他们认识到后冷战世界与过去之间存在一个质的差别，并力图跳出旧的冷战思维模式。我们不能接受亨廷顿文明冲突论的一个原因就是他的思考方式。在后冷战时代，亨廷顿仍继续带着美国19世纪和冷战时期的有色眼镜来看未来的国际关系，至少在方法论上是不可取的。

后冷战时代的国际社会是一个严重相互依赖的社会，许多重

---

[1] Max Singer and Aaron Wildavsky, *The Real World Order*, London: Chatham House Publishers, 1993.

[2] John Lewis Gaddis, "Toward the Post-Cold War World", in *Foreign Affairs*, Spring, 1991, vol. 70, no. 2, pp. 100−122.

大的国际事务，如环境问题、防止核扩散问题、市场问题、战略问题、国际恐怖问题等等，都需要各国合作才能解决。所以，未来的国际关系应该是文明走向和平共处，而不是走向严重冲突。而且，人类已经进入信息社会，未来的"信息超级高速公路"（information super-highway）将会彻底改变国际关系框架，改变人类生存结构，把人类更加紧密地联系在一起，从而使人类相互理解的机会越来越大。综观历史，科学技术对国际关系影响极大。如果通信技术发达的话，就不会有第二次英美战争，这是一个明显的例子。后冷战社会还有一个重要特征是，现代化、民主化是各国发展的必然走向，亨廷顿作为这方面的专家，曾在他的《第三次民主浪潮：20世纪末的民主化》一书里，对此做过充分论证，认为世界民主化是沿着"进两步，退一步"的模式前进。如果把现代化作为现代文明的主要标志，那么，未来则有可能出现一个全球文明或超级文明。苟如是，不但文明冲突将不会是未来国际冲突的主要原因，甚至大规模战争的可能性也将越来越小。麦克尔·W. 道义（Michael W. Doyle）便指出，在后冷战时代，民主国家之间的大规模战争可以避免。其根据有三：制定外交政策的民主程序；对诸多观念的集体认同；维持和平符合相互依赖性国际社会的共同利益。[1] 在这种情况下，人类更需要用新的观念、全球的观念去重新思考国际关系，而不是在固有的思维模

---

1 Michael W. Doyle, "Kant, Liberal Legacies and Foreign Affairs", in *Philosophy and Public Affairs*, Summer, 1983, vol. 12, no. 3, pp. 205–235.

式下徘徊。

亨廷顿的文明冲突论除尚未摆脱新瓶装旧酒之嫌外,其理论的关键词"文明"的定义也颇有问题。亨廷顿认为,"文明是一个文化的实体","是民族之间的最高文化组合及最广泛层次的文明认同"。[1] 亨廷顿的定义有两个不足之处。一是将文明静态化,好像文明冰封多年后,依然如故,从而忽视了文明的动态含义,但文明毕竟是随着时代变化而变化的。二是亨廷顿的定义过于偏重文化方面。实际上,文明似乎应包括农业文明、工业文明、信息文明甚至现代文明等多种意义。如从现代化意义来看,追求现代文明是各国共同目标,则不存在同非西方文明的冲突。如从文明的地理意义上来看,则从15世纪起,就已经开始了西方文明同非西方文明的冲突,没有必要就此大做文章。而且,文明一词充其量只有一个概念而已,大概谁也无法确切指出"西方文明"的地理分界线。法国杰出的史学家布罗代尔(Fernand Braudel)在其《文明史》一书中指出,"文明"一词包含道德上及物质上的双重含义。[2] 笔者认为布罗代尔的这一说法颇有见地。在后冷战时代,随着意识形态上国际冲突的削弱,人类交流的不断加强,"文明"定义的物质属性会越来越重要。因此,如果我们硬要从文明角度去分析未来的国际冲突,恐怕阿尔文·托夫勒(Alvin Toffler)的解释比亨廷顿的文明冲突论更具说服力。托夫勒在他新近出版的

---

[1] Samuel P. Huntington, "The Clash of Civilizations?" p. 24.

[2] Fernand Braudel, *A History of Civilizations*, pp. 3–36.

《战争与反战争》一书中，把文明划分为三种，即所谓第一次浪潮文明（农业文明），第二次浪潮文明（工业文明），以及目前方兴未艾的第三次浪潮文明（信息文明）。人类正进入一个"地缘信息"而非"地缘经济"时代。文明的冲突便是这三种文明之间的冲突。[1] 显然，托夫勒的文明冲突说与亨廷顿的文明解释之间的差异，不仅仅是对文明定义的广狭义之分歧，还体现了双方对文明属性完全不同的理解。托夫勒的所谓"超级文明"（super-civilizations）冲突，虽不免失之空泛，但在某种程度上，可以说该解释触及了未来国际社会冲突的实质。

亨廷顿文明冲突论最主要的弱点是其未能摆脱美国心理文化中的偏执心态，西方霸权思想在亨廷顿的著作中一再作祟。亨廷顿同许多西方学者一样，希望美国或西方文明永远维持霸权地位。然而，历史的发展并不以人的意志为转移。美国及西方文明的没落已成为不争的事实。世界上并不存在一个永恒不衰的文明。但亨廷顿未从历史发展的视角去理解这一事实，却将其视为所谓文明冲突的征兆，并危言耸听地声称，文明之间发生战争的时代已经来临。这种思维方式无疑带有美国心理文化偏执的烙印。在亨廷顿的脑海里，西方与东方是完全不同的两个世界。那位以"白人的负担"一语著称的诗人吉普林（Rudyard Kipling）便这样写道："啊，东方是东方，西方是西方，两者永不会相会。"[2]

---

[1] Alvin and Heidi Toffler, *War and Anti-War: Survival at the Dawn of the 21st Century*, Boston: Little, Brown, 1993, pp. 17–25.

[2] Rudyard Kipling, *The Ballad of East and West*, London: John Marshall & Co, 1900.

不管亨廷顿承认与否,他的论文出发点与这位诗人的想法并无质的差别。正是在这种排斥东方的心理支配下,西方普遍存在"非我族类,其心必异"之念。正如哥伦比亚大学教授爱德华·W.萨义德(Edward W. Said)在其《东方主义》(*Orientalism*)及《文化与帝国扩张主义》(*Culture and Imperialism*)等书中指出,西方文化对东方文化存在着严重的歧视及狂妄自大的心理。西方存在一个"我们是这样,他们是那样"的思维定式[1],这种思维定式实际上是西方帝国文化扩张的产物,并且直到今天仍深刻影响西方社会。这种思维定式的结果必然会人为导致东西方隔裂。[2]

这种思维定式明确地体现在亨廷顿的文明冲突论中。他的逻辑是:非西方国家一旦获得巨大发展,或要追求自己在世界上的合理地位,便要与西方对立,便会出现文明冲突。亨廷顿在文章中论证后冷战时期为什么是文明冲突时指出,在后冷战时代,非西方文明"不再是历史的客体",而和西方一样,成为"历史的推动者和创造者"。[3]"非西方(国家)用非西方之道来影响世界的意愿及资源日益增强",不可避免会导致"处于权力峰巅的西方同非西方对抗"。[4]

亨廷顿的这种推理其实并不具逻辑性,因为其他文明的现代化,并不一定就是反西化;对人类美好社会的追求,是东西方

---

1 Edward W. Said, *Orientalism*, New York: Random House, 1978, p. 237.

2 Ibid., p. 46.

3 Samuel P. Huntington, "The Clash of Civilizations?" p. 23.

4 Ibid., p. 26.

共同向往的目标。亨廷顿所认为的文明冲突，实际上是非西方文明国家对国际社会平等的追求。由于西方的称霸地位，这种非西方文明国家的平等要求必然与西方的利益发生冲突。这里冲突的不是文明，而是西方的切身利益及西方的狂妄自大，与非西方国家的合理要求之间的冲突。在很大程度上，这也是西方长期以来奉行帝国扩张政策及唯我独尊政策的结果。这是西方自己应首先检讨的事实，而不是非西方国家对自身文明意识增强的结果。将多年来遭到不平等待遇的民族要求与西方平等相处的正义呼声视为文明的冲突，是一种偷梁换柱的做法。亨廷顿在其文章中一再援引伊斯兰与西方的文明冲突，这一做法至少有两个错误。一是逻辑上的错误。伊斯兰是宗教，西方是一个地理概念，两者不可类比。二是认识错误。诚然，在中东的不少信仰伊斯兰教的国家（世界上最大的伊斯兰国家印度尼西亚与亨廷顿所说的伊斯兰根本就对不上号），有强烈的反西方迹象，但是，正如美国著名学者威廉·菲夫（William Pfaff）最近指出，过去三个多世纪的伊斯兰经历，一直是对西方思想及道德的屈从。[1] 在此历史背景下，这些伊斯兰国家为了平等，为了追求他们认为更好的社会秩序，起而与西方抗争。这种反抗，并不意味着它们反对一切西方的价值观。例如，现代化是西方文明的一个主要特色，诚如布热津斯基所言，伊斯兰教并非全盘反对现代化，它反对的是屈从于西方

---

1 William Pfaff, *The Wrath of Nations: Civilization and the Furies of Nationalism*, New York: Touchstone, 1993, p. 131.

文化的现代化。[1] 但这在亨廷顿看来，便是文明的冲突了。似乎西方文化、价值观永远处于控制地位，才算文明和睦相处。西方的帝国扩张传统及其遗产，西方对中东政策的双重标准，如牺牲阿拉伯利益来支持以色列；用武力把伊拉克赶出科威特；对波斯尼亚出现的惨绝人寰的种族灭绝及残杀，对以色列在黎巴嫩的侵略等熟视无睹，所有这些因素，都在很大程度上影响了伊斯兰国家对西方的态度。亨廷顿未从历史背景出发，未从西方文明内部矛盾出发，就贸然提出文明冲突的结论，造成立论方法上的误区，在实践中易将人类引入歧途。

如果我们站在更高层次，摆脱狭隘的自身文明优越感，心平气和地来看"文明冲突"这一问题，也许我们会得出与亨廷顿完全不同的结论。所有不同文明的国家都清楚，后冷战时代对各国都是严重的挑战。如何提高人类生活水平，完善社会制度，改善生存环境，是各国面临的共同任务。所有文明都有不完善的地方，都需要改进。非西方国家面临的民主问题、法制问题、现代化问题，固然极其严重，但西方国家所存在的社会问题也令人谈虎色变。人欲横流、以邻为壑、贫富不均、极端个人主义、精神空虚、福利制度不健全、人人缺少安全感等等，是西方普遍存在的大问题，其中尤以文化问题最为重要。西方存在的社会问题之严重，导致目前美国与欧洲学术界存在一种对西方文明前景的悲

---

[1] Zbigniew Brzezinski, *Out of Control: Global Turmoil on the Eve of the Twenty-First Century*, p. 190.

观论调。例如，小阿瑟·M. 施莱辛格（Arthur M. Schlesinger, Jr.）在其著作《美国在解体》中，就对当前美国存在的许多严重的社会、文化、种族矛盾等诸问题，向美国提出严重警告。他认为，如果美国不正视这些问题，美国的凝聚力会大大削弱，并可能导致解体。[1] 有些人认为这些悲观论点并不反映客观现实，因而将此现象解释为学术界的一种时髦象征。在这些悲观论者看来，唯有对后冷战国际关系持悲观立场，方显得出其道德的严肃性。

然而这种所谓时髦，并不能掩盖一些西方学者不愿承认的事实，即西方在政治上、经济上逐渐衰落，在社会生活方面，世风日下、道德沦丧。布热津斯基认为，文化与哲学因素严重影响后冷战时期的国际政治。西方的精神空虚、自高自大及文化困境首先必须得到解决。[2] 要求改革的呼声，也如许多非西方国家一样，颇为广泛。"改革"一词已成为政客竞选的普遍口号。如是而观，则根本不存在文明冲突，因为各文明国家都在寻找更好的生活模式。诚如《纽约时报》专门作家弗洛拉·刘易斯（Flora Lewis）在1993年底所写的一篇文章中指出，目前西方面临的一系列严重问题已达到危机程度，并让人对"西方文明的基础产生怀疑"，她暗示亨廷顿的文明冲突论并没有抓住问题的实质，甚至被表面现象所迷惑。因为既然东西方文明都有不足之处，都需要改进，

---

[1] Arthur M. Schlesinger, Jr., *The Disuniting of America*, New York: W. W. Norton & Company, 1991.
[2] Zbigniew Brzezinski, *Out of Control: Global Turmoil on the Eve of the Twenty-First Century*, pp. 220−221.

为什么东方国家在现代化过程中追求某种比西方文明更好的社会基础，就是文明冲突了呢？这分明是世界各国家都在追求共同的"社区自由"，而不是所谓的文明冲突。[1]

包括亨廷顿在内的许多西方学者对各国同谱文明新篇的现象视若未见，一味渲染文明冲突的气氛，这固然与美国的心理文化有关，同时也与由心理文化引起的美国外交政策的深层矛盾有密切联系。这种矛盾可能包括许多方面，本文只能涉及其中一部分。美国外交政策矛盾的一个方面是其历史健忘症。例如，美国在冷战期间，曾长时间拿美国人做放射试验，特别是拿残疾人当试验品，并在某些人烟稠密的地带秘密进行细菌试验。对这些严重侵犯人权的不人道行为，美国政府一直加以掩盖，讳莫如深，直到最近在新闻界大力追查下，这些事实才逐渐为世人知晓。另一个事实是至少从1907至1975年间，禁止精神病患者、杀人犯等生育是美国各州普遍的做法。《里士满时讯报》(*Richmond Times-Dispatch*)曾在1980年报道，在美国至少有70 000名精神病患者被强制节育。然而，当风闻中国立法机构将通过法律禁止某些有先天性疾病的婴儿出生时，西方各界，特别是美国朝野，立即出现一片责难之声，认为这是文明的差异，指责中国拟议中的法律为"纳粹"哲学。亨廷顿在其文章中，以中国向伊斯兰国家出售武器作为儒家与伊斯兰联手对抗西方文明的另一佐证。且不说亨

---

[1] *The New York Times*, Dec. 11, 1993, A23.

廷顿的这一说法，除某些只言片语所谓中国向中东国家出售武器等资料外，没有其他任何证据，但就亨廷顿的逻辑类比到美国本身，便可发现其推论之不合理。据《华尔街日报》在最近一篇详细报道中披露，美国是世界上最大的武器出口国。见下表：

世界军火出口一览表（1989—1992年）

	战斗机（架）	坦克（辆）	直升机（架）	军舰（艘）	长距离道弹（枚）
美国	917	4 948	848	33	484
欧洲[1]	216	1 046	159	63	797
俄国	231	515	55	11	12
中国	285	191	0	2	63

1993年上台的克林顿政府一如既往，强烈支持美国军火商向外推销武器，并开始把主要目标对准第三世界，包括信仰伊斯兰教的国家。按照亨廷顿的逻辑，这里我们是否应推论这是美国同各国文明联手呢？

美国外交政策另一个矛盾是浪漫与不切实际、理想与现实严重冲突。一个明显的例子便是中国的最惠国待遇问题。从浪漫或理想角度出发，美国应紧念人权咒语。但从现实和切身经济利益考虑，则应将两者脱钩。人权与中国最惠国待遇问题困境是美国心理文化的最好体现。有人宣称美国把人权与延长中国最惠国待遇放在一起的做法，无异于拿手枪对准自己的脑袋。或者

---

[1] 只包括英国、法国、德国。资料来源：*The Wall Street Journal*, Jan. 28, 1994, A6。

像美国参议院国际贸易委员会主席,民主党参议员马克斯·鲍可思(Max Baucus)所称的,如果因为人权问题,取消中国最惠国待遇,美国等于投下了一个经济原子弹。对中美双方来说,都是巨大的经济、外交、政治灾难。用最惠国待遇来迫使他国改善人权,本是冷战时代的产物。是当年为迫使苏联允许犹太人自由离境而设立的,乃一权宜之计。在今天看来,它已是一个过时的工具。[1] 亨廷顿对这种美国外交政策的内在矛盾置若罔闻,没有注意到许多西方政策已经过时,而仍着眼于西方文明的差异,在理论上颇有漏洞。

包括亨廷顿在内的一些西方学者,一味强调国际关系中的冲突一面,可能在某种程度上,是出于自身职业的需要。他们一方面是在冷战气氛中成长起来的,习惯了撰写关于对抗的文字;另一方面,他们恐怕唯有继续坚持冲突的论调,方可维持住昔日理论权威的地位。还有一个原因,就是美国的许多政治学者在美国文明优越的心理支配下,常常连外国的人名、地名尚未搞清楚,就发表一番关于此人或此事的宏论,甚至提出一个惊人的理论,这似乎成为美国众多学者的习惯。用《新闻周刊》在1993年发表的一篇文章的话说,这是美国的"方式"。但正如该文所指出的,"这种方式是危险的习惯,因为它是以昨日发生的灾难为标准,来解释今天的外交政策困境"[2]。

---

1 *The New York Times*, Jan. 27, 1994, A11.
2 *Newsweek*, Dec. 20, 1993, p. 128.

三

亨廷顿的文明冲突论发表后受到多方责难。亨廷顿在反驳别人的批评时，公开声称其文明冲突论为新时代的国际理论"范式"，并搬出库恩（Thomas S. Kuhn）来为自己理论的诸多不足作挡箭牌。[1] 按照亨廷顿的理解，库恩在《科学革命的结构》里说过，每一个"范式"都有其不完善的地方，所以他的文明冲突论出现诸多漏洞，也是理所当然。亨廷顿究竟能否理解库恩的思想，笔者不清楚。但他曲解库恩的解释，则是事实。库恩认为，一个"范式"首先应是"学术核心"，为诸多学者认同。其次，它应是"表率"，可被用来解释疑难问题，取代旧有"范式"的地位，并弥补旧"范式"的不足。其中心特征是学术界的广泛认同及应用的可靠性。[2] 一旦某个"范式"出现"异常"，不能正常运作，那么该"范式"则要么被修正，要么被新的"范式"所取代，"异常"不是"范式"应该含有的内容，"范式"也并不是顷刻间就能建立的。亨廷顿错误地把"异常"当成"范式"的内容，并在对许多国际事务解释不清的情况下，就匆忙树起文明冲突论大旗，其急不可待的程度，比起当年乔治·布什遽然抛出所谓"新世界秩序"，还要有失妥当。布什在他的总统就职演说中用了"新范式"一词来阐述美国的外交政策，但旋即改为"新世

---

1 Samuel P. Huntington, "If not Civilizations, What?" p. 186.
2 Thomas S. Kuhn, *The Structure of Scientific Revolutions*, Chicago: University of Chicago Press, 1970, Postscript, pp. 175, 182, 187.

界秩序",毕竟还算比亨廷顿明智。

阿尔伯特·爱因斯坦曾这样写道,"人们都是用最适合自己的方式创造一幅简单易懂的世界画像。然后力图在某种程度上,用这幅图画来取代现实中的世界,以便战胜世界。画家、诗人、思辨哲学家以及自然科学家,都以自己的方式这样做",以满足自身情感的需要。[1] 毫无疑问,亨廷顿的文明冲突论是他本人情感和世界观以及美国文明心理的产物,其是否能经得住时间和现实的考验,我们还须拭目以待。

(原载《中国社会科学季刊》1994年第2期)

---

[1] Albert Einstein, *Ideas and Opinions*, New York: Bonanza Books, 1962, p. 225.

麦克纳马拉的忏悔

罗伯特·S.麦克纳马拉（Robert S. McNamara）在1961至1968年间就任美国国防部长。因他卷入越南问题决策太深，以至他在五角大楼期间许多人称越南战争为"麦克纳马拉的战争"[1]。麦克纳马拉当时对此毫不为忤，他在1964年告诉一位记者说："我不反对（称越南战争）为麦克纳马拉的战争。我认为这是一场重要的战争，并以与此关联为荣。为了赢得其胜利，我将尽我所能。"[2] 可悲的是，这个曾被称作"生活在无所不能的社会和无所不能的时代中无所不能的人"[3]，不但没有为美国带来战争胜利的光荣，反而导致美国及其个人的深重灾难。1968年2月，麦克纳马拉在极度沮

---

1 Robert S. McNamara, *In Retrospect: The Tragedy and Lessons of Vietnam*, New York: Random House, 1995, p. 41.
2 *Commentary*, Jun., 1995, vol. 99, no. 6, p. 52.
3 David Halberstam, *The Best and the Brightist*, New York: Penguin Books, 1983, p. 265.

丧中离开五角大楼。糟糕的是，麦克纳马拉直到今天尚不清楚自己是被解职的还是辞职的。在其回忆录中，他猜测也许两者兼而有之。[1] 此后，他对越南战争一直三缄其口，沉默了近20年。1995年，麦克纳马拉终于写出了这本他自称从来不准备写的书：《回顾：越南的悲剧及教训》（*In Retrospect: The Tragedy and Lessons of Vietnam*），这是他的越南战争回忆录。

这本书与一般回忆录的最大不同之处是，它是在经过大量研究基础上写成的，有历史学家指导。另一个特别之处是，此书是一本忏悔录，它揭示了一个因越南战争而备受心灵及良知折磨的当事人的心路历程。在书中，他公开指出，在越南问题上，"我们错了，大错特错了"[2]。更有甚者，他在此书出版后接受媒体采访时，曾几次面对数百万电视观众，老泪纵横。让人觉得其忏悔似乎发自内心。

麦克纳马拉以其对数字的终生不疲的爱好，在书中列出美国陷入越战灾难的11大原因：

1. 美国错误判断了越南的动机，高估了越南行动对美国的威胁。

2. 美国把自己的经验套到南越身上，对南越的政治力量做出完全错误的估计。

3. 美国低估了民族主义对越南人民的推动力。

---

[1] Robert S. McNamara, *In Retrospect: The Tragedy and Lessons of Vietnam*, p. 311.

[2] Ibid., p. xvi.

4. 美国在越南的错误反映了其对越南的历史、文化、政治的无知。美国缺乏这方面的专家。

5. 美国没有意识到现代化军队、高科技装备及先进理论在对抗特殊的高度动员的人民运动中的局限性。

6. 行政部门在决策重大步骤前没有同国会和美国人民进行开诚布公的讨论。

7. 因为决策者在越南战争问题上向人民解释不力，导致其外交政策缺乏人民的广泛支持。

8. 决策者未意识到美国并非无所不知。美国无权按自己的意志去改造别国。

9. 在美国的安全未受到直接威胁下，其在越南的行动应该与多国部队配合，并争取国际社会的支持，但美国没有做到这一点。

10. 美国没有意识到国际事务中有些问题是没有直接答案的。

11. 行政部门不能有效地处理特别复杂的政治及军事问题。这种组织缺陷也是美国在越南失败的一个重要因素。

麦克纳马拉的这些观点代表美国对越战的最新记忆及反省。该书一问世，如一石激起千层浪，在美国社会引起强烈反响。白宫对该书的出版表示高兴，因为麦克纳马拉的观点在很大程度上为当年逃避越战兵役、自称"反对和蔑视越南战争"的克林顿总统[1]，提供了辩解的理由。克林顿明确告诉一位CNN（美国有线电

---

1 *The New York Times*, Sept. 3, 1995, A20.

视新闻网)记者说,"虽然这听上去很自私",但他实在觉得麦克纳马拉的新书为自己的反战言行开脱了责任。[1]当年的越战老兵及其家属则对麦克纳马拉的观点感到非常气愤。他们质问道,如果麦克纳马拉认为越战是"大错特错",为什么等了这么久才说?为什么其当年在国防部长任上时,绞尽脑汁为美国越战政策辩护,并成为该政策的主要制定者?麦克纳马拉该如何向死在越南的上万美国士兵交代?当年对美国的越南政策持异议的或参与决策的人士对麦克纳马拉的观点亦不敢苟同,并公开提出质疑。例如,针对麦克纳马拉的所谓美国当年越南政策缺乏相关专家指导这一观点,许多前国务院官员提出反驳。他们坚持美国当时并不缺少东南亚专家,而是麦克纳马拉等人没有虚怀纳谏的修养,不能容忍不同的声音。[2]麦克纳马拉对此类批评不为所动,坚持己见。[3]

毋庸讳言,麦克纳马拉的观点并不全面,有时甚至自相矛盾,例如,他在回忆录的最后,表示美国在越南作战八年是出于善良及诚实的理由(good and honest reasons)[4],但就整体而言,这本书毕竟尚属公正。面对铺天而来的愤怒浪潮,我们不能不深思

---

[1] *Commentary*, Jun., 1995, vol. 99, no. 66, p. 52.

[2] 这方面的最新批评参见Louis Sarris, "McNamara's War and Mine", in *The New York Times*, Sept. 5, 1995, A17; Thomas L. Hughes, "Experiencing McNamara", in *Foreign Policy*, Autumn, 1995, no. 100。

[3] 参见麦克纳马拉反驳的文章:"On Vietnam, Kennedy White House Flew Blind", in *The New York Times*, Sept. 14, 1995, p. 26。

[4] Robert S. McNamara, *In Retrospect: The Tragedy and Lessons of Vietnam*, p. 333.

这样的问题：为什么有如此之多尖锐的批评？美国人究竟接受什么样的越战记忆？有没有一个关于越战的集体记忆？也许美国人对麦克纳马拉新书的强烈反应，与其说是针对该书，倒不如说是对越南战争诸多记忆的折射。

（原载《美国研究》1995年第4期）*

---

* 关于越南战争的现代记忆及其影响，参见本书第四部分的相关文字。

第三部分
"大战"遗产

爱德华·霍普,《夜游者》,1942年

第一次世界大战及一战华工的世界意义

2014至2018年为第一次世界大战（1914—1918）100周年纪念时期。目前全世界正大张旗鼓地反思这场战争的意义，但这一纪念热潮在中国似乎没有出现，国人似乎觉得其与中国无关。实际上，早在1914年秋一战伊始，英国和日本即在青岛与德国军队激战，青岛在该年11月落入日本之手。1915年日本趁列强集中投入一战之中，无暇分心之际，向中国提出"二十一条"要求，意欲浑水摸鱼，置中国于日本控制之下。1916至1918年，大约14万华工前赴欧洲，在一战西线战场出生入死为英法两国效力。1919年在战后巴黎和会上，列强把山东割让给日本，从而导致中国和世界局势中一系列影响深远的连锁反应，五四运动就是其中的一个重要遗产。笔者在2009年接受《西湖》杂志长篇采访时，甚至大声疾呼："没有一战，何来五四？"[1]

依个人浅见，一战和一战华工在历史上对中国和中国人有极其重要的意义；中国的一战及一战中的华工同时也是世界文明史中不可或缺的重要篇章。我们甚至可以从一战的角度来透视中国人如何寻求国际化及新的国家认同之漫长历程，并通过分析国际社会应该如何更客观认识中国与一战的关系，深入理解一战对中国及世界的重要意义。本文略陈管见及断想，以就教于方家。[2]

一 一战与东西方文明和国际秩序

让我们首先来回顾一下一战历史。1914年是中国的虎年，也是民国三年。就在这一年，人类历史上所谓的"大战争"（the Great War）爆发。在下一场世界大战（二战）于20多年后再次打

---

[1] 刘涛、徐国琦：《"没有一战，何来五四？"——徐国琦教授访谈录》，载《西湖》2009年第7期，第99—105页。

[2] 本文基于笔者近年所写的一战系列文章及著作，文章包括徐国琦：《一战期间中国的"以工代兵"参战研究》《第一次世界大战对中国历史进程的影响》，分别载于《二十一世纪》，香港中文大学、中国文化研究所，2000年12月，第53—62页；2005年8月，第40—49页。主要著作包括Xu Guoqi, *China and the Great War: China's Pursuit of a New National Identity and Internationalization*, New York: Cambridge University Press, 2005, 中译本参见徐国琦：《中国与大战：寻求新的国家认同与国际化》，马建标译，上海：上海三联书店，2008年；Xu Guoqi, *Strangers on the Western Front: Chinese Workers in the Great War*, Cambridge: Harvard University Press, 2011, 中译本参见徐国琦：《一战中的华工》，潘星、强舸译，上海：上海人民出版社，2014年；Xu Guoqi, *Asia and the Great War: A Shared History*, Oxford: Oxford University Press, 2017; 徐国琦：《为文明出征：第一次世界大战期间西线战场华工的故事》，北京：五洲传播出版社，2017年。

响后,那场"大战争"成为今天人们所熟知的"一战"。一战一开始就被交战双方定义为"文明"之战(the war for civilization)。协约国在战后颁发给参战人士的胜利勋章(Inter-Allied Victory medals)上就刻有"为人类文明之战,1914—1919"字样。[1] 一位西方学者指出,一战不仅仅关系到战场上或者经济上的得失,"对英国人来说,这是一场守卫大英帝国秩序的战争";而与英国类似,德国人则认为这是"德意志民族的圣战"。因此,"对德国人来说,这是一场改变世界的战争;对英国人来说,这是一场维护世界秩序的战争。德国人为未来而战,英国人为传统而战"[2]。著名的美国学者詹姆斯(Henry James)在战争开始不久即写道:大战争的爆发或许会让"文明陷入血与黑暗的无底深渊",并"将打破有史以来我们对世界会变得更美好的幻想"。[3] 一位美国官员在战争结束不久后也写道:"当世界大战被真实地记录下来,当胜利得到客观的评价之时,我们会发现任何一个国家都不配享有文明胜利的桂冠。"[4] 因此,无论是战争刚开始或已结束,无论从何种角度上说,这都是一场人类历史上影响深远的战争,是对西

---

[1] Dominiek Dendooven and Piet Chielens, eds., *World War I: Five Continents in Flanders*, London: Lannoo, 2008, p. 8.

[2] Modris Eksteins, *Rites of Spring: The Great War and the Birth of the Modern Age*, Toronto: Lester & Orpen Dennys, 1989, pp. 116-119.

[3] Henry James, "Letter to Howard Sturgis", Aug. 5, 1914, in *The Letters of Henry James*, vol. 2, Percy Lubbock, ed., New York: Octagon Books, 1970, p. 384.

[4] Isaac F. Marcosson, *S. O. S. America's Miracle in France*, New York: John Lane Company, 1919, p. 306.

方文明的一次血与火的残酷考验。而且在相当大的意义上，一战的重要性远胜于二战。不仅因为二战是一战的延续，更重要的是直到今天，在一战结束100周年之际，我们对这场所谓的"大战争"之于中国的意义仍缺乏真正的了解，人们仍在辩论其影响及后果。

实际上，一场有关一战意义和影响的辩论在一战结束后随即在东西方展开。德国学者斯宾格勒（Oswald Spengler）宣称一战标志着西方的没落，是大家都熟知的。[1] 中国政论家梁启超于1918年底到欧洲游历及考察后所撰的《欧游心影录》中，则声称一战的结果显示东方精神文明仍然有一定的优势。他写道："欧洲人做了一场科学万能的大梦，到如今却叫起科学破产来。这便是最近思潮变迁一个大关键了。"他甚至用其饱含深情的笔调告诫中国人："我们可爱的青年啊！立正！开步走！大海对岸那边有好几万万人，愁着物质文明破产，哀哀欲绝的喊救命，等着你来超拔他哩。我们在天的祖宗三大圣和许多前辈，眼巴巴盼望你完成他的事业，正在拿他的精神来加佑你哩。"[2] 对他而言，一战几乎将人类文明毁灭殆尽，而西方一直标榜的社会达尔文主义则难辞其咎。此外，中国知识分子如梁漱溟、辜鸿铭等均属强调东方文明优越阵营之中的大将。当然，当时鼓吹东方文明至上的外国人

---

[1] 斯宾格勒所撰的《西方的没落》（*Der Untergang des Abendlandes*）上、下两卷分别于1918和1922年出版，其后被翻译成多国文字，影响甚大。

[2] 梁启超：《欧游心影录》，载《梁启超全集》第5卷，北京：北京出版社，1999年，第2974、2987页。

士也大有人在，美国哲学家杜威（John Dewey）在1923年为另一位英国哲学家罗素（Bertrand Russell）《中国问题》(*The Problem of China*)一书所写的书评中提到，在大战后，"中国似乎成为光明天使，映照出西方文明的黑暗。中国之道德准绳成为蝎子之鞭，抽打自以为是的西方人之背脊"[1]。

应该指出的是，当时并不是所有人都在东西方文明中站队，比较两者的优劣和长短。有部分十分理智的中国人呼吁大家要清醒认识一战是人类文明的分水岭，应乘此机会寻找一条适合中国自身发展的道路，不要汲汲于东西方文明之争。如有人在1918年《晨报》的一篇文章中写道，"大战即终，十九世纪文明告一段落，而二十世纪文明方从兹发展。换言之，即世界由旧时代而移入新时代"，"故我国民果欲为适应时势之国民，第一须求得有方针之教育，第二须其方针无背于世界之新潮，否则惟有自归淘汰而已。此则吾人所应大觉悟者也"[2]。

一战后在亚洲对西方文明批评得最厉害也最有影响力的是著名印度诗人泰戈尔。泰氏在1913年获诺贝尔文学奖，是亚洲人中第一个获此殊荣者，声誉远扬，所发言论自然也较引人注意。泰氏在1921年写道，生活在东方之外的人现在必须承认欧洲已经彻底失去其过去在亚洲的道义上的优越感，它在世界上已经不再被视为公平的代表和高尚原则的奉行者，充其量只是个西方种族优

---

[1] John Dewey, "China and the West", in *The Middle Works of John Dewey*, vol. 15, Jo Ann Boydston, ed., Carbondale: Southern Illinois University Press, 2008, p. 216.

[2] 以芬：《欧战杂感（6）》，载《晨报》1918年12月23日，第2版。

越论者和对非西方人的剥削者。泰氏在战后给同样也是诺贝尔文学奖得主的法国作家罗曼·罗兰的一封信中写道,"亚洲几乎每一个角落都对欧洲不再喜爱"。对泰氏而言,披着文明外衣的西方过去在中国这样一个伟大的国度所投下的毒药在战后必将祸及自身。所谓的欧洲文明之火炬也许不再是灯塔,而是用来杀人放火的东西。[1]

一战不仅是对西方文明的巨大挑战,并导致东西方文明之间的一场大辩论,同时也对世界文明地图的重新整合及布局发挥了重要影响。一战是日本的所谓"天赐良机"[2],日本通过一战一举成为世界强国,在巴黎和会上跻身世界五强之列。但即使在大发一战外交和经济横财的日本人中也有不少人在战后产生疑惑和很强的失落感:其一,日本固然通过一战一跃成为世界五强之一,但西方列强对日本在巴黎和会上提出的"种族平等"议案嗤之以鼻,拒绝接受。在种族问题上,日本还是同其他亚洲国家一样,无法同白人国家平起平坐。其二,毕竟日本是靠德国军事化模式发迹的,德国在一战被打败的结局及一战后流行全球的所谓"反军国主义"思想,让不少日本人怀疑日本是否从根本上就选错了立国模式,怀疑自明治维新以来奉行的所谓"脱亚入欧"政策是

---

1 Pankaj Mishra, *From the Ruins of Empire: The Intellectuals Who Remade Asia*, New York: Farrar, Straus and Giroux, 2012, pp. 186, 192, 210.

2 Frederick R. Dickinson, *War and National Reinvention: Japan in the Great War, 1914-1919*, Cambridge: Harvard University Press, 1999, p. 35; Ikuhiko Hata, "Continental Expansion, 1905-1941," in *The Cambridge History of Japan*, vol. 6, John W. Hall et al., eds., Cambridge: Cambridge University Press, 1988, p. 279.

否明智。

　　同样通过一战跻身世界强国的美国，对一战的影响和后果也是充满疑虑。美国人在"为民主而战"（the war for democracy）的口号下加入一战的战团后，发现战后的世界秩序并非如他们所愿。美国总统威尔逊一度被世人奉为"为全世界带来希望的神明和救世主"，连以"老虎宰相"著称的法国首相克里孟梭（Georges Clemenceau）都感慨，上帝只给了人类十诫，但威尔逊却给了我们"十四点"世界新秩序蓝图[1]；后来为中国共产党创始人之一的陈独秀曾声称威尔逊是"世界上第一个好人"[2]；其至连泰戈尔也要写书题赠给他[3]。在战后巴黎和会上，威尔逊雄心万丈，立誓要建立在美国主导下的世界新秩序，并建立国际联盟，为万世开太平。然而，美国人最后抛弃了威尔逊及其国际愿景，美国国会拒绝批准《凡尔赛条约》（The Treaty of Versailles），甚至不准美国加入威尔逊一手缔造的国际联盟。

　　可以说，一战后全球的志士仁人、学者和政客都在疑惑、在思考一战究竟会给人类带来什么影响，并讨论其是否意味着西方之衰落、科学之破产，抑或为人类社会带来新的契机。以杜威为例，他曾对一战后之世界寄予极高的期望。在1917年8月接受记者

1　Margaret MacMillan, *Peacemakers: The Paris Conference of 1919 and Its Attempt to End War*, London: John Murray, 2001, pp. 40–41.

2　陈独秀：《〈每周评论〉发刊词》，载《独秀文存》，合肥：安徽人民出版社，1987年，第388页。

3　Erez Manela, *The Wilsonian Moment: Self-Determination and the International Origins of Anticolonial Nationalism*, New York: Oxford University Press, 2007, p. 92.

采访时，杜威表示，我们在为民主而战，因为这场大战争，"世界死了，世界万岁！一个伟大的文明已经消失"，取而代之的会是一个全然不同的崭新社会和文明。杜威虽然声称他并不知道战后新世界究竟会怎样，但显然对战后新世界的国际秩序充满憧憬，尽管也有不安。[1] 然而在战后，杜威对世界新秩序感到极其失望，也萌生了疑惑。但这是否意味着杜威也加入了对科学及西方文明持怀疑论者之列呢？杜威在五四运动期间来到中国，一待就是两年多，中国是除美国之外他所逗留和生活时间最长的国家；他还被认为是中国"五四"时期风靡一时的两大口号"科学"与"民主"的个人化身。[2] 由于杜威在中国的巨大影响，他被蔡元培等人称为"美国的孔子"或"第二个孔子"。[3] 杜威的经历和思考尚且如此，一战的深刻意义和长远影响，由此可见一斑。

二 一战对中国的意义

一战对中国的意义无疑也特别重大，尽管很少有人意识到这一点。就中国而言，广义的"一战"可以说起始于1895年，终

---

1 John Dewey, "Sunday World", Aug. 5, 1917, manuscript, Rare Book and Manuscript Library, Columbia University: Central file, Box 321/Folder 13.

2 John Dewey, *Lectures in China, 1919-1920*, Honolulu: University of Hawai'i Press, 1973, pp. 233-234.

3 Joseph Grange, *John Dewey, Confucius, and Global Philosophy*, Albany: State University of New York Press, 2006, pp. viv, 30, 89; Barry Keenan, *The Dewey Experiment in China: Educational Reform and Political Power in the Early Republic*, Cambridge: Council on East Asian Studies, Harvard University, 1977, pp. 7, 35.

结于1919年。这期间的中国同春秋战国时代一样，百花齐放、百家争鸣。各种思潮，东方的、西方的，都拿到中国试验；共和政体、民主政体，杜威的哲学、罗素的哲学，各种学派和学者都在中国粉墨登场。这个广义的"一战"时代对我们中国人来说，就像英国作家狄更斯在《双城记》里所描述的那样："那是最好的时代，也是最坏的时代。那是智慧的时代，也是愚昧的时代。那是信仰的时代，也是怀疑的时代。那是光明的季节，也是黑暗的季节。那是希望的春天，也是绝望的冬天。我们似乎拥有一切，我们好像又一无所有。我们会直接进入天堂，我们也可能进入地狱。"[1]

在广义的"一战"时期，中西方文明都处于重要的历史转折关头。在中国，一代新人开始崭露头角。先进的中国人在1912年推翻了帝制，建立了民国。及至新文化运动，新的思潮以及民族主义在中国风起云涌。自鸦片战争以来，中国人已经受够了列强的"强权即公理"的旧秩序，对当时的国际秩序亟欲去之而后快，代之以建立在平等、公正、民族自决之上的国际新秩序，并力图以全新的姿态参与国际社会、成为其中平等一员。一战的爆发，不仅对这一现存并对中国人不公的旧秩序带来强烈冲击，而且由于一战归根到底首先是一场西方文明内部极其惨烈的内斗，也为西方文明的未来发展及归宿带来众多的不确定因素。正是在这一中西文明处于极其重要的转折关头，中国人力争顺势而起，

---

[1] Charles Dickens, *A Tale of Two Cities*, Oxford: Oxford University Press, 1989, p. 1.

借此机会一展宏图，再建文明，重整国运。

虽然一战爆发已过去百余年，但当年围绕这场"大战争"进行的全球讨论——有关世界秩序、东西方文明的兴衰、科学及机器的论战，在21世纪的现在，人们仍旧继续讨论，继续疑惑，观点仍旧莫衷一是。事实是，经历过两次世界大战的巨大考验，西方文明依然处于优势，跟一战时期相比，今天科学和机器在人们的日常生活中扮演着甚至更为重要的角色，并为全世界所推崇和追求。[1] 中国自一战以来无疑经历了翻天覆地的变化，一战爆发时，中国还是一个经济上积贫积弱、政治上一盘散沙、外交上任人宰割的国家，今天的中国则已成为世界第二大经济体、全球最大的贸易国，国际地位与日俱增，堪称今非昔比。可以说，列强在中国颐指气使的日子一去不复返了。然而，"五四"时期我们的先辈所讨论、所纠结的问题今天仍旧存在。例如当时广为讨论的"何为中国，何为中国人"，中华文明在国际上的地位如何，中国究竟需要有什么样的国家认同等问题，到今天仍旧是我们全体中国人共同关心的核心问题。中国国家领导人目前大力推行的实现"中国梦"及"中华民族伟大复兴"的宏伟计划，同"五四"先辈所追求的理想无疑有异曲同工之处。

100多年过去了，现在当我们反思一战的意义与影响时，也是深入思考一战究竟为中国带来了什么、又意味着什么的时候。事实上这是一个长期被忽视并急需面对的问题：第一，世界上不少

1　俾耳德编著：《人类的前程》，于熙俭译，北京：外语教学与研究出版社，2014年。

人包括中国人自己，在很长一段时间里，都不太重视一战与中国之间的相互关系及影响；第二，尽管这场战争发生于100多年前，但在今天的亚洲，它的烙印仍然明显，特别是当我们试图去理解为何中日关系总是问题重重时，尤其会感到一战的深刻影响；第三，一战对于中国的国家发展、外交政策，以及民族或国际意识都产生了极大的影响；第四，今天的中国人仍然在寻找一个适合自己国情的新的国家认同和相应的国际地位。因此，理解一战给中国带来的影响对于中国和世界来说无疑都是极其重要的，或许正确解读一战历史正是解开目前许多难题的钥匙。

2015年是二战结束70周年，同时也是中国人在一战中创造性地提出"以工代兵"，并因此把自己的命运同所谓的"大战争"联系在一起的100周年纪念。在全世界正大张旗鼓地反思一战的百年遗产并纪念二战结束70周年之际，也许我们应该把两次世界大战并置在一起进行思考，回答以下问题：二战是否是一战的延续？或者，是否因为一战的后遗症造成了二战的最终爆发？在这两次世界大战之间，哪一场战争对人类文明造成的影响更加深远？何谓二战？或二战开始的时间及定义，是否不同的国家会有不同的回答？中国人对二战的贡献如何？二战对中国历史进程的巨大影响又何在？

在相当大的意义上，一战的重要性远胜于二战。当我们在检讨二战对中日关系及两国历史发展进程的影响时，也许应该把一战以及二战作为一体加以分析，并进而同中日甲午战争并置在一起来思考。换句话说，两次世界大战是中日两国从1895至1945年

50年战争的重要组成部分。唯有从这一角度出发，我们对中日两国的近现代进程才能看得更透彻，得到的认识和理解也会更为深刻。杜甫诗云："会当凌绝顶，一览众山小。"也许从中日"50年战争"的角度来俯视两次世界大战，许多似是而非的观点就能露出真面目了。

从广阔的国际史视野而言，在时间上，二战的起源可谓因不同地区而异。对欧洲人来说，二战起源于1939年应无问题；但从美国人的角度，二战可以说是被日本人"炸"进来的。1941年12月7日，日本偷袭珍珠港，一举把美国人拉进战争，美国人加入二战后，自然成为中国人的重要盟友。但对中国人或日本人来说，二战如果从1931年的"九·一八事变"算起，可能是14年战争；如果从1937年7月7日"卢沟桥事变"算起，则为8年战争。从中日"50年战争"观点来看，我们可以认为，中日甲午一战一举奠定了日本的东亚大国地位，并让日本成为西方意义上的殖民帝国。因为日本通过甲午一战攫取台湾并将其变为殖民地，同时也为1910年将朝鲜正式变为日本殖民地打下了坚实基础。

一战对中国人的重要性还体现在目下中日关系的种种讨论之上。今天世界不少评论家、学者和政客讨论到中国，尤其是中日关系时，都喜欢用一战做比喻。日本首相安倍晋三于2014年1月在瑞士达沃斯的世界经济论坛上告诉全球举足轻重的听众，目前中国和日本之间的竞争与德国和英国之间在一战之前的竞争类似，暗示他们之间的分歧可能会超越他们密切的贸易关系，而中国则会扮演德国的角色。中国人当然不会喜欢被比作一战中的德国。中国外交部长王毅于同年3月全国人民代表大会期间在新闻发布会上强调说，"2014不是1914，2014更不是1894"，以及日本"与其拿一战前的德国来做文章，不如以二战后的德国来做榜样"。但与此同时，王毅在回答一个日本记者关于中日关系恶化的问题时也警告道，中国"在历史和领土这两个原则问题上，没有妥协的余地"[1]。中日之间的外交紧张情绪似乎已经在全球范围的外交事务中升温，所有人都明白这两个国家之间的敌对关系。然而并不是每个人都能意识到，两国之间的关系在一战期间及之后更为糟糕，这在很大程度上是由于战争期间及之后的局势所造成的，因此中日之间目前的关系可以放入一战的历史背景下来理解，这样人们才能对之有深刻的认识。

总之，要了解一战对今天中日关系的重要意义，我们必须明白中日之间在一战之前及期间究竟发生了什么。此外，要了解一战对中国的重要性，我们还要再进一步回顾1894至1895年的中日甲午战争，因为正是这场战争为后来中日两国相继加入一战打下基础。我们唯有深刻理解一战对中国和日本的影响，才有可能真正懂得二战对中国和日本的重要意义。

三 一战华工及其意义

要理解中国人与一战的关系乃至中国与世界的关联，没有

---

[1] Edward Wong, "China's Hard Line: 'No Room for Compromise'", in *The New York Times*, Mar. 8, 2014, A4.

什么比通过一战华工的视野对其进行审视更有说服力了。一战期间，欧洲笼罩在一片腥风血雨之中，西方文明危在旦夕。在这场决定西方文明生死存亡的大战之紧要关头，14万中国农民在中、法、英等国政府的安排下，背井离乡，远涉重洋，作为劳工、苦力来到战火纷飞的欧洲，来到法国，为英法的生存，为拯救西方文明，赴汤蹈火，抛头颅，洒热血，谱写了东西方文明交融的一曲壮歌，这也是人类文明史上东西方交流的重要一章。虽然这些大多目不识丁的中国农民在一战期间赴法的主要动机是谋生，但他们用自己的血与汗甚至宝贵的生命，参与拯救西方文明，并通过同西方文明的直接接触，改变了自己的人生观、中国观、世界观，从而进一步为中华民族逐步走向国际社会，为中国寻求新的国家认同，做出了极其重要的贡献。

然而，中外学术界在很长的一段时间里似乎将这一特殊群体集体遗忘了。西方人将他们挤出了历史记忆，国人很少知道这一群人，更不用说了解他们的壮丽历程了。标志着东西方文明交流辉煌一幕的这段往事，似乎已湮没在历史的尘埃中。在中国史、世界史、世界军事史乃至中外文明交流史中，很少有人提到一战华工的贡献。在众多捐躯欧洲的一战华工墓碑上，大多刻有"勇往直前""鞠躬尽瘁""虽死犹生""流芳百世"等字样。的确，他们在一战西线战场上或后方，固然是"勇往直前""鞠躬尽瘁"，但遗憾的是他们并没有"虽死犹生"或"流芳百世"，而是被人们所共同遗忘。

相关政府对一战华工贡献的承认，更是姗姗来迟。早在1925

年中国北洋政府即要求法国建立一战华工纪念碑,以及为一战华工提供抚恤金和遣散费等,但法国方面以资金短缺为借口,一直未能兑现。[1] 迟至1998年,法国政府才在巴黎第13区中国城内竖立了一座纪念碑,上书"纪念在第一次世界大战中为法国捐躯的中国劳工和战士"。20世纪90年代,法国导演纪顿(Olivier Guiton)鉴于法国人民对这一中法交流史上的壮丽篇章几乎忘却,拍摄了近一个小时的纪录片《一战中的14万中国人》(*140 000 Chinois pour la Grande Guerre*),向法国人民介绍一战华工及其历史贡献。该片的重要价值在于采访了一些定居法国的华工后代,通过他们的讲述,再现当年一战华工及其后代融入法国社会的故事。通过这部纪录片,一般法国人才意识到一群中国农民参与创造法国历史的突出贡献。

2008年秋,在山东威海市档案局的精心策划组织下,就在100多年前许多华工跨出国门远赴法兰西的出发地威海,多国学者济济一堂,探讨一战华工的历史。为配合首届"一战华工国际学术会议"在威海的召开,威海市档案局还同时举办了一战华工图片展览。[2] 2009年,中国中央电视台拍摄的六集纪录片《华工军团》则第一次把一战华工的生活及事迹推到国人面前。尽管如此,时

---

[1] 参见马骊编著:《一战华工在法国》,莫旭强译,胥戈校,长春:吉林出版集团,2015年,第442页。

[2] 参见张建国主编:《中国劳工与第一次世界大战》,济南:山东大学出版社,2009年;张建国、张军勇编著:《万里赴戎机:第一次世界大战参战华工纪实》,马向红、郭东波译,济南:山东画报出版社,2009年。

至今日，大多数人仍不太明了这些华工为何而来，因何而去。在旅途中，在欧洲以及回国后，他们究竟又有怎样的经历？他们对那场"大战争"是否做出过任何贡献？他们对中华民族寻求新的国家认同及中国国际化是否发挥过重要作用？他们在中西文明交流史上又占有何等地位？

不管他们动机如何，一战华工实际上是用他们的"苦"和"力"参与东西方文明的重建，重写人类文明的新篇章。就是在中国，他们也是一群非常普通的中国人，但他们的经历、他们的人生，创造了人类文明史上不朽的传奇。他们的命运，甚至他们的生命，无疑同中国及世界前途息息相关。一战中抵达法国的14万华工，在许多人眼里，也许只是苦力；在欧洲，他们吃尽了苦，出尽了力。因为华工源源不断的到来，英法诸国在大战危急关头才可以免去人力资源匮乏的后顾之忧。也许华工到欧洲的主要目的是为了谋生，但是大而言之，他们是为了中国、为了世界。尽管当初他们并非怀着创造历史的抱负走出国门，但他们是中国放眼走向世界、参与国际社会的先行者，并直接参与创造了西方的历史。

一战华工甚至给中国最终直接参战提供了法理根据，为中国的战后外交创造了有利条件，并最终帮助中国政府以平等一员的身份走向世界。1917年8月，中国历经三年的奋斗，终以华工死于德国潜艇攻击为借口，正式向德奥宣战。中国的对德宣战，不仅展示了中国利用外交进入国际社会成为平等一员及寻求国际化的成功之举，并首开中国从鸦片战争以来系统收复国家主权的先河。中国甫一宣战,不仅立即宣布中国同德奥两国所签订的一切不平等条约随之废除,并收复德奥在中国的租界,终止支付德奥庚子赔款,更重要的是,德奥在中国的治外法权也被一举取消。中国人坚持不懈地利用欧战的爆发力争正式加入战团,充分反映了中国人寻求国际化的决心。中国以参战外交一改以往中国人传统而落后的世界观,承认西方主宰世界体系,并力求加入国际社会成为受人尊重的平等一员。中国能够跻身战后巴黎和会本身,即是中国一战外交成功的例证,实现了其在战争伊始即要参与和会的目标。因为华工的存在和可歌可泣的旅欧经历,中国的外交官才能够在巴黎和会上义正词严地要求国际社会还中国公道。

一战时的中国还是幸运的,尽管积贫积弱,尽管面临许多内忧外患,毕竟还有高瞻远瞩的志士仁人提出"以工代兵"的策略;更有吃苦耐劳的农民赴汤蹈火,任劳任怨。正是精英与劳工的结合,让中国得以在一战期间谱写了一曲中西交流的辉煌篇章。

在一战爆发100多年后的今天,我们通过回顾和研究一战华工的"苦"与"力"之悲壮人生,可以透视他们与中国及西方文明密切相关的命运。一战华工被西方人称为"苦力",的确,他们很"苦",但他们也有"力",还有他们在血染的西线战场戴瑞士表、太阳镜、绅士帽,身着各国军衣的浪漫,交法国女朋友的风流,以及为保卫自己的权益把欺负他们的美国大兵打得头破血流的中国男儿的威风。一战华工甚至是邓小平等中国共产党领袖在20世纪20年代走出国门到欧洲勤工俭学的先驱。我们可以通过一战华工的经历及故事来探讨中国国际史及中国国际化历程中的平民参与及其贡献,并通过一战华工同西方文明及世界其他地区人民、中国精英的交往及密切接触的经历,分析中国人在国际社会中的地位,并试图回答"何为中国,何为中国人"这100多年来中国人及世界各国人民所共同探讨的世纪之问。

所以,这些华工的故事,可以说是文明交流的故事,同时也是1895至1919年间包括华工在内的一代中国人为中国的国际化,为中国成为国际社会平等一员,为中华民族真正复兴以及同西方人民一起共创人类和平而奋斗的故事。华工虽然来自中国,但他们的历史属于世界。在我们同世界各国人民一起纪念一战100周年之际,让我们缅怀由他们作为主角所创造的一段人类共享的历史,尤其是中国在一战中的历史和一战在中国近代发展中的影响及地位的历史。

四 结 论

一战在中国近现代史上无疑占有不可替代的重要地位。一战的爆发不仅标志着旧世界体系的崩溃,同时也为中国人寻求新的国家认同及国际化提供了新的平台。一战期间的中国社会是一个奇怪的综合体:政治上民族主义高涨,文化上高度反传统,外交上奉行国际化及国际主义。在中国的政治舞台上既有学贯中西、以天下为己任的一大批社会精英,也有目光短浅、不知国家为何物的军阀。凡此种种,莫衷一是。但就是在这种新旧混杂、天下大乱的局势下，中国人开始系统书写其以一战为契机的寻求国际化及新的国家认同的壮丽篇章。中国的一战外交及国际化努力是中国史乃至世界史上的重大事件。从某种意义上说，只有中国的参战才使欧战成为真正意义上的"世界大战"或"大战争"。一战使中国成为世界史的重要部分，中国同时也把一战世界化了。

中国与一战的关系也在相当大的程度上影响了中国后来的内政及社会发展进程。然而不论我们如何评论一战对中国的意义，或中国对一战的贡献，我们首先都必须在一战研究中恢复中国与这场"大战争"之间的关系的真实记忆。唯其如此，我们才能进而理解一战的世界影响，并通过研究中国与一战的关系，填补世界战争史、外交史、社会史研究上的空白。长期以来，中外学术界似乎一致公认五四运动和巴黎和会在中国历史及世界史上的重大影响力，对此笔者并没有异议。但需要强调的是，我们只有在充分理解中国与一战关系之后，才能真正明白五四运动和巴黎和会的真谛及内涵，进而把相关研究推到新的高度。尤为重要的是，如果我们同意一部20世纪的中国史实乃中国寻求国际化的历史这一基本判断的话，那么，我们可以说中国的20世纪是从一战开始的，中国对一战的反应及政策——包括"以工代兵"的重要决策在内——是中国积极主动走向国际化的开端。

中国参加一战，从小处着眼是为了应付日本，为了在战后和会上占一席之地，但从长远看，则是为了成为平等一员加入国际社会，为了国际化，为了在新的世界秩序中获得发言权。在巴黎和会上，正因为中国代表团的据理力争，并大义凛然地拒绝在对中国不利的《凡尔赛条约》上签字,才把所谓"中国问题"带到了世界最高论坛,并为山东问题在巴黎和会结束后的迅速解决提供了契机。因此,中国在巴黎和会上的外交不但没有完全失败,在某种程度上甚至可以说是相当成功的。没有中国参战及拒绝签订巴黎和会的《对德和约》,中国不可能迅速在1921年同德国签订平等条约,并在1922年迫使日本归还山东。中德两国于1921年所签订的条约是近代中国与一个欧洲大国签订的第一个界定双边关系的平等条约。更为重要的是,中国人在巴黎和会上积极参与战后新秩序的建立。例如顾维钧是起草《联合国宪章》的15人委员会委员之一,对宪章的撰稿贡献颇多。中国人甚至从大局着眼,支持日本代表团在和会提出的"种族平等"条款。凡此种种,中国不仅让国际社会听见了它的声音,还向全世界展示了其成熟的外交风范。而所有这些成就和建树,都是与一战期间旅法华工的贡献分不开的。

华工的影响令世人瞩目。中国政府同英法两国政府连手,把华工送到法国,中国的命运便与协约国联系在一起。华工不仅参与拯救西方文明,同时还是"再造中国文明"的一部分。一战华工不仅为协约国做出了宝贵的贡献,也为中国宣战争取了机会并出色地捍卫了国家利益。旅法华工大多都是普通的农民,当他们被挑选前往欧洲时,对中国和世界都知之甚少。但是他们仍然用自己的力量,直接帮助中国改变了其在世界和国人心中的形象。他们以新的跨国身份重新塑造了中国的国家认同,推进了中国的国际化进程,进而影响了国际新秩序的建立。他们从战时欧洲的经历中，与美国、英国、法国的军人以及其他国家的劳工一起工作的经历中，形成了自己对中国和世界事物的独特理解和看法。而晏阳初、蒋廷黻、蔡元培、汪精卫以及其他许多未来中国的领袖人物，则通过他们在欧洲与华工共事的经历，对他们的劳工同胞有了新的认识，并开始确信中国一定能成为更好的国家。

笔者认为，中国做出"以工代兵"的决定既是应对时势的权宜之计，也是深思熟虑的战略布局。这一前所未有的举措是年轻的中国富有远见的外交政策的产物。许多政治精英和公共知识分子都将"以工代兵"计划和他们关于中国未来发展的憧憬以及中国在国际大家庭中获得平等地位的目标紧密联系在一起。因此，不论我们如何评论一战对中国的意义，或中国对一战的贡献，我们都应该把中国（特别是一战华工）带回一战的集体记忆之中。对20世纪的中国来说，国际化和民族主义犹如一枚硬币之正反两面。通过研究一战旅法华工和他们的故事，我们不仅可以重新恢复"一战与中国"及"华工与一战"这些被中国和世界历史遗忘的记忆，并且可以进一步帮助中国人及世界各国人民通过历史上这一精彩篇章，认识和理解中国人一个世纪以来重建中国文明及参与国际社会的心路历程。也许这就是一战和一战华工对中国和世界的意义。

（原载《二十一世纪》2016年6月）

第一次世界大战期间的西线华工和中美共有历史

1914年,一场当时被称为"大战争"或中国人称为"欧战"的战争在欧洲爆发。在这场战争中,以德国、奥匈帝国等国为一方,英、法等国为另一方,双方展开了一场你死我活的决战。不少国家相继卷入。2017年系中美两国向德国宣战100周年。国际学术界对第一次世界大战的研究可谓卷帙浩繁,但对美国与第一次世界大战期间的西线华工关系问题在国际学术界很少有人涉及,中国更是鲜有学者研究这个课题。所谓西线华工,是指第一次世界大战期间在法国和比利时一带为英法两国战争服务的中国人。西线华工课题的重要性还在于其独特的历史地位。众所周知,自19世纪以来,中国人在白人世界备受欺凌,加拿大、澳大利亚等白人社会都公开歧视华人,美国更是如此。当时的美国华人史是中国人的耻辱史,也是美国人的耻辱史。一个口口声声代表正义和民主的美国,居然从1882年起,公开在法律上歧视中国人,美国的《排华法案》直到第二次世界大战期间的1943年才被正式废止。但第一次世界大战期间，西线华工在法律上享受与其他人一样的平等地位，并代表中国人第一次大规模地参与了拯救西方文明的行动。

遗憾的是，今天很少有人记得"一战华工"的传奇历程了。更吊诡的是，一战华工的记忆缺失甚至跟美国参战也有一定的关联。历史学家马克·列维奇（Mark Levitch）曾研究法国第一次世界大战的画作《大战英雄谱》（Panthéon de la Guerre）中背后蕴藏的意味深长且发人深省的故事：第一次世界大战甫一爆发，为了展示世界各国与法国同仇敌忾、共同对抗德国的野蛮侵略者，法国政府在巴黎专门拨出一块土地，让两名法国艺术家皮埃尔·嘉丽-贝鲁色（Pierre Carrier-Belleuse）和奥古斯特·弗朗索瓦·高古（Auguste François Gorguet）牵头，在另外20名法国艺术家的协助下，绘制一巨幅《大战英雄谱》。该画周长122.5米，高13.7米，绘有包括5 000位来自法国及其众多盟国的真人大小的战争人物形象。画作正好在第一次世界大战的停战协议签订之前完成。虽然这幅画名义上是民间作品，但是它得到了法国政府和军方的大力支持，同时也体现了艺术家们为这场战争而做的贡献。1918年10月19日，法国总统雷蒙德·庞加莱（Raymond Poincaré）为该画完成主持了盛大的揭幕仪式。这里要强调的是，在最初的画作人物中是有一战华工的，然而，当美国参战后，艺术家们意识到他们需要加上美国人，于是决定涂去中国人，以美国人取而代之。[1]

---

1 Mark Levitch, *Panthéon de la Guerre: Reconfiguring a Panorama of the Great War*, Columbia: University of Missouri Press, 2006, p. 65.

也就是说，即便是在这样一幅鸿篇巨制地展示第一次世界大战的艺术作品中，有关一战华工的记录在当时就这样被人为地抹掉了。诚如列维奇向世人指出的，《大战英雄谱》中的一战华工是一个极其鲜明的例子，它让我们看到战争"是如何被记忆，又是如何被遗忘的"[1]。

本文根据收藏在世界各国与本题相关的档案和文字资料，从跨国史和共有历史的视野，对第一次世界大战的西线华工和美国远征军在欧洲战场的交集及其在中美关系中的意义等相关课题，进行全方位的解读和分析。在进入正文之前，有必要对"跨国史"和"共有的历史"（shared history）方法做一简单介绍。"跨国史"不是传统意义上的地区或世界史的研究，也不是外交史或者国别史的"全球史"研究（global history），这里的所谓"世界史""外交史""全球史"偏重指研究的范围而并非方法。跨国史主要有以下几个特点：第一，彻底打破现今历史研究中的"民族－国家"（nation-state）约束，国际史以整个国际体系甚至文化背景为参照系；第二，强调非政治、非"民族－国家"因素之作用及影响，如非政府组织（NGO）、竞技体育、瘟疫等在人类进步及历史进程中的作用；第三，强调多国档案研究，全球视野的一个基本要素是多国档案及多种资料的应用；第四，跨国史/国际史强调"自下而上"（bottom-up）的方法，而非如传统的外交史、政治史那样侧重于研究重大人物和政府层面的决策，文化因

---

1 Mark Levitch, *Panthéon de la Guerre: Reconfiguring a Panorama of the Great War*, p. 149.

素、弱势群体、人类共同的追求等常常成为跨国史研究的突破口。最近几年，我意识到跨国史研究方法的不足，开始思考新的突破。"共有的历史"视野因此成为我个人的一孔之见，作为方法的"共有的历史"是在跨国史方法的基础上进一步的发展和提高。两者是相互补充且相得益彰的。"共有的历史"方法主要有以下几个特点：第一，此范式的核心是"分享"，即着眼于人类共同的历程及追求；第二，侧重文化范畴；第三，强调个人及非政府机构的作用。

中外学术界在研究中美关系史时，一直强调中美两国文化的差异、历史背景的不同，侧重研究中美之间的冲突、对抗和分歧。诚然这些差别和分歧是历史事实，笔者并不否认其存在。在本文中，笔者尝试通过"共有的历史"方法，通过一战华工与美国远征军的旅欧经历，揭示中国人与美国人在第一次世界大战期间共同的历史经历和旅程，并希望通过本文的论述找到一种具有重要的学术价值的研究新范式及视野。[1]

一 第一次世界大战在中美两国历史进程中的意义

要论及一战华工与美国的关系，必须要分析第一次世界大战对中美两国的历史意义。第一次世界大战在西方一度被称为"文

---

[1] 参见徐国琦：《作为方法的"跨国史"及"共有的历史"》，载《史学月刊》2017年第7期；《试论"共享的历史"与中美关系史研究的新范式》，载《文史哲》2014年第6期；《会当凌绝顶，一览众山小：国际史研究方法及其应用》，载《文史哲》2012年第5期。

明"之战。协约国在战后颁发给参战人士的胜利勋章上就刻有"为人类文明之战,1914—1919"的字样。无论从何种角度来说,这都是一场人类历史上影响深远的战争,是对西方文明的一次血与火的残酷考验。在第一次世界大战结束100周年之际,我们对这场所谓的"大战争"对于中国的意义仍缺乏真正的了解。在当今世界上仍有不少人(包括中国人在内)似乎觉得这场战争与中国无关。然而事实上,这场战争与中国的命运息息相关。

可以说,第一次世界大战的爆发对当时的中国而言可谓一次重大"危机"。必须强调的是,这里所谓的"危机"包含两层含义。一是"危",即危险或挑战。二是"机",即机会或机遇。把握得好,中国就可能一举摆脱内外枷锁,以平等身份进入国际社会。把握得不好,则会再次堕入深渊。幸运的是,第一次世界大战时期的中国也有许多有利条件。一是中国急切寻找新的国家认同,呼吁加入国际社会并成为平等一员的浪潮在中国波涛汹涌;二是中国有一批学贯中西及对国际体系有深刻认识的精英;三是对中国不利的既有的国际秩序因为第一次世界大战的爆发正在崩溃。

为了拯救国运,为了去"危"得"机",一些先进的中国人决心利用第一次世界大战奋力一搏,其中一个重要的手段就是诉诸"苦力"。苦力者,一战华工是也。民国时期政治家梁士诒于1915年提出了一个极其精明的外交策略:"以工代兵"。1915年的夏天,西方列强已经开始为第一次世界大战付出沉重代价,尤其是法国,它的伤亡率极高。所以战争还没有进入第二个年头,法国人和英国人已经意识到这是一场持久战和整体战。战争的结局取决于经济、军事实力和人力资源。中国正是可以为英法两国提供源源不断的人力资源的国度。

第一次世界大战对美国同样具有划时代的意义。美国通过这场战争一举跻身于世界强国之列，大有睥睨天下之气势。美国总统伍德罗·威尔逊可谓雄心万丈，在美国人参战后不仅宣布要将此战化为"终结所有战争的战争"（the war to end all wars），更昭告天下美国人是在为"民主而战"。

如同第一次世界大战期间的中国及美国政治一样，第一次世界大战时期的中美关系也是十分复杂的。1912年，中国实际上是效法美国和法国而一举成为共和国的。1913年，美国学者古德诺（Frank Goodnow）应聘成为中国的宪法顾问，1917年中国也是步美国后尘，在美国1917年4月宣战后呼吁其他中立国家参战的情况下，因缘际会，在同年8月正式参战。中美两国由此成为同一战壕的盟友。更重要的是，在美国总统威尔逊公开提出"十四点计划"之后，中国人对战后和平会议更是充满期望，对威尔逊的国际理念也有高度的认同。但是，当得知在巴黎和会上英法等大国决定让日本继续占据青岛后，中国人发起了著名的五四运动。五四运动改变了中国的历史，至今仍然影响着中国。

美国总统威尔逊固然是国际联盟的始作俑者，但在巴黎和会上美国参与出卖山东给日本却为美国国会中的反对者提供了有利的武器，他们成功地阻止了美国加入国联。同样因为山东问题，中国政府代表团最终愤然拒绝在《凡尔赛条约》上签字。中美两国历史的巧合就在于，第一次世界大战之后中国人和美国人差不多同时抛弃了威尔逊孜孜以求的国际新秩序，由这场战争导致的中美两国的共同经历因此成为两国共有的历史。更有意思的是，正是由于在巴黎和会上中国代表团的据理力争并大义凛然地拒绝在对中国不利的《凡尔赛条约》上签字，才把所谓"中国问题"从道德高度变成世界瞩目的焦点，并为山东问题在巴黎和会结束后的迅速解决提供了契机。正是在1921至1922年美国倡议并主办的华盛顿会议上，在中国人的巨大努力和美国的大力斡旋下，国际社会迫使日本把山东归还给了中国。一战华工中的大多数人来自山东。所有这一切与山东有关的盘根错节的历史，不仅把当时的中美关系搅得曲折迷离，更让一战华工与美国远征军在欧洲战场的交集的故事充满传奇的色彩，并成为中美共有历史的精彩一章。[1]

二 美国人、法国人和华工

1917年秋，美国军队开始陆续抵达法国前线，但美国人实际上完全没有做好打仗的准备，找到劳工更是美国远征军的燃眉之急。由于运输能力的限制，无法从美国本土运送劳工到法国前线，因此美国亟须在法国得到所需劳工。1918年2月5日，美国远征军要求法国政府立即给美军提供五万名劳工，"以便让同样人

---

[1] 有关中国人和美国人之间的全面的"共有的历史"，参见Xu Guoqi, *Chinese and Americans: A Shared History*, Cambridge: Harvard University Press, 2014。

数的美军士兵从正在从事的劳动中解脱出来,能上前线去同敌人作战"[1]。美国政府进一步表明,如果没有劳工的支援,美军在帮助法国政府作战方面所起的作用会大打折扣。[2] 在美国的强烈请求下,同时考虑到共同打败德国的大局,法国政府同意为美国远征军提供一万名左右的法招华工。根据一份官方报告,截至1918年8月20日,法国政府已经向美国远征军提供了11 539名华工。[3] 这批华工一直为美军工作到1919年5月以后才被还给法国政府。[4] 他们的主要工作就是搬运军火、修筑战壕及配合美军的其他工作。[5]

法国陆军部为美国人提供华工的条件是:当华工工作时,他们受美国军官与士兵的管辖;当华工工作之余在营房里时,他们则由法国人负责管理。必要的纪律措施在与具体负责的美军军官磋商后,由法国军官来颁布执行。美国人必须遵守法方同华工之间的招工合同上的所有条款,未经法方的事先允许,美军不得随意调遣华工。[6] 法国殖民劳工局局长M. 博斯切蒂(M. Boschetti)

1　Charles G. Dawes, *A Journal of the Great War*, Boston: Houghton Mifflin, 1921, p. 72.

2　Correspondence of the Labor Bureau, Folder 31: Memo from American Headquarters to Minister of War, France, Feb. 15, 1918, RG 120, Entry 1758, Box 110, National Archives, College Park, Maryland.

3　RG 120, Entry 1767, Box 117, National Archives, College Park, Maryland.

4　Chief of Labor Bureau to Section Representative, May 1, 1919, RG 120, Entry 1748, Box 53, Folder 230.14, National Archives, College Park, Maryland.

5　William H. Taft and Frederick M. Harris, *Service with Fighting Men: An Account of the Work of the American Young Men's Christian Associations in the World War*, vol. 2, New York: Association Press, 1922, p. 364.

6　John Price Jackson to C. O. Rimaucourt (through chief engineer section), Jun. 14, 1918, RG 120, Entry 1760, Box 107, Folder Miss., Class A, National Archives, College Park, Maryland.

提醒美国人,这些劳工是由法国政府招募的,法国政府与他们就待遇和工作条件等事宜与中国政府和华工都签有合同协议。合同上的义务法国政府理应履行。法国政府因此必须确保美军遵守法国人对中国人所做的承诺。为此,法方要求美军不得私自惩罚华工,不得自行调动华工工作,务必保障华工应得的权益。

应该说,法国方面非常注重根据协议保护为美军工作的华工的权益。当发现在默恩地区(Mehun)为美军工作的华工没有自己的食堂,华工不得不坐在床上吃饭时,法方对此提出了抗议,指出"这违背卫生条例和营地设施条例",提醒美方有责任改善华工待遇。[1] 美军承认华工没有食堂是事实,但辩称华工的条件已经比驻地美军士兵要好,认为在美军自身没有营房过夜,只能在简易帐篷里睡觉和在野外吃饭的情况下,未能为华工提供自己的食堂也是合理的。[2] 法国政府还发现有800名华工被调去为驻扎在圣迈克桑(St. Maixent)的美国空军部队服务后,他们的"安置条件很糟糕"。营房的通风条件很差,厨房太小,食品供给也不足。华工营地里既没有盥洗室、淋浴间和脸盆,也没有活动厅和医务室。厕所也"条件简陋"。法国也注意到美军对华工的管理极其粗暴。为此,法方警告美军说:"放任这种情况继续下去,是

---

1 Le Sous Secretaire d'Etat de l'Administration General to Monsieur le Chef de la Section Française de l'Office Central des Relations Franco-Americaine, Paris, Jun. 26, 1918, RG 120, Entry 1759, Box 125, Folder 331.4, National Archives, College Park, Maryland.

2 From G. P. A. Labor Bureau to C. O. Mehun, Subject: Separate Mess for Chinese at Mehun, RG 120, Entry 1759, Box 125, Folder 331.4.

对卫生条例的严重违反和对维持部队纪律的沉重打击。"¹ 1918年6月2日,法国官员博斯切蒂责问在默恩的美军为何在未经法方同意的情况下,擅自将150名华工从默恩派往奥尔良铁路公司的驻地。² 鉴于美军经常逼迫华工在周日工作,法方提醒美军,根据为美国远征军服务的华工所制定的协议的第二条,为美军服务的华工有权获得与在同一场地工作的法国工人同样多的休息日。法方坚持如果华工不得不在周日工作,那么,他们必须在工作期间于周日之外获得一天休息(作为补偿)。³ 此外,法方认为,如果华工需要在周日工作,美军也必须在周日工作。⁴

面对法国政府的大量指责和抗议,一份美军内部备忘录辩解称:"圣迈克桑和罗莫朗坦(Romorantin)都有美军空军服务站,我们与法国人之间发生的违约行为无疑是由于有关(华工)合同条款及规定的信息方面的沟通不良造成的。"⁵ 美国政府含糊地答

1　Lieutenant Colonel Mouries to Commanding General, 9th Region, Tours, May 15, 1918, RG 120, Entry 1758, Box 112, Correspondence of the Labor Bureau, Folder 97, National Archives, College Park, Maryland.

2　Boschetti to American Labor Bureau, Jun. 2, 1918, RG 120, Entry 1748, Box 56, Folder 230.36, National Archives, College Park, Maryland.

3　Memo from Service de L'Organisation des Travailleurs Coloniaux, Ministre de la Guerre to Monsieur le Chef de la Mission Francaise du Commissariat General Pres les Services Americains de Paris, Apr. 10, 1919, RG 120, Entry 1748, Box 60, National Archives, College Park, Maryland.

4　Frank E. Estes to Section Representative, A. S. C, Apr. 24, 1919, RG 120, Entry 1748, Box 60.

5　H. C. Smither, Assistant Chief of Staff, G-4, to General Purchasing Agent, Subject: Complaints Against Treatment Afforded Chinese Labor, May 16, 1918, RG 120, Entry 1758, Box 112, Correspondence of the Labor Bureau, Folder 97.

应法国政府,会克服"极大的困难,防止一切虐待(华工)行为的发生"[1]。对于美军事先未同法方交涉即擅自调动华工的做法,美国远征军劳工局局长约翰·普赖斯·杰克逊(John Price Jackson)开始时辩解说,因军事需要,有时很难有时间事先沟通。他向法方建议,允许美国人"在部队内部调动华工而不用通知博斯切蒂的全权代表"。但法国人坚称规定就是规定,不能更改。杰克逊于是又很快写信撤销了他的请求并承诺会"努力保证若未如我们同意的那样事先通知法方,美方绝不会擅自调动华工"。而对美方不断破坏规定的行为,连杰克逊本人都深感不安,并向法国政府道歉,表示他为"就调动华工一事没有事先通知法国劳工局而深表歉意"[2]。

但是杰克逊的道歉和承诺并没有让美国的违规行为停止。甚至连美军自己发布的指令也常常被美国直接指挥华工的军官违背。人们开始怀疑美国人是否有诚意遵守协议。在合同条款中,美国人经常违背的一条规定就是在未事先通知法方的情况下不得调离华工。博斯切蒂不断告诫美方要遵守这条规定。他发送了无数的备忘录提醒美方,强调他们务必随时通知法国政府负责官员有关华工的调动情况。[3] 事实上,尽管杰克逊向法国政府承认擅

---

[1] Commanding General, S. O. S, to General Purchasing Agent, Paris, Jul. 25, 1918, RG 120, Entry 1758, Box 112, Correspondence of the Labor Bureau, Folder 97.

[2] John Price Jackson to Commandant Varaigne, Oct. 3, 1918, Subject: Movement of Chinese Laborers, RG 120, Entry 1748, Box 55, Folder 230.36, National Archives, College Park, Maryland.

[3] Commandant Varaigne to Colonel Dawes, Jun. 5, 1918, RG 120, Entry 1748, Box 56, Folder 230.36.

自调动华工违规,但美军指挥人员根本置若罔闻,不仅经常我行我素,同时还一再强烈要求法方把华工管理权让给美国人,认为双重管理制约了美国人的效率。美国远征军陆军中校法兰克·E. 埃斯蒂斯(Frank E. Estes)指出,"既然我们整个的目的是在各协约国政府的领导下提高军队的作战效率,那么我们主张如果可能的话,法国人应让美国人来(独立)管理为美国工作的华工"[1]。埃斯蒂斯注意到法国在美国人强迫华工周日工作问题上的抗议,但他认为,为了保证军队服务的需要,有时华工在周日工作是绝对必要的。[2] 美国陆军少校罗伯特·J. 贝茨(Robert J. Bates)也向上级报告说,华工应该由美国军官全权管理。他向上级反映,如果没有法国人的约束,"事实上我相信我会把华工管理得更好"。他指出,"既然华工团是由美国人组织和指挥的,也是我们在付工钱,那么我认为我们应该对他们施行全权管理。但是只要有法国人在场,这就无法做到,因为他们和两边都不断产生矛盾。我恭请所有的法国军官和士官们尽早离开我们的驻地"[3]。一位名叫格林伍德(J. B. Greenwood)的美国军官表达了同样的观点。他向上级报告说:"我很遗憾(地发现)法国人不愿让我们更有效地开展工作。对于目前(华工管理方面)存在的问题,我个人并没有

1　Frank E. Estes to Major Jackson, May 7, 1918, RG 120, Entry 1748, Box 53, Folder 230.14.

2　From Chief, Labor Bureau, A. S. O. A. P. O.#717 to Commandant Varsigne, Franco-American Mission, Apr. 1, 1919, RG 120, Entry 1748, Box 60.

3　Robert Bates to Labor Bureau, Apr. 19, 1918, RG 120, Entry 1758, Box 112, Folder: 113 Major Bates.

责任。"他坚持说,即使我的上级"缺乏足够的爱国之心,不能（在管理华工方面）尽到自己的责任,我也不会像法国人那样待在这里,把时间都浪费在纠缠一些（有关华工的）鸡毛蒜皮的细枝末节之中的。我在这里就是干实事"[1]。

不仅如此,美军对华工的工作时间和报酬也特别斤斤计较,从而导致在英、法、美三支不同国家的军队中,华工最不愿意为美军干活。华工认为美国人比法国人小气,而且认为美国人故意延长他们的干活时间。华工的抱怨的确不无道理。根据一名美军军官的报告,华工从早上6:30工作到下午5:30,中间有一个小时的午饭时间。之所以5:30收工,是因为"5:15以后天就黑了,什么也做不了"。这位美军指挥官似乎觉得华工工时不够,他要求劳工局局长指示"究竟是给这些劳工发全天的工资,还是按照他们的实际工作时间发工资"[2]。根据中国政府与法国政府的协定,华工应在工作满三个月后获得一些津贴。但是美国对此有不同意见,有的军需部门拒绝支付津贴,致使法国方面代表华工向美方提出抗议。[3] 美军最终同意支付这笔津贴。[4]

---

1 Letter from Sgt. J. B. Greenwood, RG 120, Entry 1759, Box 122, Folder 230.43, National Archives, College Park, Maryland.

2 R. E. King, Commanding Officer of Company No. 7 to Chief, Labor Bureau, ASC, Oct. 29, 1918, RG 120, Entry 1748, Box 60.

3 Le Commandant Varaigne to Colonel Dawes, Sept. 9, 1918, Correspondence of the Labor Bureau, Subject: Foreign Labor Bonus, RG 120, Entry 1759, Box 124, Folder 242.1, National Archives, College Park, Maryland.

4 Jackson to Varaigne, Sept. 13, 1918, Correspondence of the Labor Bureau, RG 120, Entry 1759, Box 124, Folder 242.1.

对于华工管理方面出现的诸多问题，美国远征军劳工局局长杰克逊自己承认："由于美军人员缺乏对这些外国劳工的风俗习惯、行为方式的了解，以及将普通百姓纳入军队管理体制所产生的合作上的困难，加上我们的工作还要全面符合法国人及法国法律的要求，所有这些都使得劳工局的工作变得最为复杂棘手。"[1]当然，杰克逊根本没有看到问题的实质。实际上，美国人在使用华工的问题上不仅仅是管理方面出现了问题，许多问题的出现是因为美国人无法理解和正确对待这一批中国人，他们不能像对待在美国的中国人那样合法地歧视华工。正是因为美国人骨子里的种族主义，才导致他们在对待一战华工问题上出现了无数盘根错节的失误。但有一点杰克逊说得对，他指出，"美国军官与法国军官之间的摩擦实在太多，而倒霉的是中国人"[2]。

三 美国人和华工

从规定上讲，为美国远征军服务的华工仍然受到中法之间所签订的协议的保护，他们不会受到来自美方的擅自惩处。然而，

---

[1] John Price Jackson to officers of the Labor Bureau, Army Service Corps, Dec. 10, 1918, RG 120, Entry 1764, Box 318, National Archives, College Park, Maryland.

[2] "The Chinese Laborers in France in Relation to the Work of the Young Men's Christian Association: Report to the International Committee of Young Men's Christian Association of North America of Special Mission of Dwight W. Edwards in France Apr. 13–May 11, 1918", Box 204, Folder: Report 1919, Kautz Family YMCA Archives, University of Minnesota, Libraries, Minneapolis, USA.

美方的管理者常常无视这些协议，有时蛮不讲理地惩罚华工，之后也不向法方或中国人做出任何解释和回应。1918年5月，在吉埃弗尔（Gièvres）一名华工被美国主管用棍棒打死；另一名华工在厕所外如厕时被美国哨兵开枪打死。[1] 1918年8月初，又发生了一名美军军官拘留40名华工的事件，显然这一事件是由于沟通上的误解造成的。1918年7月10日，出于对指挥官的恐惧，为美军工作的160名华工全部逃走。1918年7月29日，一个美国军官叫一群华工不要抽烟，但他们仍然继续抽，这名军官甚至当着中国政府派遣的"保工委员"李骏的面打了其中一人。[2]

法国政府对于美国人对华工使用暴力的事件感到非常震惊，他们多次正式向美国远征军提出抗议，坚称只有驻在美军营地的法方管理人员才有权力惩罚劳工。[3] 在法国政府的坚持下，最早于1918年7月29日，美国远征军终于向美方的华工管理人员发布了相关指令。指令中称有时华工是被冤枉的，并提醒军官们这些外国劳工不在美国人执行纪律的权限范围之内，而要由一般法国法庭和刑事官员去处理。当华工触犯法律时，美国军官应将被告移交至最近的法国警察局而不得直接对其进行惩处。同一指令还要求，应立刻将当时正在被监禁的或者面临其他惩处的华工移交给

---

[1] Correspondence of the Labor Bureau, RG 120, Entry 1758, Box 114, Folder 150, National Archives, College Park, Maryland.

[2] 《侨工事务局答复战后经济调查会关于侨工调查事项》，载《新中国》1919年10月，第1卷，第6期，第238页。

[3] Correspondence of John Price Jackson, May 31, 1918, RG 120, Entry 1760, Box 108, Folder: Daily Reading Files, Letters, National Archives, College Park, Maryland.

法方。[1]

美军管理华工的一个重要难题是缺乏合格称职的美方军官。直接负责华工事务的军官都是从军衔最低的士兵中挑选出来的。[2] 许多人既没有管理能力也根本不知道如何管理一个劳工营，更不用说管理由那些从地球的另一边来的劳工们组成的队伍了。例如，美国远征军二等兵约瑟夫·维尔格斯（Joseph Welgos）曾任第一华工团的队长，后来终被解职，原因正如其长官所说，"这名士兵不具备他的工作所要求的起码资格，另外，他的管理工作没有效率，他对履行职责也漠不关心"[3]。部分管理华工的军官不仅不称职，甚至道德败坏。彼得·E. 埃科（Peter E. Echo）就是其中一员。埃科曾经将一位华工的戒指据为己有。在该华工表示不满要求他归还戒指之后，埃科还对他的上司撒谎说他已经还了，其实是直到长官向他问起此事他才不得不将戒指归还。此外，埃科还强迫一些华工给他钱作为交换以得到较轻松的工作。以上滥用职权的虐待行为本该将彼得·E. 埃科送上军事法庭，但

1　G. T. Perkins to C. O. 482nd Aero Construction Squadron, Trampot, Vosges, Subject: Discipline of Foreign Laborers Loaned by the French Government to the American Army, RG 120, Entry 1758, Box 115, Folder: Royce Hancock, National Archives, College Park, Maryland. See also Memo from Adjutant General G. T. Perkins, Jul. 29, 1918 on Discipline of Chinese Loaned by the French to American Army, RG 120, Entry 1759, Box 124, Folder 250.1.

2　"General Statement Regarding the YMCA Work for the Chinese in France", Mar., 1919, Box 204, Folder: Chinese Laborers in France Reports, 1918—1919, Kautz Family YMCA Archives, University of Minnesota, Libraries, Minneapolis, USA.

3　Memo from CO Chinese labor CO. 1 and 3, Jun. 6, 1918, Correspondence of the Labor Bureau, RG 120, Entry 1758, Box 114, Folder 174.

是他并未受到应有的惩罚，只是被调离了事。[1] 还有一个例子是一名美军士兵把一些旧的美军制服卖给了一名华工。这名华工为此支付了38法郎。不过当华工将制服带回营房时，一名美国军官声称购买军队制服是违法行为，并将制服全部没收，而这名华工的钱却没有被退还。[2]

翻译人员的缺乏让情况变得更糟糕。一个驻扎有800名劳工的华工营地却只有两名中文翻译。[3] 没有管理经验而又缺少翻译的军官们根本没有办法了解在他们管理的劳工队伍中都发生了什么事情，同时由于在文化上几近全面的无知，致使美国人同中国人之间存在着严重的沟通问题。一家报纸当时就报道说，华工与美军存在着很深的沟通问题："惟美人欲解华工之所言，或欲使其了解，乃一极困难之事。例如有某华工操作甚勤，一日因其眼有疾病，故为妥置暗室，以保其目，乃送入卫兵所，俾其调摄，彼不解美人之说明，而疑为嫌其工作惰劣，因情意隔阂，而激起冲突。"[4] 下面谈到的一个典型事件可以说明当时美国军官与华工在语言沟通上是多么困难。有一天，当带队的美国军官下达华工上班"出发（Let's go!）"的命令时，差点酿成一场华工暴乱。"Go"

---

[1] Memo to the General Purchasing Agent, Jul. 15, 1918, RG 120, Entry 1758, Box 114, Correspondence of the Labor Bureau, Folder 174.

[2] 《华工杂志》1918年8月25日，第25号，第21页。

[3] Captain Ashley M. Herron to Major Jackson, Chief of Labor Bureau, Apr. 10, 1918, RG 120, Entry 1758, Box 110, Folder 32.

[4] 白蕉：《世界大战中之华工（续）》，1937年4月15日，载《人文月刊》1937年，第8卷，第3期，第30页。

的发音和汉语里"狗"的发音相近,对许多中国人而言,尤其是对中国的北方人来说,被称为狗是一种严重的侮辱。华工们错误地认为美国人以狗称呼他们,故而愤怒地拒绝前往那里工作。[1] 连对华工没有什么特殊感情的华工营指挥官威廉·考夫曼(William Kaufman)都写下了这样的话:"如果我有一名中文说得不错的美国兵,他就能让华工们事事称心如意。"[2]

对华工的种族歧视甚至导致美国士兵和华工们打群架。一名叫陈宝玉的华工说这种冲突经常发生。他记得有一次一群美军士兵侮辱在美军营地旁边散步的华工,导致双方拳脚相加,大打出手。结果有20名华工和10名美国兵受伤,其中就包括陈宝玉。中国人坚称是美军士兵先动手的,后来当美国远征军派军官到医院探望受伤的华工时,军官向他们保证这类事情以后再也不会发生。据陈宝玉说,这次打架事件使美国人明白中国人不怕打架,而且很会打。在这之后美国人就收敛多了。[3]

应该说中国政府很关注美国远征军违背中法之间的协议及美国人在管理华工方面出现的问题。北京政府在1915年提出的"以工代兵"计划,不仅标志着中国在国际化和寻求东西方文明交融方面迈出了巨大的一步,同时也是中国政府渴望参加第一次世界

---

[1] 《侨法华工与美国人之互助》,载《女铎报》1919年2月1日,第7卷,第11号,第46页;白蕉:《世界大战中之华工(续)》。

[2] William Kaufman to John Price Jackson, Mar. 27, 1918, RG 120, Entry 1758, Box 110, Folder 32.

[3] 陈宝玉:《我曾在欧洲当华工》,载中国人民政治协商会议天津市委员会文史资料委员会编:《天津文史资料选辑》第69辑,天津:天津人民出版社,1996年,第159页。

大战并把中国人的命运同协约国连在一起的具体表现。正因为如此，中国政府奉行保护华工的政策。为了确保中国的国家利益和华工权益得到切实的保护，中国政府在幕后做出了许多努力。[1] 为了保障一战华工的合法权益，早在1916年，当华工启程远赴法国之际，北京政府农商部和外交部就共同审核制定了一项旨在保护这些出国华工的新法令，决定"凡侨工所在地方得因必要情形设管理侨工委员，管理侨工委员由外交部、内务部、农商部会同呈请任命"[2]。这个新法令不久就获得了通过。随着大量华工被派到欧洲援战，北京政府国务院在1917年9月设立了侨工事务局，直属国务院管辖。[3] 张弧被任命为首任局长。[4] 中国政府也认真采纳了有关中国应该派遣外交人员检查赴法华工的利益和待遇是否得到保证的建议。采取的第一个重要举措是委派劳工事务官，一旦遇有同劳工事务相关的纠纷，就由劳工事务官负责与英法两国政府进行交涉。可以说，当时的中国政府对于在欧华工的生存状况不但不是不闻不问，而且在很多情况下对协约国虐待华工事件都提出了强烈的抗议，并要求协约国尊重华工的人权，不得有所歧视。[5]

---

1 参见《外交部收农商部志》，1916年10月25日；《外交部发农商部志》，1916年11月4日；《外交部收农商部志》，1916年11月17日，载陈三井、吕芳上、杨翠华编：《欧战华工史料》，台北："中央"研究院近代史研究所，1997年，第12—14、16页。
2 陈三井、吕芳上、杨翠华编：《欧战华工史料》，第16页。
3 有关北京政府移民出国政策的详细论述，参见蒋顺兴、杜裕根：《论北洋政府的侨务政策》，载《民国档案》1993年第4期，第68—72页。
4 陈三井、吕芳上、杨翠华编：《欧战华工史料》，第29页。
5 Boppe to Quai d'Orsay, Beijing, Nov. 24, 1919, Ministre des Affaires Etrangeres, 1918-1929, Chine, XLII: 170, Archive of French Foreign Ministry.

为了保护华工并帮助他们尽快适应当地生活，早在1916年11月底，李骏即被驻法公使馆选派为专门负责在法国的法招华工事务，他的官方头衔为"保工委员"。他"专办注册、查案、劝晓、保护事务"，专职保护赴法华工的权益。据李骏向国内报告说，美国人根据自己的旨意管理华工，置法方抗议于不顾，无缘无故地惩罚华工，蛮不讲理也不做解释。[1] 李骏也对华工不愿意为美国人工作的问题做过详细观察和分析。他认为这种情况的出现由以下原因造成：一、旅美华侨在美国受到美国人的合法歧视，造成美国军人对在法华工也有同样的偏见；二、部分美军士兵教养差，对待华工极其傲慢；三、美国人体格魁梧，性情暴躁，稍不如意则对华工举拳相向，甚至体罚；四、美国人随心所欲地对待华工，无视与法国的协定；五、美国人办事固执，不给华工合同之外的任何奖励，让华工失望；六、美方的规定过于苛刻；七、当美国人与华工发生冲突时，法国人往往站在美国人的一边。[2]

第一次世界大战期间，大约有20万美国黑人士兵随美国军队驻扎在法国，并受到美军的不平等对待。他们中的很多人与华工在一起工作。人们或许会想，这些黑人士兵有时候对待中国劳工的极不友善态度，是否是他们在美国社会所遭受的苦难，以及受到白人的不公正待遇的反应？黑人士兵和黑人劳工之所以有更多的机会和华工在一起，是因为在法国他们中的很多人都在劳工营

---

[1] 李骏：《第三次报告》，1918年11月30日，载陈三井、吕芳上、杨翠华编：《欧战华工史料》，第398页。
[2] 同上。

工作。然而，当华工在他们手下工作时，他们怎样对待华工呢？尽管黑人在美国国内是二等公民，但他们毕竟还是公民，而华人却是世界上第一个不被允许成为美国公民的族群。非裔美国士兵是否像他们的白人同行一样，认为他们可以欺负在法国的华工呢？尽管这些问题超出了本文的讨论范围，但如果能够透彻分析美国黑人虐待华工和美国黑人在国内受歧视之间的联系的话，在学术上还是十分有意义的。

尽管存在着无数这样那样的摩擦和纠纷，为美军服务的华工的工作还是得到了肯定。美国人对华工的表现有如下评语："工作不错""工作做得很好""工作令人满意""比法国工人或动力机械工做得还好""工作异常优秀"等等。指挥官伍德曼在一份报告中写道，尽管生活条件"不好"，但是中国人仍然"很愉快并且心甘情愿，没有听到抱怨"。在另一份报告中，他指出，他们"乐意合作，容易管理"。中国劳工们的态度"非常好"。美国远征军的报告承认，中国劳工"又高又壮，在繁重的体力劳动中表现出色"[1]。

更重要的是，尽管时时要面对美国兵的粗暴对待，华工们的慷慨仍然延伸到了美国人身上。美军属下的第23华工团有一天休息。但当他们发现大批美军士兵穿过他们驻扎的小镇开向德军前线，士兵们显得十分疲惫时，华工们主动排队为这些士兵送去饮用水。饥渴的美军士兵们喜出望外。许多满怀感激的美军士兵愿意拿出一法郎来买水喝，但华工们拒绝收钱。当美军士兵给钱时，

---

[1] 有关一战华工的生活和工作情形，参见徐国琦：《为文明出征：第一次世界大战期间西线战场的华工故事》。

华工们会用蹩脚的英语说，大意是"我们是兄弟，尽我们的力量为你们服务是我们的职责"[1]。一名来自加拿大的基督教青年会官员目睹了华工的善举后认为，"美国大兵有特殊的理由感激这些苦力的善良"。据这位加拿大人说，这样的事发生过不止一次。"我记得去年夏天也有几次类似情况，美军士兵向战场进发，又热又累又渴，跟着队伍行进的苦力们，会把肩膀上挑着的水桶拿下来递过去，士兵们传递着喝水。当美军士兵要给他们钱时，这些虽然贫穷但有尊严的中国人一分钱也不要。"[2] 不仅如此，一些多才多艺的华工甚至加入了美国远征军的马戏团为士兵们表演。马戏团的负责人说："这些中国人很聪明，无疑对我们的表演极有帮助。"[3]

需要指出的是，一些美国人也尽力为华工服务和提供帮助。查尔斯·A.伦纳德（Charles A. Leonard）就是其中一位。他是基督教青年会干事，曾在中国传教。在为美军华工团服务的八个月时间里，他向华工们解释西方人的做事习惯，解释为什么协约国参与战争。美军注意到，"那些没有得到过会说汉语的青年会干事帮助的华工们，对于我们为什么在打仗，以及他们的国家为什么会加入战争，没有任何概念。另一方面，当他们一旦懂得了我们所捍卫的道义原则，他们立刻就明白了我们的事业的正义性，并积极热情地投身到工作中。而对于华工来说，对他们在我们所

---

[1] R. M. Hersey to the International Committee of the YMCA, Annual Report Letter, 1919, John Hersey Papers, RG 145, Yale University Divinity School Library Special Collections.

[2] Misc. Box 204, Folder: Chinese Laborers in France Reports.

[3] J. E. Johnson, Section Representative to Headquarters Labor Bureau, Apr. 29, 1919, RG 120, Entry 1748, Box 53, Folder 230.14.

正在从事的这场伟大战争中所发挥的重要作用,以及他们有责任和义务在我们所共同面临的困难条件下努力工作的重要性,这些问题都需要有人向他们做出提示"[1]。有鉴于此,一位美军军官强烈要求伦纳德获准尽早走访所有规模较大的华工营地,以帮助华工在以下几个方面有清楚明确的认识:一、盟军为何而战;二、中国在战争中发挥的作用;三、劳工在现代战争中的作用;四、中美两国之间的友好关系;五、为什么中国人有必要在各方面都向人们证明自己能力很强;六、对西方文明的认知。[2]

有些美国人甚至宣称像查尔斯·A.伦纳德这样的传教士"帮我们赢得了战争"[3],在伦纳德作为翻译服务的华工团所在地,一位美军军官声称,由于伦纳德的工作,"华工团的工作效率至少比过去提高了25%"[4]。

美国人阿莫斯·N.霍格兰（Amos N. Hoagland）甚至在基督教青年会的安排下,竭尽全力指导一战华工的体育娱乐活动。霍格兰生于1884年1月,毕业于普林斯顿大学。根据基督教青年会的推荐信,霍格兰"在我们看来,是唯一能够胜任这项职务的人选。我们认为尽快通过对他的任命至关重要"[5]。另一位美国人W.W.彼得（W. W. Peter）大夫被基督教青年会派往法国,他给华工举行了一系

---

[1] Jackson to D. A. Davis, Sept. 12, 1918, RG 120, Entry 1759, Box 125, Folder 250 Old File.

[2] Ibid.

[3] "A Cup of Tea and a Riot", in *Association Men*, Jan., 1919, vol. 44, no. 5, p. 375.

[4] Ibid.

[5] Memo for the War Personnel Board, Jul. 2, 1918, Folder: China Correspondence and Reports, Sept., 1917 to Oct., 1918, Kautz Family YMCA Archives, University of Minnesota, Libraries, Minneapolis, USA.

列的医疗卫生讲座。彼得曾就读于哈佛大学医学院，毕业后作为一名医学传教士去了中国。他抵达中国时，正值1911年辛亥革命爆发，于是他迅速投入到了照料伤兵的工作中。随后为基督教青年会工作。[1] 彼得非常高兴能有机会到法国为一战华工服务。[2] 在法国的几个月时间里，除用中文为华工们开设了多场健康知识讲座外，他还通过对华工进行采访来了解一战华工的生活和思想。[3] 据报告，他在法国开设的讲座"内容简单，引人入胜，介绍了西方社会的条件和情况，对改善华工们的恶劣生存环境也有所助益"[4]。

在美军看来，伦纳德、霍格兰、彼得等美国人的贡献不小，他们提高了华工的士气和工作效率，有效地防止了骚乱。但从共有的历史的角度，可以说，这些美国人的作用，小而言之，是帮助华工，进而帮助美军提高战斗力；大而言之，则是促进了中美两国人民的相互理解，从而有助于两国共创国际新秩序。

四 "威尔逊时刻"、留美学生和华工

如果说一战华工为美国远征军服务是中美关系史中独特的一

---

[1] Shirley S. Garrett, *Social Reformers in Urban China: The Chinese Y. M. C. A., 1895-1926*, Cambridge: Harvard University Press, 1970, pp. 141-145.

[2] David Yui to William Wesley Peter, Sept. 7, 1918, Box 204: Folder: China Correspondence and Reports, Sept., 1917 to Oct., 1918.

[3] W. W. Peter to R. C. Beebe, Dec. 6, 1918, Information Concerning Dr. W. W. Peter. Chinese Labor Battalions, Chinese Correspondence and Reports, Nov., 1918 to Oct., 1919, Box 153, Folder: China Correspondence and Reports, Nov. to Dec., 1918.

[4] Letter Sent to C. W. Harvey, Apr. 25, 1918, Box 204, Folder: China Correspondence and Reports, Sept., 1917 to Oct., 1918.

章的话，那么留美中国学生与一战华工的交集则是其中十分精彩的一节。大约54名留美中国学生如史义瑄、晏阳初、蒋廷黻、陈立廷、王正序、全邵武、桂质廷、林语堂、陆士寅等，曾响应基督教青年会和美国总统威尔逊建立国际新秩序的号召，到法国为华工服务。[1]

史义瑄是第一位为在法国属下的华工工作的基督教青年会干事。他1886年出生于山东，于1911年在庚子赔款的资助下赴美留学。[2] 1917年11月，在哈佛大学商学院求学期间，史义瑄来到里昂郊区费赞（Feyzin），为那里的华工建立了第一个基督教青年会的活动中心。1919年4月19日，他与一批华工一同回到中国。他作为中国代表团的成员之一出席了于1921至1922年间召开的华盛顿会议。此后，他任职于交通部和外交部。1923年，作为交通部的代表，他参与了"临城劫车案"的调查。除了在政府任职，他还曾任教于南开大学和上海交通大学。湖北人桂质廷也是庚子赔款项目资助的学生。他于1917年从耶鲁大学毕业，随后成为芝加哥大学的物理学研究生。他曾在美国发行的《中国留学生月刊》担任主编，还是清华校友会会长。他从1918年6月起为在美国远征军中工作的华工服务。湖南人蒋廷黻1918年毕业于美国奥柏林学院，曾是奥柏林学院文学杂志的主编。在奥柏林时，他是学校毕业晚会的主持人和"美国大学优等生协会"（Phi Beta Kappa）的成员、

---

[1] Box 204, Folder: Chinese Laborers in France Reports.
[2] *The Chinese Students' Monthly*, Apr., 1918, vol. 13, no. 6, p. 327.

校足球代表队队员,以及知识与劳动学会的会员。他后来从哥伦比亚大学获得历史学博士学位,并成为一名出色的中国教育家和外交官。无疑地,当时这些留美中国学生都是中国最优秀、最聪明的精英。他们的世界观和对中国的认识与华工大为不同。[1]

这些留美学生在欧洲的主要任务是帮助华工写信,教他们文化知识,帮助他们认识和理解中国与世界;更重要的是,他们决心要将这些劳工培养成中国和世界的新公民。他们之所以来到欧洲是因为这些受过西式教育的年轻中国人已经迷上了威尔逊所倡导的世界新秩序,以及中国可以受惠于新的更好的国际体系的承诺。他们要用他们的知识、力量和经验,为促使世界新秩序的早日实现尽自己的一分力量。

为了帮助华工成为真正的中国公民和世界公民,为基督教青年会工作的中国留美学生为华工举办夜校,教他们识字,并常常为华工组织幻灯片讲座和放映电影,以及举办各种演讲,传播科学知识和推广健康观念。[2] 基督教青年会的一份机密报告指出:"有意义的是,我们的干事们几乎无一例外地持有一个共同的信念,那就是中国需要平民教育。"[3] 基督教青年会留美学生为一战华工教授的科目包括英文、法文、历史、数学、中文、地理等等。同

---

1 《旅欧新闻》,载《旅欧周刊》1919年12月30日,第3页。
2 Shirley S. Garrett, *Social Reformers in Urban China: The Chinese Y. M. C. A., 1895-1926*, pp. 91-113.
3 "General Statement Regarding the YMCA Work for the Chinese in France", Mar., 1919, Box 204, Folder: Chinese Laborers in France Reports.

时，他们还尽最大的努力向华工们讲解这场战争的意义，向他们介绍西方文明。[1] 根据史义瑄的观察，不少华工都很喜欢青年会在晚间开设的课程，并非常珍惜这一受教育的机会。[2]

留美学生还举办了大量的普通大众教育讲座，内容一般针对卫生、林地、道路建设、民族自觉、第一次世界大战、公民意识等方面的问题，并配有幻灯投影片说明，为那些上课听不懂或者不愿意上课的华工提供耳提面命的受教育机会。很多华工都表示，中国留美学生的课程帮助他们成为更好的公民，拓宽了他们的知识和视野，为他们培养了在归国之后能够自我管理和保持独立的能力。[3]

耶鲁毕业生陈立廷就以"中国人与欧战的关系"为题为华工做过一系列讲座。对不少华工来说，这是他们第一次听自己国家的精英们专门为他们发表演讲。甚至可能是他们有生以来第一次在公共场合听演讲。有趣的是，陈立廷的演讲场所可谓不拘一格。有时在操场上为华工演讲，有时坐在巨大的炮管上为华工讲演，有时甚至站在基督教青年会房屋的屋顶上为站在下面的大批华工演说。有一次，在演讲中突降大雨，华工们的衣服均湿透，但无人离开，直至演讲结束。有时一些华工团的美国军官也一起听讲。陈立廷和他的同伴们的演讲，也让那些平日里蔑视华工的军官们

1　Walter S. Elliott, "Wang Gin-Guay", in *Association Men*, 1922, vol. 47, no. 12, p. 537.

2　"Young Men's Christian Association International Committee", in *For the Millions of Men Now Under Arms*, New York: Methodist Book Concern, 1918, no. 13, pp. 10-12.

3　《在法华工之号音》，1918年10月14日，载《华铎报》1918年，第1卷，第9期。

对华工产生了一种全新的认识，对留美学生的演讲留下了深刻的印象。有些美军军官事后坦诚，他们从来不知道中国人也这么有能力。他们有时邀请演讲者同他们一起用餐，以示感激之情。[1]

为一战华工工作的留美学生中影响力最大的一位应该是晏阳初。晏阳初曾是耶鲁大学的学生。他会弹钢琴、打网球，有一副好嗓音，是耶鲁男子合唱团的第一位中国学生，还是"美国大学优等生协会"的成员，广受同学的拥戴。他自1918年夏从耶鲁一毕业，即奔赴法国，为一战华工服务长达一年之久。一名基督教青年会的官员回忆道："晏阳初先生是我所交往过的最出色的人。"[2] 晏阳初最大的贡献就是为华工出版了一份名为《基督教青年会驻法华工周报》的杂志。由于没有汉字排版，晏阳初亲自动手先把报纸文章刻在钢板上，再通过平版印刷的方法把报纸印出来。在出版后的短短的三周之内，报纸的订阅数量便达到了2 000份，而总发行量后来更是上升到了1.5万份。作为该刊主编，晏阳初一直工作到1919年6月才返回美国。随后由毕业于密苏里大学的傅若愚继任主编，傅若愚一直工作到1919年11月才返回美国芝加哥大学攻读研究生课程，再由陆士寅继任主编。

《华工周报》运用口语化的文字，便于华工们阅读和理解。从"600汉字"扫盲班毕业的华工们，更是发现这份报纸是他们练习阅读的绝好材料。《华工周报》受到了热烈的欢迎。当时有人

---

[1] 《报载旅法华工状况之事实》，1918年12月25日，载《华工杂志》1918年第29期，第18页。
[2] W. W. Lockwood to J. M. Manley regarding Chinese at Silver Bay, Summer, 1919, dated Jul. 24, 1919, Box 153, Folder: Chinese Correspondence and Reports, Nov., 1918 to Oct., 1919.

观察到,"中国苦力们不管在哪里都迫不及待地想要得到这份报纸,因而该报纸本身也变成了一个教育媒介"[1]。

为华工服务的经历也对这些留美中国学生产生了巨大的影响,他们领悟到了为普通人服务的意义和快乐。有一位留美学生说他之前从未认识到"我们学生对劳动者阶层负有直接的责任。我们必须返回中国,继续以同样的方式为大众服务"[2]。晏阳初后来回忆说:"战争以前我从来没把自己同劳工联系在一起……我们自己认为我们知识分子阶层同他们是毫不相干的。但是在巴黎我有幸与他们朝夕相处,像朋友那样了解他们。我发现他们与我一样出色,他们也发现我们和他们是一样的人。我们之间唯一的区别是我出身优越而他们不是。"[3]

晏阳初在法国同华工们一起相处的经历让他明白中国农民诚实质朴、智商高、能力强、渴望学习,只可惜缺乏读书的机会。[4] 他像蒋廷黻一样对华工和中国的未来产生了极大的信心。晏阳初在给朋友的一封信中认为,这些华工对中国和世界的思考非常深刻,他们是中国未来的希望。"试想这些能关心国家大事、能思考国家大事的华工们回到家乡后,那是什么样的情形呢?在那些一字不识、只求一日三餐免于饥饿的中国农民中间,他

---

[1] Conference of Workers Reports, Report of Conference of Workers Held at Peronne on Jul. 23–24, 1919, Kautz Family YMCA Archives, University of Minnesota, Libraries, Minneapolis, USA.

[2] YMCA Report, Feb. 25, 1919, Box 204, Folder: Chinese Laborers in France Reports.

[3] Grace Overmyer, "Jimmy Yen", in *Century*, Apr., 1929, p. 719.

[4] 晏鸿国编著:《晏阳初传略》,成都:天地出版社,2005年,第45页。

们必然是鹤立鸡群的佼佼者。"[1] 因而他总结道，虽然他们只是劳工，但是觉醒了的劳工有着巨大的力量。外国人叫他们"苦力"（coolie），在中文中，这个词包含了"苦难"和"力量"两个含义，也就是"苦不堪言的苦"和"力大无比的力"。晏阳初决定用他毕生的经历去帮助他们免除其"苦"和发挥其"力"。[2] 他意识到，在他来法国前，他对中国劳苦大众及其生活一无所知。[3] 是劳工教他真正认识了中国。他坦承，"战争期间在法国，表面上是我在教他们，实际上是他们教育了我"。由于他的经历是如此令人激动并成效卓著，还在法国的时候，他就宣布他已经彻底地改变了自己，"以前的'小我'死了，以后的'大我'就是'苦力'"[4]。

晏阳初此后终身致力平民教育运动。他的事业如此成功，甚至还成了包括美国在内的其他许多国家学习的榜样。20世纪30年代，在美国教育部长雷·莱曼·威尔伯（Ray Lyman Wilbur）宣布美国政府将开展一场大众扫盲运动时，他指出这一计划与晏阳初在中国的项目是相类似的。《纽约时报》上的一篇文章称晏阳初的平民读写教学方法可以成为"美国显而易见的学习楷模"[5]。后来

---

[1] 晏鸿国编著：《晏阳初传略》，第55—56页。

[2] 同上书，第59页。

[3] Pearl S. Buck, *Tell the People: Talks with James Yen About the Mass Education Movement*, New York: John Day Company, 1945, pp. 8-9; 宋恩荣主编：《晏阳初全集》第1卷，长沙：湖南教育出版社，1989年，第526页；晏鸿国编著：《晏阳初传略》，第59页。

[4] 宋恩荣主编：《晏阳初全集》第2卷，第178页。

[5] Nathaniel Peffer, "Yale's Yen Charts a Course for China", in *The New York Times Magazine*, Feb. 1, 1931, p. 7.

联合国要求晏阳初在全世界推广他的平民教育和乡村改造运动。在国际化的视野下,晏阳初的计划则变为"除天下文盲,做世界新民"。

留美学生与一战华工互动的巨大意义只有从共有历史的角度才能看得比较清楚。一方面,留美学生发挥了一战华工和美军之间的桥梁作用,另一方面,一战华工充当了中西文明之间的使者。更有意义的是,诚如蔡元培先生常常强调的,中国人需要学习西方文明以使中国更为富强。而一战华工则是中国人学习西方文明的先行者。[1] 的确,一战华工成为一代新人,深受爱国主义和国际主义思想的熏陶。例如,当美国总统威尔逊在赴巴黎参加和平会议的途中经过法国哈维尔港时,当地的华工主动派出代表欢迎威尔逊。[2] 当获悉列强达成不平等的《凡尔赛条约》后,华工派代表致书参加巴黎和会的中国代表团团长陆征祥,并置一手枪于内,宣示"苟签字承诺日本之要求,请即以此枪自裁,否则

---

[1] 高平叔编:《蔡元培全集》第3卷,北京:中华书局,1984年,第219页。

[2] J. S. Tow, "Yen Charts a Course for China", in *World Outlook*, 1919, vol. 5, no. 11, p. 39. 顾杏卿:《欧战工作回忆录》,上海:商务印书馆,1937年,第50页。一战华工的翻译群体是一个非常值得研究的课题。仅英国招募华工华人译员就有400余人,其中有夏奇峰、蔡善身、杨永经、戴步云、吴泽湘、沈向高、余光超、张荣森等,他们大都毕业于国内各大高校,年龄大多在20至30岁之间。他们"怀观察西方文明,增长见识之志",应征英招华工翻译一职。在青年会的安排下,华工翻译在工作一年后,可到英伦游历两星期。他们在法国的生活如何,回国后又做出过何种贡献,为华工服务的经历怎样影响他们对国家的认同及中国的国际化的认识,凡此种种,都是十分重要的选题。有关华工翻译的生活及游历英国的安排,参见顾杏卿:《欧战工作回忆录》,第38页,以及陈三井、吕芳上、杨翠华编:《欧战华工史料》,第557—558页。

吾辈必置尔于死地"。[1]华工在回国途中，当轮船停靠在日本码头时，船上的华工坚决拒绝上岸，他们宣称日本对中国一向不厚道，作为中国人，他们绝不应该登上日本国土去享乐。[2]

一战华工无疑是一群非常普通的人，但他们的经历、他们的人生，创造了人类文明史上不朽的传奇。他们的命运，甚至他们的生命，无疑同中国及世界前途息息相关。凡此种种，其巨大意义甚至远远超出了中美关系的范畴。

五 余 论

共有200多万美国人走上了第一次世界大战的战场，美国人在这场战争中的伤亡人数高达116 516人。如今，有14 246名阵亡美军士兵被葬在位于凡尔登西北42千米处的默兹－阿尔贡（Meuse-Argonne）美国公墓，这使该公墓成为欧洲最大的美军公墓。[3]有关美国人的牺牲和贡献的记录，很好地保留在各种纪念碑、墓碑和对美国及第一次世界大战的研究中。可是，对那一万余名在第一次世界大战中甚至战后为美国远征军服务的华工的纪念又在哪里？前面多次提到的美国远征军劳工局局长杰克逊，曾在他的总结报告中写道："在第一次世界大战中，那些为我们服务过的中

---

1 顾杏卿：《欧战工作回忆录》，第51页。
2 Tyau Min-chien, *China Awakened*, New York: Macmillan, 1922, p. 240.
3 有关美军伤亡的信息，参见美国战争纪念委员会（American Battle Monuments Commission）的数据库；另参见David Laskin, "On Hallowed Ground, a Place of Painful Beauty", in *The New York Times*, Sept. 30, 2007.

国人、法国人、意大利人等,当他们离开部队回到他们原来的百姓生活当中去的时候,我希望他们知道,那些曾经雇佣过他们的人,对他们为我们为之奋斗的伟大事业所做出的卓著而宝贵的贡献,内心充满感激。"[1]美国人显然口惠而实不至,他们并没有真诚地对中国人表示过感激。长期以来,似乎包括美国在内的全世界都忘记了中国人在第一次世界大战中的牺牲和贡献。

"青山遮不住,毕竟东流去!"虽然今天很少有人记起一战华工和他们与美国远征军共同经历的旅程,但历史就是历史,任何人都无法抹杀。诚然,华工刚到法国时的确无知。绝大多数华工在开始的时候对于世界,甚至对于他们的祖国都没有多少认识。他们对美国当然更缺乏了解。一战华工中一度流行一个说法是,美国之所以参战是因为美国皇储同法国公主订婚,所以美国必须支持其新盟友的战争。华工中还有很多人相信,是美国人与英国人及法国人的私谊促使美国加入了大战的杀戮之中。[2]

但华工与美国远征军因为第一次世界大战发生在欧洲的交集,无疑对华工的心路历程产生了巨大的影响。他们毕竟与美国人在欧洲的土地上共同经历了血与火的洗礼,共同近距离直接观

---

[1] John Price Jackson to Officers of the Labor Bureau, Army Service Corps, Dec. 10, 1918, RG 120, Entry 1764, Box 318.

[2] "The Chinese Laborers in France in Relation to the Work of the Young Men's Christian Association: Report to the International Committee of Young Men's Christian Association of North America of Special Mission of Dwight W. Edwards in France Apr. 13 to May 11, 1918", Box 204, Folder: Report 1919, Kautz Family YMCA Archives, University of Minnesota, Libraries, Minneapolis, USA.

察对方、影响对方。一名华工曾这样向美国人 W. W. 彼得坦诚心迹，透露他对西方文明的失望："当我返回中国后，我（可能会）害怕我一看到外国人就会想起在法国闻到的尸体腐烂的气味。在这里的日子就像噩梦。每天睁开眼都能看到新的恐怖景象。即使战争结束也没有丝毫好转。日复一日，我们所工作的地区简直就是一片废墟，地面被战火破坏得这样深，在以后的很多年内这里都不可能长出任何东西。"目睹了战争中法国发生的一切，他只能总结说："世界上没有人比外国人更知道如何毁灭生命和财富了。他们夜以继日地用蒸汽和火焰，在陆地、海洋、天空乃至海底进行着毁灭和破坏。"这名华工对西方试图建立的战后世界新秩序也非常悲观。他问道："当西方人说着那些美好的词汇，如自由、正义、民主、自决、永久和平的时候，他们究竟想表达什么样的意思？……现在你们所谓的光荣战争已经结束，人们的内心真有和平吗？你们外国人对你们所取得的收获满意吗？一切都解决了吗？当我回到我的家乡小村庄时，我该如何向急切期待着我的父老乡亲讲述我看到的一切？"[1]

华工能有这样认知，难道一心要以西方模式重塑中国的美国人不应觉醒吗？一战华工不是他们在美国为所欲为可以歧视的中国人，经历过西方文明自我残杀的一战华工对包括美国在内的西方无疑已有较为清醒的认识，对于直接管理他们的美国人当然也有自己的观察和结论。他们有理由质问，为什么这些美国人下命

---

[1] "Yellow Spectacles", Box 204, Folder: Chinese Laborers in France Reports.

令时从来不解释清楚？为什么这些军官们根本不懂他们的语言，还侵犯他们的习俗？为什么华工要听从这些人的支使？

一战华工目睹和亲身经历了第一次世界大战的血腥和野蛮。因此可以想象，在他们眼中，战争和西方是联系在一起的结合体。无论他们愿意与否，归国华工都会因为自己的经历和所看到的一切而成为西方文明的诠释者。正如彼得在听到一战华工心路历程后所指出的："在法国，他们身体中脖子以下的部位才有用（即只能出卖劳力）。但是回到中国，他们用他们脖子以上的部位（大脑/知识）所能做的，是西方世界无限担心之处。"[1] 对彼得和许多其他西方人来说，中国人提出的问题给他们造成了极深的困扰，例如"西方文明说到底只是一种物质文明吗？东方文明是否在道德方面更高于西方？如果我们接受西方的物质文明，它是否会损害我们更高层次的道德文明？又或者说，是不是如果我们要为我们的道德文明赢得地位，使我们能安心享有自己的文明，我们就必须武装起来，用西方国家所拥有的武器来同西方争战？"彼得警告西方社会必须密切注意华工回国后可能引发的一系列变化。[2]

毋庸置疑，一战华工的新思维和美国人彼得的警告显示出一战华工对部分美国人的影响。难怪在美国出版的《中国留学生月刊》在1918年就郑重宣布，一战华工是中国连接世界的桥梁。[3] 的

1　W. W. Peter, "Mr. Chang Goes to War", in *The World's Work*, Jul., 1919, p. 275.

2　Ibid.

3　*Chinese Students' Monthly*, Apr., 1918, vol. 13, no. 6, p. 301.

确，14万华工就是14万名使者。他们中的绝大多数都懂得自己的责任，并乐于担当这一角色。[1] 对于为美军工作的一万多华工而言，他们不仅是中国人和美国人之间的使者，更是迫使美国人正视觉醒中的中国人的使者。

2018年是第一次世界大战结束100年，沧海桑田，如今中国在国际地位和中美关系方面都发生了天翻地覆的变化，今天的中国人和美国人理应重温一战华工与美军在法国发生交集的故事，反思第一次世界大战留给中美两国人民的遗产，并进一步思考中美关系的百年历程。本文不揣冒昧，从共有历史的角度，尝试解读一战西线华工的特殊地位及其与美国的关系，并揭示中美关系上一个长期被忽略但极有学术意义的一章。如果拙文能在一定程度上填补空白，并可抛砖引玉，引起国内外学者对此一课题的关注，则余愿足矣！

（原载《美国研究》2017年第6期）

1　峻远：《华工归国后该怎样》，1920年2月25日，载《华工杂志》1920年第43期，第1—6页。

巴黎和会前后中国知识界与美国外交政策

一

伍德罗·威尔逊是美国第28任总统,是美国历史上第一个拥有博士学位和大学校长头衔的白宫主人。在处理国际关系中,他同当时其他西方国家领导人有明显不同,既不像法国总理克里孟梭明确表白自己是一个奉行强权外交的"老虎",也不同于英国首相劳合·乔治(Lloyd George)公开宣称自己所做的一切都是为了大英帝国的利益。在第一次世界大战期间,他为了使美国能够问鼎世界霸权,常常以全人类的代表身份发表一些诸如"自由""民主""正义"等动听的言辞来欺骗国际舆论。如鼓吹他的外交方针的"实质原则"是追求"国家与国家之间的人道主义"[1],

---

1　Michael Hunt, *Ideology and U. S. Foreign Policy*, New Haven: Yale University Press, 1987.

敦促交战双方应为了全人类的利益实现"没有胜利的和平"。在美国觉得时机成熟,直接投身列强瓜分世界的武力竞技场后,他又极力标榜美国是为了"世界最终和平"而战,"没有自私的目的","我们不想征服别人,也不想统治别人。我们不为自己索取赔款,对我们行将自愿做出的牺牲不要物质上的赔偿",美国的参战目的在于使其变成"结束一切战争的战争",等等。[1] 其中最有欺骗性的是他于1918年1月8日发表的自称是"世界和平纲领"和"为全人类谋自由、和平、正义"的"十四点"。

1917年11月以列宁为首的苏维埃政府向全世界发表了《和平法令》,要求各交战国"立即实现不割地、不赔款的和平","废除秘密外交",并宣布废除俄国临时政府"从1917年2月至10月25日所批准和缔结的全部秘密条约"。[2] 威尔逊的"十四点"首先是出于旨在抵消苏维埃《和平法令》巨大影响的考虑而出笼的,并抛出了建立所谓"国际联盟"的方案。[3]

从文字上看"十四点"貌似公正堂皇,但在其漂亮文字背后隐藏着美国争夺世界霸权的野心。它并不真正反对秘密外交,它反对的是英法瓜分世界的密约,因为这些密约一旦实现,将是对美国扩张的巨大威胁。威尔逊"十四点"的另一目的旨在反对苏

---

1 James B. Scott, ed., *Official Statement of War Aims and Peace Proposals, December 1916 to November 1918*, Washington: Carnegie Endowment, 1921, p. 91.
2 《和平法令》全文参见《列宁全集》第3卷,北京:人民出版社,1972年,第354—356页。
3 原提法为"A General Association of Nations",意为国际联合会。威尔逊在以后的演说中改为"The League of Nations"(国际联盟)。

俄。这些动机在1928年才公开发表的美国当时对"十四点"的官方注释中，一眼就可洞察。官方注释写道："涉及微妙的事情时"，并不排除"机密的外交谈判"，亦即任何"在进行秘密谈判过程中所发生的事情"，"除非是写在公之于世的最后条约中，是不具有约束力的"。矛头明显直指英法。至于针对苏俄的第六点，注释写道："俄国问题的实质在最近的将来显然在于：一、承认各临时政府；二、给予这些政府援助。"[1] 由此可见，这一点实质上是肢解苏俄。

所以，"十四点"的真正意义在于它是威尔逊的争夺世界霸权的宣言。它是一柄既针对苏俄，又把矛头指向英法等列强的多刃剑。美国要建立的是在国际联盟的幌子下的世界霸权。也正因为如此，英法拒绝接受以全部"十四点"作为停战的基础。美国以单独同德奥媾和相威胁，并声称要利用强大的经济实力打破英国的海上霸主地位，把美、英、法各自的和平方案公之于世。美国的这一威胁逼得英法无路可走，被迫同意在"十四点"基础上停战，等待在巴黎和会上再与美国抗争。1918年11月11日，交战双方签署停战协定。第一次世界大战就在这样的背景下结束。

二

在上述背景中结束的第一次世界大战根本不可能带来人类光

---

[1] 对"十四点"的官方解释全文参见 Charles Seymour, *The Intimate Papers of Colonel House*, Boston: Houghton Mifflin Company, 1928, vol. 4, pp. 192—200。

明的未来。然而，在威尔逊等人欺世盗名的宣传下，在灾难深重的东方古国生活着的中国知识界被大大地迷惑了。这主要有两个原因。一是因列强明火执仗地侵略中国太久了，以至中国知识分子把威尔逊伪善的言辞当成一线平等自由的希望之光。二是因中国社会太腐败了，一心要打破落后的传统思想文化的中国新型知识分子把威尔逊代表的西方制度当作追求的目标。钱玄同就曾写道，"即在二十世纪初建立民国，便该把法国美国做榜样"[1]。高举"德先生"（Democracy）、"赛先生"（Science）两面大旗的新文化运动的参加者们还认为今日世界"精神的'德莫克拉西'者，当以美国现任大总统威尔逊氏所高唱之人道主义为代表"[2]。李大钊也在1917年2月撰文称："威尔逊君固夙以酷爱平和著闻者也"，认为第一次世界大战的"和解之役，必担于威尔逊之双肩也"。[3] 对威尔逊寄予很大期望。

当时，中国许多知识分子都把第一次世界大战的结束视为"公理战胜强权"的具有划时代意义的事件。陈独秀就认为从此以后，"无论对内对外，强权是靠不住的，公理是万万不能不讲的"[4]。《每周评论》发刊词的全篇主旨就是"公理战胜强权"[5]。另一位大学者、早在威尔逊竞选总统时就对他崇拜得五体投地的胡

---

[1] 钱玄同：《随感录》，载《新青年》1918年9月，第5卷，第3号。
[2] 《新潮》第1卷，第5号。
[3] 李大钊：《威尔逊与平和》，载《李大钊文集》上卷，北京：人民出版社，1984年，第285页。
[4] 陈独秀：《每周评论》发刊词。
[5] 同上。

适,在1914年就写道:"威氏之政策实于世界外交史上开一新纪元。即如其对华政策……皆是人道主义。"[1] 值第一次世界大战结束之际,胡适对美国和威尔逊更是赞不绝口。他在1918年11月在天安门演说中称,"这一次协商国所以能大胜,全靠美国的帮助。美国所以加入战国,全是因为要寻求一个'解决武力'的办法"。"如今且说美大总统所主张,协商各国所同声赞成的'解决武力'的办法是什么?"就是"把各国私有的武力变成了世界公有的武力,就是变成了世界公有的国际警察队了。这便是解决武力的办法"。[2] 第一次世界大战的结束为中国知识界各阶层人士所赞誉。梁启超认为"今次之战,为世界和平之永久平和而战也","为新世纪之进步也"。[3] 著名教育家,北京大学校长蔡元培也发表热情洋溢的演说,称这次协约国的胜利,"定要把国际性一切不平等的黑暗主义都消灭了,另用光明主义代替它"[4]。上海《民国日报》在1919年1月5日的一篇文章中,把欧战的胜利说成是"协约国及美国之大战的胜利"[5]。人们宛若庆贺自己的胜利那样高唱赞美歌,仿佛公理就在眼前,平等自由即可实现。

中国知识界对第一次世界大战的结束热情歌颂是因为他们把希望完全寄托在威尔逊及其"十四点"上。作为"公理"与"正义"的化身,威尔逊在中国的声誉倍增。陈独秀说:"美国大总统

---

[1] 《胡适留学日记》第2册,第301页。
[2] 《北京大学日刊》1918年11月27日。
[3] 《东方杂志》1919年2月,第16卷,第2号。
[4] 唐振常:《蔡元培传》,上海:上海人民出版社,1985年,第159页。
[5] 《民国日报》1919年1月5日。

威尔逊屡次的演说,都是光明正大。可算是现在世界上第一个好人。"[1] 李大钊同时写道:"美国威总统,也主张国际大同盟",并称威尔逊建立的国际联盟为"新纪元的曙光"的标志之一。这一评价不可谓不高。梁启超对威尔逊及其国际同盟也寄予极大的幻想。他在《国际联盟与中国》一文中说道:"威尔逊总统十四条之宣言,世界各国所公认为议和之标准者,即本以上精神而出者也。"[2] 认为威尔逊极力倡言要建立的国际联盟"是实现'将来理想之世界大同'的最良之手段","吾国人热望此同盟之建立,几乎举国一致,此吾所敢断言也。此同盟最要之保证条件,即在限制军备。故吾谓我国为表示此热情之真诚起见,宜率先厉行裁兵。盖侵略主义既为天下所共弃,此后我友邦断无复有以此加诸我。藉或有之,而亦有他方面之制裁,使莫能发,故此后更无国防之可言"。[3] 此可谓对国际联盟信任之极,推崇备至。甚至到1919年2月,蔡元培、汪大燮、林长民、熊希龄等人对国际联盟还抱有幻想,发起成立"国际联盟同志会",以"主张国际联盟及援助其实行,促进其发展"为宗旨。蔡元培认为,过去中国之所以失败,是"秘密外交"所致,"今外交大势既有转移,美总统威尔逊所提出之'十四条',有'公开外交'一条,且为各国所接受,是即畀国民以主持外交之机会"[4]。曾任北京大学校长、教育部长的蒋梦麟当时还特意把《威尔逊参战演说》翻译出来,介绍

---

1 陈独秀:《独秀文存》,第388页。
2 《东方杂志》1919年2月,第16卷,第2号。
3 同上。
4 《晨报》1919年3月13日。

给国人。为了表示他对威尔逊的赞赏和崇拜之情,他甚至仿史记笔法为威尔逊写了一篇"赞":"位元首兮尊民意,与林肯威李兮并帜。[1]先万邦而承认兮[2],吾中华民兮受赐。卫正义而摧武力兮,广四海为兄弟。望彼陆而思颜色兮,庆大同而呼万岁。"[3]"十四点"中译本成为当时的畅销书。据说其时北大学生傅斯年"可以把威尔逊的十四点一字不差的背诵下来"[4]。北京各高校学生甚至到美国使馆前高呼:"威尔逊大总统万岁!"[5]"十四点"和威尔逊在当时中国影响之大,由此可见一斑。

对威尔逊的幻想导致中国知识界对第一次世界大战后召开的巴黎和会寄予厚望。当时不少报刊发表评论认为,这次巴黎和会召开后,中国可以"挽百十年国际上之失败",从此能够"同英法美并驾齐驱"。[6]人们幻想中国不但可以利用和会废除不平等条约,而且还可获得其他许多根本利益,中国自始可以翻身了。[7]陈独秀等人甚至还鼓吹,在巴黎和会上,东洋各国可以联合提出一个"人类平等、一概不得歧视"的意见,说是"此案倘能通过,他种欧美各国对亚洲人不平等的待遇和各种不平等的条

---

1 威字指丹尼尔·韦伯斯特,美国19世纪上半叶一政治家。
2 指美国首先承认"中华民国"。
3 《威尔逊参战演说》卷首语,蒋梦麟译,上海:商务印书馆,1921年。
4 中国社会科学院近代史研究所编:《五四运动回忆录》上册,北京:中国社会科学出版社,1979年,第231页。
5 同上。
6 《民国日报》1919年1月5日。
7 《东方杂志》1919年2月,第16卷,第2号。

约，便自然从根消失了"。[1] 上海的《时事新报》撰文称，巴黎和会的召开，"固为我国之大幸"。"借此强权消灭，公理大伸之日，大可仰首伸眉，历诉身受之苦，所谓千载之一时之遇，殆在此欤。"[2] 中国留日学生救国团对巴黎和会也存在幻想，提议组织国民赴欧公诉团。他们在意见书中写道："兹值战局告终，和会开幕，强权失败，公理昌明。正我国人仰首伸眉、理直气壮，求公判于世界各国之会。"[3] 中国知识界的幻想之大，从胡适和许德珩后来的回忆中也可知一二。胡适说："独秀和蔡先生在那时都是威尔逊主义麻醉之下的乐观者。他们天天渴望'公理战胜强权'的奇迹的实现。一般天真浪漫的青年学生，也跟着他们渴望那奇迹的来临。"[4] 许德珩说："1918年11月到1919年4月，这时间学生们真是兴奋得疯狂了……大家眼巴巴地企望着巴黎和会能够给我们一个'公理战胜'。"[5] 希望大，失望更大。中国知识界没想到"大好人"威尔逊竟在巴黎和会上出卖了中国的利益。

三

1918年中国派出陆征祥、王正廷、顾维钧、施肇基、魏宸祖

---

1 陈独秀：《战后东洋民族之觉悟与要求》，载《每周评论》第2号。
2 《时事新报》1919年2月11日。
3 《民国日报》1919年2月4日。
4 胡适：《纪念五四》，载《独立评论》1935年5月5日，第149号。
5 许德珩：《五四运动六十周年》，载中国社会科学院近代史研究所编：《五四运动回忆录》下册，第52页。

五人代表团出席巴黎和会。当初协约国曾保证,如果中国参战,战争结束后在和会上将以大国相待。英法驻华公使还以照会形式对此许诺加以确认。[1] 然而,等中国代表团到达巴黎后却被告知,中国属于第三类与会国家,只能有两名全权代表名额。[2] 协约国对自己过去的保证根本不予兑现,使中国在和会上"不但对于英美等五国无从抗衡,且视巴、比、塞三国亦有轩轾"[3]。威尔逊当时虽对此向中国表示同情,但口惠实不至,他并未做出什么努力。据美国《纽约论坛报》巴黎和会特派记者加拉赫说,做出此种不公正决定,"是豪斯上校向威尔逊建议的"[4]。这是中国在巴黎和会上将一无所得的预兆。

威尔逊对日本的态度则完全不同。日本不但有五名全权代表,而且,威尔逊对其百般迁就。在和会开始时,美国出于门户开放政策的考虑,反对日本独占中国山东,要求将德国在山东的权益由美、英、法、意、日五国共管。但在这一要求遭到日本拒绝后,威尔逊唯恐日本继意大利之后退出和会[5],便开始逐步以中

---

[1] 参见顾维钧:《顾维钧回忆录》第1分册,中国社会科学院近代史研究所译,北京:中华书局,1983年,第166—167页。

[2] 出席和会的国家分成三类:第一类是英、法、美、意、日五国,各有五名全权代表;第二类是战争中提供某些有效援助的国家,每国有37个席位;第三类是协约国阵营的一般成员,每国两个席位。中国五名全权代表只能每次两名代表轮流出席会议。

[3] 中国社会科学院近代史研究所《近代史资料》编辑室主编:《秘笈录存》,北京:中国社会科学出版社,1983年,第71页。

[4] Patrick Gallagher, *America's Aims and Asia's Aspirations*, New York: The Century Co., 1920, p. 194.

[5] 意大利因威尔逊等未同意它获得对阜姆的控制权,愤而退出和会。日本借机威胁,如果不满足它对山东的要求,将拒不在和约上签字。

国为筹码,向日本让步。1919年4月25日威尔逊在美、英、法、日四国会议上表示:"日本领土的很大一部分是贫瘠的,因此它当然需要为它的人口寻找安身之处。他们已经在朝鲜和伪满找到了一些空间……它现在在中国寻求更多的地方。"威尔逊的这一论调明显带有为虎作伥的味道。克里孟梭会后发表评论说,"我想日本会抱住这点不放来要求它在山东的权利"[1]。这是威尔逊牺牲中国的第一步。

为了给牺牲中国寻找借口,威尔逊不顾自己宣布的"十四点",公然把有关中国的列强密约作为他牺牲中国的理由。他表示,关于山东问题,"现查该问题实为复杂,中国日本既有1915年5月之条约换文于前,又有1918年9月之续约于后,而英法等国亦与日本协定条约,有维持其继德国在山东权利之义务。此次战事,本为维持条约之神圣",等等。[2] 1919年4月30日,威尔逊、劳合·乔治、克里孟梭三巨头开会讨论山东问题时,中国代表团被摒除在外,日本被邀出席。会议做出正式决定:把日本继承德国在山东权益的要求写入对德和约。当时,英、法与日本有密约,早已承诺支持日本,但美国并未有这样的密约。威尔逊完全有理由反对日本的要求,但威尔逊却选择了出卖中国。克里孟梭暗中讥笑威尔逊"讲话像耶稣基督,但行动像劳合·乔治"[3]。5月6日,

---

[1] Russell H. Fifield, *Woodrow Wilson and the Far East: The Diplomacy of the Shantung Question*, New York: Crowell, 1952, p. 263.

[2] 中国社会科学院近代史研究所《近代史资料》编辑室主编:《秘笈录存》,第131页。

[3] Thomas A. Bailey, *A Diplomatic History of the American People*, New York: Appleton-Century-Crofts, 1958, p. 611.

巴黎和会正式向各协约国公布对德和约。

在和会上,中国代表团就山东问题据理力争,认为其"关系我国存亡,千钧一发",并对美国寄予某些希望。现在的结果却是"徒费唇舌之劳",所有的努力均"虚掷东流"。他们不得不得出悲哀的结论,"和会仍凭战力,公理莫敌强权"[1]。中国代表团在中国人民的要求和支持下,决心背水一战,挽救危局,要求列强修改关于山东问题的决定。

"从整个5月,一直到6月上旬,中国代表团都在全力以赴敦促修改方案,但是,和其他协约国的商谈也如同与美国的商谈一样,未能成功。"中国代表团提出了表明中国立场的七项备忘录,但"未被理睬"[2]。在修改无望的情况下,中国代表团面临"为国家前途计,和约不可不签字,而为国家一时安宁计,和约又绝对不能签字"[3]的困难选择。最后,他们决定委曲求全,保留签字。"保留是我们的最后办法了,必须尽全力争得保留,使中国免遭伤害。"[4]当时,除威尔逊外,美国代表团包括兰辛国务卿在内的成员支持中国保留签字。兰辛曾向陆征祥表示,中国"理可保留"。兰辛等人还和顾维钧讨论了保留的条件。但威尔逊则表示,"至于约上保留办法,予亦不主张"[5]。断然拒绝支持中国保留签字。

---

1 中国社会科学院近代史研究所《近代史资料》编辑室主编:《秘笈录存》,第76、145、148页。
2 顾维钧:《顾维钧回忆录》第1分册,第200—201页。
3 中国社会科学院近代史研究所《近代史资料》编辑室主编:《秘笈录存》,第221页。
4 顾维钧:《顾维钧回忆录》第1分册,第202页。
5 同上书,第203页。

英、法也予以拒绝。中国当时只有两条路可走了，拒签或无保留签字。

当时，北洋政府在保留无望的情况下"已经下定决心要签字"了，甚至连代表团团长陆征祥也准备签字。[1] 1919年6月24日，中国国务院通电各省说，"如保留实难办到，只能签字"[2]。但在顾维钧等人的坚持和努力下，中国代表团在经历种种屈辱和挫折并做出巨大让步来取得列强同意的情况下，在中国人民五四爱国运动的推动下，毅然决定拒签和约。在6月28日和约签字的那天，中国代表团"诸公同决，不往签字"。在28日致中国政府电报中，代表团报告了拒绝签字的理由。电文说："此事我国节节退让，最初主张注入约内，不允，改附约后，又不允，改在约外，又不允，改为仅用声明，不用保留字样，又不允，不得已，改为临时分函，声明不能因签字而有妨碍将来之提请重议云云，岂知直（至）今午时完全被拒。……不料大会专横至此，竟不稍顾我国纤微体面，曷胜愤慨，弱国交涉，始争终让，几成惯例。此次若再隐忍签字，我国前途将更无外交言……。不得已，当时不往签字。"[3] 中国的屈辱，列强的专横，电文中溢于言表。中国代表愤怒斥责"此次和会专制办法，实为历史罕见"[4]。威尔逊的虚伪理

---

[1] 顾维钧：《顾维钧回忆录》第1分册，第205页。
[2] 王芸生编著：《六十年来中国与日本》第7卷，北京：生活·读书·新知三联书店，1981年，第352页。
[3] 中国社会科学院近代史研究所《近代史资料》编辑室主编：《秘笈录存》，第223页。
[4] 同上书，第147页。

想主义,彻底曝光。

中国是与会国家中唯一拒签和约的国家。对这次拒签起了重要作用的外交家顾维钧在回忆录中这样描述当时的情景:"我暗自想象着和会闭幕典礼的盛况,想象着当出席和会的代表们看到为中国全权代表留着的两把座椅上一直空荡无人时,将会怎样地惊异、激动。这对我、对代表团全体、对中国都是一个难忘的日子。中国的缺席必将使和会、使法国外交界,甚至使整个世界为之愕然,即便不是为之震动的话。"[1] 的确,中国的拒签在全世界列强面前显示了中国人不甘摆布、敢于抗争的力量。并为在后来的华盛顿会议(1921年)上重新解决山东问题打下了基础。

四

在巴黎和会上,随着威尔逊的真面目逐渐暴露,中国知识界对他的幻想也一点点破灭。在获悉中国代表团受到不公正待遇后,1919年2月2日,《每周评论》在所刊登的《随感录》中,便有人问道:"难道公理战胜强权的解说,就是按国力强弱分配权利吗?"[2] 2月9日,《每周评论》又说,"有一班人因为孙中山好发理想的大议论,送他一个诨名,叫作孙大炮。威尔逊总统的平和意见十四条,现在也多半是不可实行的理想,我们也可以叫他威

---

[1] 顾维钧:《顾维钧回忆录》第1分册,第200页。
[2] 《每周评论》1919年2月2日,第7号。

大炮。"并发出"公理何在?"的质问。[1] 从"大好人",到"威大炮",威尔逊的形象已经下跌不少了。不过人们对他的幻想还未彻底泯灭。4月,当威尔逊提出五国共管山东权利的主张传到国内时,尚有不少人虽感到震惊,但"多望该消息不确"[2]。

到4月底5月初,威尔逊决心完全牺牲中国利益向日本妥协时,中国知识分子感到彻底失望了。曾称威尔逊为"大好人"的陈独秀愤怒地写道:"什么公理,什么永久和平,什么威尔逊总统的十四点宣言,都成了一文不名的空话"[3],"现在还是强盗的世界"[4],"只讲强权,不讲公理"[5]。曾对威尔逊抱有希望的李大钊也醒悟过来,认为我们上了威尔逊的当:"这回欧战完了,我们可曾做梦,说什么人道、和平得到了胜利,以后的世界或者不是强盗世界了,或者有点人的世界彩色了。谁知道这些名辞,都是强盗政府的假招牌。"他进而斥责道,"我们且看巴黎会议所议决的事,哪一件有一丝一毫人道、正义、平和、光明的影子,哪一件不是拿起弱小民族的自由、权利,作几个大强盗国家的牺牲?""威尔逊!你不是反对秘密外交吗?为什么他们解决山东问题,还是根据某年某月的伦敦密约,还是根据某年某月的某某军阀的秘密协定?须知这些东西都是将来扰乱世界平和的种子。像这样的平和

---

1 《每周评论》1919年2月9日,第8号。
2 《民国日报》1919年4月28日。
3 《每周评论》1919年5月4日,第20号。
4 同上期刊,1919年5月18日,第22号。
5 同上期刊,1919年5月26日,第23号。

会议,哪有丝毫价值!你自己主张、计划,如今全是大炮空声,是昙花一现了。我实为你惭愧!我实为你悲伤。"[1] 北京大学学生也幽默地讽刺说,"威尔逊发明了一个公式,十四等于零"[2]。

对威尔逊幻想的彻底破灭,还使中国进步知识分子感到,欧美的制度是存在大缺陷的。认识到"帝国主义不但为经济上政治上的侵略,并且扰害殖民地的法治,竭力阻止殖民地人研究真正的科学,唯恐弱小民族因获得科学文明而强盛","所以,不去尽帝国主义的一切势力,东方民族之文化的发展永无伸张之日"[3],"世界上的军国主义和金力主义,已经造了无穷的罪恶,现在是应该抛弃的了"[4]。无情的事实擦亮了人们的眼睛,教育人们彻底丢掉幻想。

中国在巴黎和会上的全面失败,打破了中国知识分子温良的救国梦,改变了他们天真的心态,并导致他们文化价值观的转变。在这之前,他们高呼德赛先生、个性、批判中国的封建文化。在"公理战胜强权"幻想破灭后,思想精英们转而走向宣传万众一心、救亡图存。群体意识、国家至上代替了个人本位和人格的完美的主张。诚如瞿秋白所指出的,"帝国主义压迫的切骨的痛苦,触醒了空泛的民主主义的噩梦。学生运动的引子,山东问题,本来就包括在这里,工业先进国的现代问题是资本主义,

---

1 《每周评论》1919年5月18日,第22号。
2 中国社会科学院近代史研究所编:《五四运动回忆录》上册,第222页。
3 《新青年》1923年6月。
4 陈独秀:《本报宣言》,载《新青年》1919年12月,第7卷,第1号。

在殖民地就是帝国主义。所以学生问题倏然一变而倾向于社会主义，就是这个问题"[1]。事实证明当时国人把人道、和平、平等的希望寄托在别人，寄托在威尔逊身上，寄托在"十四点"上，是根本无法实现的幻想。天助自助者。正如鲁迅当时一针见血指出的："人道是要各人竭力挣来、培植、保养的，不是别人布施、捐助的。"[2]从来就没有什么救世主。中国的命运，只有由中国人，也只能够由中国人主宰。

巴黎和会后在中国出现了宣传马克思主义和俄国革命的高潮。《晨报》《民国日报》等多种报刊都连续刊登《劳农政府治下之俄国》的长文，介绍列宁为首的苏维埃政权。陈独秀等一批先进知识分子发表《二十世纪俄罗斯革命》等文章，宣传十月革命。他们抛弃了对西方大国的幻想，受到俄国工农革命胜利的鼓舞，在事实面前开始接受马克思主义，走上了追求社会主义、共产主义之路。"十月革命一声炮响，给我们送来了马克思列宁主义。""十月革命帮助了全世界的也帮助了中国的先进分子，用无产阶级的宇宙观作为观察国家命运的工具，重新考虑自己的问题。走俄国人的路——这就是结论。"[3]这不能不说是威尔逊和美国的悲剧，也是事实发展的必然结果。

（原载《历史教学》1989年第10期）

---

1 瞿秋白：《瞿秋白文集》第1卷，北京：人民出版社，1987年，第26页。
2 鲁迅：《热风》，北京：人民文学出版社，1973年，第56页。
3 毛泽东：《毛泽东选集》第4卷，第1476页。

何为中国：1919年的中国和世界

第一次世界大战是世界近代史上的重要篇章，整个20世纪深受大战所造成的巨大道德和生命的毁灭之影响。对于中国人而言，一战似乎本应只属于一场白人之间的战争，一场欧洲的战争，一场西方列强角逐的战争。但在某种程度上，中国又卷入到这场战争中。大战的经历和结果，驱使中国人思考他们是谁，思考他们在世界上的地位，以及他们在世界上可能取得的地位。1919年，他们开始重新思考亚洲与西方之间的关系，东方文明与西方文明之间的关系。大战爆发伊始，中国人就关注着战局，选择如何最大程度地利用一战提高中国的国际地位。由于一战所带来的重大损害和对巴黎和会的集体失望，中国人在1919年不再对西方世界抱有什么期望，也不再那么尊敬西方的文明。既有研究已经从不同角度来论述1919年的五四运动（以及巴黎和会中的中国），所以，这篇论文则将会聚焦于一战对中国和中国人带来的文化影响和文明之意义。

一 一战和中国文明

一战的爆发促使许多中国精英重新思考西方文明和他们自己的传统之间的关系。早自1915年，辜鸿铭就写道："为了欧洲人民——为了欧洲人民不再开战，就必须撕毁目前的宪章，即《自由大宪章》，并制定了一个全新的宪章——正如在中国，我们这里的良民宗教所赋予我们中国人的'忠诚大宪章'。"[1] 陈独秀（他后来成为中国共产党的创办人之一）在1916年宣称，若中国准备在20世纪创造一个新的文明，这个文明应该与过去无关，不论这个过去是东方抑或是西方。陈氏认为，世界大战对中国有着深远的影响，这些影响将会使得中国人产生他们关于军事、政治、思想等诸多议题的新思想。陈氏以为，世界将会被大战所改变，因此，他鼓励他的中国同胞一切重新开始。[2] 1917年4月，《东方杂志》的编辑杜亚泉写道，战争结束后，世界上的民族和社群将会面临巨大的变化，世界将会迈入一个改革的时代。[3] 杜氏相信战争已经揭示出了西方世界明显存在的严重问题，由此象征着旧文明的死亡和新文明的即将诞生。那么，在人们意识到当下的文明需要改革以后，哪种新式的文明将会产生？杜亚泉本人深深为这个自

1　Ku Hung-ming, *The Spirit of the Chinese People*, Peking: The Peking Daily News, 1915, p. 168.
2　陈独秀：《1916年》，载《青年杂志》1916年1月，第1卷，第5号，第1—4页；陈独秀：《俄罗斯革命与国民之觉悟》，载《新青年》1917年4月，第3卷，第2号，第1—3页。
3　伧父：《大战终结后国人之自觉如何》，载《东方杂志》1919年1月，第16卷，第1号，第1—8页。

设的问题所吸引。[1]

严复，另一位有着影响力的学者和思想家，因世界大战而经历了同样的觉醒。严氏以翻译西方哲学和政治学书籍而知名，并且曾是一名社会达尔文主义的坚定信服者。根据杰出的严复传记的作者本杰明·史华慈的观点，世界大战给了严复"一个真正意义上的震惊，他的社会达尔文主义可以让他坦然面对19世纪的诸多有限的战争，例如布尔战争。但是一战的暴行和战争所造成的破坏规模，使得他内心充满敬畏与恐惧"[2]。严复在世界大战刚开始时就研究这场大战。他在1914年断言，德国人将会战败，并将德皇威廉二世比作2 000年前的项羽，当项羽挟持天命与刘邦争雄的时候，他的力量无比强大，但却是刘邦获得了最后的胜利。[3] 严复始终坚信联盟会获得最后的胜利是基于这样一个观点，他们如"曹刿以一鼓当齐之三，以谓彼竭我盈"。事实上，在战争开始的时候，"德皇即残比利时、即长驱以入巴黎"，严复就对他的门生熊纯如保证，德军"所谓摧枯拉朽，恐特有见于目前，无睹于其最后也"，尽管实际上"德意志联邦，自千八百七十年来，可谓放一异彩"。[4] 1914年10月，当日本人逐渐展现出他们要袭击青岛并进占济南的企图的时候，严复认为，如果中国选择与日本

---

1 杜亚泉：《战后东西文明之调和》，载《东方杂志》1917年4月，第14卷，第4号，第1—7页。

2 Benjamin Schwartz, *In Search of Wealth and Power: Yen Fu and the West*, Cambridge: Harvard University Press, 1964, pp. 233-234.

3 王栻主编：《严复集》第3册，北京：中华书局，1986年，第615—616页。

4 同上书，第624—626页；Benjamin Schwartz, *In Search of Wealth and Power: Yen Fu and the West*, pp. 229-231。

开战，中国将会被日本所击溃。1915年初日本政府对北洋政府提出的"二十一条"，进一步驱使严复研究欧战对他自己国家的含义。对严复而言，中国在战后的和平会议上寻求正义更是具有意义。[1]他主张利用复杂的外交策略以及忍辱退让，中国将有希望能在战后的世界秩序中受益。他认为世界大战将改变国际外交，同时改变政治思想、哲学、教育、经济和政治运作的方式。[2]

1917年，严复作了一首关于欧战的诗，哀悼欧战所造成的巨大经济损失和人员伤亡。他这样写道："三年西宇战天骄，海上金银气尽消……见说伤亡过十万，不堪人种日萧条。"[3]但与此同时，他支持中国加入到世界大战中，称这是一次千载难逢的机会，是关乎中国未来的重要时刻。他号召每一个中国人支持政府参加这场战争。[4]可是欧战结束后，严复彻底幻灭了。他写道，西方居然利用科技的发展与进步来进行野蛮的杀戮，近乎导致世界的毁灭。1918年，在另一首关于欧战的诗中，严复观察到，"太息春秋无义战，群雄何苦自相残。欧洲三百年科学，尽作驱禽食肉看"。他宣称战争与正义毫无关系，他悲叹西方文明已经转向成为一场杀戮游戏。[5]史华慈认为："一直到一战之前，严复始终不愿放弃

---

1 王栻主编：《严复集》第3册，第617页。
2 同上书，第619—623页。
3 汪征鲁等编：《严复全集》第8卷，福州：福建教育出版社，2014年，第48页。王栻主编：《严复集》第2册，第396页。
4 林启彦：《第一次世界大战期间严复的国际政治观：参战思想分析》，载习近平主编：《科学与爱国——严复思想新探》，北京：清华大学出版社，2001年，第313—314页。
5 王栻主编：《严复集》第2册，第40页。

这样的信念，即'自由、平等和民主'在英美人士的文化解读中是使得他们走向富裕和强大的不可或缺元素。"但是随着一战的开展，严复的观点开始变得动摇。[1] 等到战争结束后，严复得出结论，唯有古代中国的儒家思想才能解救中国和西方。[2] 严复写道：

> 文明科学，终效其于人类如此，故不佞今日回观吾国圣哲教化，未必不早见及此，乃所尚与彼族不同耳。……回观孔孟之道，真量同天地，泽被寰区。[3]

战争结束后，严复声称，他对中国文化理想的重估已经被世界各地分享。"许多西方的思想家逐渐意识到孔孟之道的重要"，伯特兰·罗素断言，"我们文明的特质，我必须得说，是科学的方法，而中国文明的特质，则是关照生命的观念……那些珍视智慧与美丽甚至简单的享受生活的人，会发现，这类价值相较于烦躁而骚乱的西方，中国拥有的更多"。[4]

大陆学者汪晖在2009年正确地指出，世界大战将全新的观念注入中国人的思想中，形塑了他们如何思考集体的未来和中国的民族认同以及他们自己的文明。汪晖也正确地认识到，没有世界大战，中国人将不会把他们的思想扎根到国际舞台。[5] 台湾历史

---

[1] Benjamin Schwartz, *In Search of Wealth and Power: Yen Fu and the West*, p. 235.
[2] 王栻主编：《严复集》第2册，第409—410页；第4册，第1122—1123页。
[3] Benjamin Schwartz, *In Search of Wealth and Power: Yen Fu and the West*, p. 235.
[4] Pankaj Mishra, *From the Ruins of Empire: The Intellectuals Who Remade Asia*, p. 213.
[5] 汪晖：《文化与政治的变奏——战争、革命与1910年代的"思想战"》，载《中国社会科学》2009年第4期。

学者丘为君也指出了欧战对于中国现代知识分子转型的重要性，它成为型塑中国民族意识的支点。[1]

中国人渴望在战争结束后重新开始。像《新潮》这类"新"杂志急剧扩散开来，风靡全国，新文化运动和五四运动在欧战的背景下发展成长。"新"与"旧"的争论牵涉到有关社会、政治、文化乃至文明的各式各样的问题，在中国的社会里引起了众多的关注。中国人只要严肃地思考他们国家在战后可能实现的转型，他们也将会被中国在世界中处于何种地位以及不断争论的"何为中国，何为中国人"的问题所困扰。对东西方文明道德的普遍思考，与战后的和平会议紧密地联系在一起。中国在巴黎和会上谈判失败的主要后果是，在中国人面前，西方文明的声誉和吸引力急剧地退化。[2] 历史学家费子智（C. P. Fitzgerald）注意到，在巴黎，中国人终于从对西方的迷思中清醒，他们开始急切地求助于其他的解决方案。[3]

二　1919年和梁启超的大觉醒

欧战结束后，弥漫中国思想的空气中开始充斥着自力更生和寻求新方向的气息。像梁启超那样当时全力支持中国参加一战的公共知识分子，也说道："在国际关系上，'强权即是公理'。这

---

[1] 丘为君：《"欧战"与中国的现代性》，载《思与言》2008年4月，第46卷，第1期，第75—124页。

[2] Liang Qichao, "Causes of China's Defeat at the Peace Conference", in *Millard's Review*, Jul. 19, 1919, vol. IX, no. 7, pp. 262-268.

[3] C. P. Fitzgerald, *The Birth of Communist China*, London: Penguin Books, 1964, p. 54.

一原则如今依然占支配地位。我们虽听到所谓正义和人道的原则，然而它们只不过是强国的诱人口号。如果弱小的国家凭着这些虚伪的口号，就希望得到强国的庇护，那么他们的梦想很快就会破灭。"他告诉国人："对中国而言，她唯一可依靠的就是自我以及战无不胜的精神和勇气……让我们超越自身的局限，振作起来，进行自我拯救，这才是我们真正的希望所在。"[1] 在巴黎和会上遭受屈辱的中国，开始抑制其追求西方式国家认同的冲动，深受像斯宾格勒西方文明没落论影响的中国知识分子越来越疏远西方，而梁启超的想法反映了这种趋势。他和他的朋友在1918年末离开中国，一直到1920年3月才回国。他游历了法国、英国以及其他欧洲国家。梁启超在国外游历（与此同时，美国哲学家约翰·杜威正访问中国），而梁氏在巴黎写就的文章则在国内引发了五四运动。梁启超意识到战争"还不是新世界历史的正文，不过是一个承上启下的转捩段落罢了"。"我们才登岸，战后惨淡凄凉景况，已经触目皆是。"酒店房间里没有暖气，糖和食物难以获取。梁氏和他的同伴前往巴黎时，期望通过外交努力来实现正义和仁爱，梁氏相信，巴黎和会意味着对所有不公正的国际关系的全面修正，从而"建立一个永久和平的坚实基础"[2]。但他离开巴黎的时候，却充满了失望。"从1919年起，他要正面评估中国（自己）的历史中的价值。因为西方应该被重新评判。"[3] 在欧洲的所

---

[1] Liang Qichao, "Causes of China's Defeat at the Peace Conference", pp. 262–268.

[2] 梁启超：《欧游心影录》，载《梁启超全集》，第2968—2969页。

[3] Joseph Levenson, *Liang Chi-chao and the Mind of Modern China*, Berkeley: University of California Press, 1967, p. 198.

见所闻，无疑让梁启超对西方失望了。梁氏开始贬低社会达尔文主义和极端的个人主义。他不再认为达尔文的进化论应被视为纯正的科学。恰恰相反，达尔文的进化论可以说是"当前邪恶的根源，是西方饱受耻辱的……文化展示"[1]。梁启超现在意识到，法国大革命后，"科学万能之梦"取代了传统文化的范式和由封建传统、希腊的哲学和基督教所建立的纽带，当他重估中国传统思想的时候，梁启超认识到，第一次世界大战向人类揭示了国际合作与和平共处的重要性。"质而言之，世界主义要从此发轫了。"[2]

世界历史的双重链条：民族主义和世界主义，将会带来新的世界秩序，而这种世界秩序是狂热的民族主义者所无法容忍的。梁启超鼓励他的中国同胞将他们的国家发展成"世界国家"[3]。他希望"拿西洋的文明，来扩充我的文明，又拿我的文明去补助西洋的文明，叫它化合起来成一种新文明"。这种新的文化系统，经过合成和选择的产物，应该广泛推广以造福人类。他用感人的语言号召他的同胞："我们可爱的青年啊！立正！开步走！大海对岸那边有好几万万人，愁着物质文明破产，哀哀欲绝的喊救命，等着你来超拔他哩。"[4]

---

1 Joseph Levenson, *Liang Chi-chao and the Mind of Modern China*, Berkeley: University of California Press, p. 202.
2 梁启超：《欧游心影录》，载《梁启超全集》，第2969—2978页。
3 同上书，第2978页。
4 同上书，第2985—2987页；另参见 Xiaobing Tang, *Global Space and the Nationalist Discourse of Modernity: The Historical Thinking of Liang Qichao*, Stanford: Stanford University Press, 1996, p. 193。

梁启超从一开始就打算把他在欧洲的旅行作为一个学习的过程，他在私人信件中写道他"决定在这次旅行中当一名学生"。但是，他是面对一个怎样的学习经历呢？在《欧游心影录》里，梁氏记下了他许多的想法：

> 至内部心灵之变化，则殊不能自测其所届。数月以来，晤种种性质差别之人，闻种种派别错综之论，睹种种利害冲突之事，炫以范象通神之图画雕刻，摩以回肠荡气之诗歌音乐，环以恢诡葱郁之社会状态，妖以雄伟矫变之天然风景，以吾之天性富于情感，而志不懈于向上，弟试思之，其感受刺激，宜何如者。吾自觉吾之意境，在酝酿发酵中，吾之灵府必将起一绝大之革命，惟革命产儿为何物，今尚在不可知之数耳。[1]

梁氏观察到欧洲人开始谈论科学的道德失败，"这是现代思想的一个伟大转折点"。

> 当时讴歌科学万能的人，渴望着科学成功，黄金世界便指日出现。如今功算成了，一百年物质的进步，比从前三千年所得还加几倍，我们人类不惟没有得着幸福，倒反带来

---

[1] 梁启超：《欧游心影录》，载《梁启超全集》，第2969—3048页；另参见 Philip C. Huang, *Liang Chi-chao and Modern Chinese Liberalism*, Seattle: University of Washington Press, 1972, p. 144。

许多灾难,好像沙漠中失路的旅人,远远望见个大黑影,拼命往前赶,以为可以靠他向导,那知赶上几程,影子却不见了,因此无限凄惶失望。影子是谁?就是这位"科学先生"。[1]

在目睹了战争的可怕影响之后,梁启超迫使自己追问,西方到底出了什么毛病?自从达尔文提出物种进化论以来,世界各地的思想界发生了一场巨大的革命。对于梁启超而言,达尔文的"优胜劣汰"理论已被广泛应用于人类社会,成为社会政治思想的核心,但伴随而来的则是许多恶果的产生。他断言,这场欧战近乎消灭了人类文明,而这"全世界国际大战争,其起源实由于借达尔文生物学做了个基础"。基于这种想法,梁启超告诉他的读者:"中国唯一可依靠的就是自我。"[2] 在写到关于中国在巴黎所遭受的屈辱时,梁启超警告道:"没有一个有见识的人会质疑,它(中国的这一经历)将深刻地改变亚洲大陆的历史,如果不是整个世界的话……中国唯一的罪责是她的积贫积弱及其相信战后的国际正义,如果走投无路,她(中国)可能会孤注一掷。所有促成中国孤注一掷的人士将难辞其咎。"[3]

梁启超认为,东方现在可以提供一些西方所没有的东西。根

---

[1] 梁启超:《欧游心影录》,载《梁启超全集》,第2973—2974页。
[2] 同上书,第2968—3048页;另参见 Joseph Levenson, *Liang Chi-chao and the Mind of Modern China*, p. 203。
[3] Pankaj Mishra, *From the Ruins of Empire: The Intellectuals Who Remade Asia*, p. 207.

据黄宗智的研究,"梁启超'五四'时期的自我使命,正是发现中国文明的'特质',以融合西方'好的特质'"[1]。他进入到中国文化的传统价值中,比如他挖掘儒家关于和谐与妥协的"仁"的理念,认为这些理念优于西方。梁氏强调一个民主社会是国民觉醒的重要基础,但他也同样强调:"物质生活不过为维持精神生活之一种手段,决不能以之占人生问题之主位……近代欧美学说,皆奖励人心以专从物质界讨生活,然现代人类受物质上之压迫,其势力之暴,迥非前代比。……吾侪今欲所讨论者,在现代科学昌明的物质状态下,如何而能应用儒家之'均安主义'使人人能在当时此地之环境中,得不丰不觳的物质生活?"[2]在梁启超看来,"在缓解精神贫困的诸项出路中,我认为东方——中国和印度——文明比较而言是最好的。东方文明以精神(文明)为出发点,而西方文明则以物质(文明)为归宿的。"[3]

梁启超需要克服他思想中的诸多矛盾,正如列文森所提出的:"作为一个民族主义者,他急于希望自己的国家强大,当他看到中国的错误,他立即指出,并且呼吁中国采取正确的方式发展,并在外展示良好的形象。但作为一个民族主义者,他又必须相信并希望保存中国民族固有的精神,这种民族精神激励了中国

---

[1] Philip C. Huang, *Liang Chi-chao and Modern Chinese Liberalism*, p. 147.

[2] 梁启超:《欧游心影录》,载《梁启超全集》,第2968—3048页;Philip C. Huang, *Liang Chi-chao and Modern Chinese Liberalism*, pp. 147-149。

[3] Pankaj Mishra, *From the Ruins of Empire: The Intellectuals Who Remade Asia*, p. 212; Joseph Levenson, *Liang Chi-chao and the Mind of Modern China*, p. 201.

的过去,同样也孕育了中国的未来。是否中国的传统神圣不可侵犯?梁启超显然对这个问题所有方面是有着清楚的解答。"在他的思考中,打破与过去的联系,不仅是难以做到的,而且是灾难性的:"一个国家必须保持其民族性,这种民族性体现在它的语言、文学、宗教、风俗、仪式和法律中,若民族性消失了,则国家也就灭亡了。"梁启超看到这种悲剧曾经发生在安南和朝鲜身上,"如此多的中国元素进入到他们的文化,他们的民族性永远不会超过一半的发展,于是,他们变成了别人的国家"[1]。

然而,梁启超也赞同文明融合。同样的想法也出现在其他思想家身上。经历了1919至1920年中国旅程后,英国思想家罗素推荐中国文明是解决欧洲弊病的良药:"世界大战表明我们的文明存在一些错误……中国人已经发现了这些弊病,并且实行了一种经历了许多世纪的生活方式,这种生活方式如果可以被世界采纳,那么,整个世界将会变得美好。然而,我们欧洲人没有这种生活方式,我们的生活需要斗争、剥削、不停地变化、不满和毁灭。如果我们不能学习被我们鄙视的东方智慧的话,那么效率将导致毁灭,这将是我们文明的发展趋势。"[2] 与梁启超、罗素一样,作家泰戈尔提出他的语境化的现代主义设想,来呼吁融合东西方文明最优秀的特质。

在欧洲停留多个月后,梁启超意识到,中国和西方文明都有

---

[1] Joseph Levenson, *Liang Chi-chao and the Mind of Modern China*, pp. 196–197.

[2] Stephen N. Hay, *Asian Ideas of East and West: Tagore and His Critics in Japan, China, and India*, Cambridge: Harvard University Press, 1970, p. 140.

他们各自的问题。他认为结合双方各自好的部分由此创造出新的文明是最好的策略,并敦促中国使用他们更高的精神文明来挽救西方优越的物质文明。1919年之前,中国人转向了西方的民主和自由主义,往往是因为他们找不到其他仿效的模式,即便如此,其中一些人仍然对西方的个人主义和竞争感到不适。民国共和的失败和欧洲国家在大战中所经历的惨烈场面,更加深了他们内心的不安。梁氏在家信中写道,欧洲人"是完全绝望了……他们曾经持有科学万能的巨大梦想,现在和他们的闲谈里则满是文明破产的论调"[1]。

三 1919年:新的中国的诞生和亚细亚主义

梁启超的新思想在中国人当中获得了强烈的反响,他对自力更生的呼吁也得到了许多人的赞同。欧战结束后,陪同梁启超访欧的张君劢告诉他的朋友,他在旅途中进行了许多的反思。他意识到欧洲人太强烈地追求物质增长以致使他们的道德价值崩溃了。张氏呼吁中国人不要重蹈西方的覆辙,而要在中国的古代思想中寻找力量。[2]

1919年的中国,有过关于亚细亚主义的广泛讨论。日本人热衷于对这个问题展开激烈辩论,遂使得这一话题很快引起了中国

---

[1] 梁启超:《欧游心影录》,载《梁启超全集》,第2972—2974页。
[2] 翁贺凯编:《张君劢卷》,北京:中国人民大学出版社,2014年,第45—47页。

人的关注。有影响力的刊物例如《东方杂志》特意为此辟出专门的版面。李大钊则很快指出，日本的亚细亚主义无异于一个亚洲的门罗主义：它不是基于和平，而是在于侵略；不是基于民族自决，而是在于日本的帝国主义。[1] 李大钊因此提出基于亚洲弱小国家民族自决和抵制日本侵略基础上的新亚洲主义。[2]

显然，虽然中日双方都在使用"亚细亚主义"这个词汇，但是他们的想法及出发点却大相径庭。在国联早期的一次会议上，一名中方代表呼吁，包括"亚洲和其他非西方国家"在国联会议上至少拥有一名代表席位。此提议可谓后来所谓的"优先条款"（affirmative action）的先声。国联在1922年通过一项决定接受了中国的提议。该规定要求国联非常任理事国的选择将会"充分考虑世界的主要地理区划，各大民族，不同的宗教传统，不同类型的文明以及财富的主要来源"。印度在国联代表权问题上无疑赞同中国的观点，在国联初期的一次会议上，印度代表呼吁要在国联架构中实现代表权上的具有"（不同）思想和（不同）国情的兼容并包"（internationalization）[3]。

出生于英国的帝国主义诗人吉普林曾在1889年写道，一个现代化的中国并非好主意。他为那些尽力将现代西方文明产物——

---

1 李大钊：《大亚细亚主义与新亚细亚主义》，载《国民杂志》1919年2月1日，第1卷，第2号。
2 李大钊：《再论新亚细亚主义》，载《国民杂志》1919年11月1日，第2卷，第1号。
3 Akira Iriye, *Cultural Internationalism and World Order*, Baltimore: Johns Hopkins University Press, 1997, p. 63.

铁路、有轨电车等工具带到中国的人感到惋惜，他害怕的是，如果中国真正醒来，世界将会发生什么？[1] 讽刺的是，虽然中国人未必会赞同吉普林的观点，然而在欧战之后，他们怀疑照搬西方的生活方式是否符合中国的最佳利益。他们开始询问"何为中国，何为中国人"这样的问题。1919年6月1日，在中国旅行并生活的美国哲学家、教育家约翰·杜威和他的妻子，在给他们的孩子的信中写道："实话讲，在中国的日子是兴奋的，我们目睹了一个新国家的诞生，而诞生的过程（birth）一向是艰难的。"[2] 1919年7月4日，杜威写道："我发现在过去的十年里，在我阅读的书当中，'觉醒的中国'这一说法已经被外国的游历者提到了十数次乃至更多，所以我犹豫是否需要再次声明'中国正在觉醒'，但我想目前是第一次中国的商人群体和各种公所致力改善产业方式。如果真是这样的话，这是一次商人、工人与学生群体结合的真正的（中国）觉醒。"[3]

杜威的思想似乎与许多中国人（例如与梁启超、梁漱溟以及其他将欧战视作中国启示的人）的思想相似。中国精英现在似乎对本国的文明和道德更加自信了。[4] 就像梁启超一样，由于欧战证明了科技可以被极端残忍和非人道地使用，严复意识到科技不

---

[1] Pankaj Mishra, *From the Ruins of Empire: The Intellectuals Who Remade Asia*, pp. 139−140.

[2] John Dewey, Harriet Alice Chipman Dewey and Evelyn Dewey, *Letters from China and Japan*, New York: E. P. Dutton Company, 1920, p. 209.

[3] Ibid., pp. 262−263.

[4] 参见丘为君：《战争与启蒙："欧战"对中国的启示》，载《"国立"政治大学历史学报》2005年5月，第23期。

能解决中国的问题。

严复于1918年在给朋友的信中说,他目睹了民国的头七年以及欧战的四年。欧战的血腥告诉他,300年欧洲的进化只帮助西方人实现了四件事:自私、杀戮、无耻和道德的腐败。严复认为,欧战的结束意味着西方文明的结束,在那场巨大悲剧后,世界将会转向儒家的理想。[1] 到底是什么原因导致西方走到这一步?在严复看来,欧战的爆发是因为西方人不重视道德的培养,缺乏对倡导和平与和谐的亚洲哲学的重视。西方只关心科技发展,却不关心世界大战是否会变成一场可怕的杀戮游戏。

曾在19世纪90年代主导戊戌维新的康有为,也着迷于这个充满着可能性的时刻。战争初期,康有为相信德国会赢,主张中国应该保持中立,中国是个弱国,加入战局获得不了任何的利益。[2] 然而在战争结束后,康有为开始对美国总统威尔逊的和平计划表现出兴趣,尤其是对其中的国联构想。他认为国联将全人类团结在盟约之下,而这将使得儒家的大同理念得以实现。这是一个实现永久和平的乌托邦憧憬,康有为在他若干年前的一份手稿中阐述了这份憧憬。康有为不是唯一着迷于国联的"大同"可能性的中国人,其他中国人在文章中提到国联时,也常常用大同这个词汇。康有为不过是其中的代表人物而已。康有为相信,通过威尔逊的全球领导力,他自己的大同理想将会逐渐实现。美

---

[1] 王栻主编:《严复集》第3册,第691—692页。
[2] Xu Guoqi, *China and the Great War: China's Pursuit of a New National Identity and Internationalization*, pp. 206-207.

国"取得了巨大的胜利,并发起了一个基于权利和正义的和平会议",这个和会"将支持弱小的国家",中国有幸参加这次会议,可谓中国"千年一遇"之机,通过这次机会,中国有可能会收复其失去的主权,平等地屹立于国家之林。1919年初,康有为在写给他的女婿的信中说:"我从未想过我会有幸活着看到国联的诞生。""不可能变成了可能,你不能想象我有多快乐。"[1]因此,康氏和其他人希望威尔逊的理念能够改变国际关系行为准则,并且将正义与和平带到国际社会中,而中国将是这个国际社会当中的一个平等的成员。有的人可能会说,古代中国的大同理想与欧洲中世纪基督教的合众思想有异曲同工之处,中国的天下和神圣罗马帝国的理念,虽然事实上理想的色彩多过于现实,但二者皆注重打通区域的隔阂,使区域之间实现联合,这就是我们现在所说的国际主义。

但当巴黎和会未能将正义带给中国的时候,康有为也成了直言不讳的西方世界批评者。他说,战争乃是由功利主义和达尔文主义为主要思想元素的现代西方文明的天然产物。现在到了西方人同样包括中国人,需要认识到儒家思想价值的重要时刻了。[2]

第一次世界大战也成为另一位中国思想家梁漱溟发展他"东方哲学和文化优势"理论的助力。在他于1921年写成的著名的

---

[1] Xu Guoqi, *China and the Great War: China's Pursuit of a New National Identity and Internationalization*, pp. 253–255.

[2] Kung-chuan Hsiao, *A Modern China and a New World: Kang Yu-wei, Reformer and Utopian, 1858–1927*, Seattle: University of Washington Press, 1975, p. 544.

《东西文化及其哲学》一书中，梁氏认为，西方通过成功地征服自然已经实现了巨大的经济增长，但它同时却切割了与更加广阔的人道主义的关系，而后者恰恰是儒学所始终珍视的。他断言："中国文化的基本精神是理与欲的和谐和平衡。"[1] 但梁漱溟不同意梁启超关于战后融合东方和西方的说法，梁漱溟不相信，存在着缺点的东西方文化能够将它们好的部分结合在一起，以满足中国人的主观需求。把一种文化的基本精神与另一种文化的基本精神结合起来，这似乎是错误的。对中国而言，融合文化价值的唯一动机是希望看到中国与西方成为平等的伙伴，一种实现中国人"等价"的期望。[2] 从这个意义上说，梁启超确实持有此种想法。但梁漱溟的传记作者艾恺（Guy Alitto）却认为，梁漱溟拒绝这种形式，"不是因为他发现了中国否认实际采纳西方国家价值的虚伪，而是他精妙地感受到了没有什么价值可以不用考虑创造了它的民族意识，而真正被拿来借用"[3]。

艾恺以为，梁漱溟觉得中国人的思考方式与西方人迥异，科学、民主和工业无法在中国产生。梁氏认为，中国的问题实际上就存在于它所取得的成就中，即孔子和先秦时期的圣人早已超越他们的生存环境而达至对人性的完美理解，这也超越了中国文化

---

1 参见梁漱溟:《东西文化及其哲学》，北京：商务印书馆，1999年；Pankaj Mishra, *From the Ruins of Empire: The Intellectuals Who Remade Asia*, p. 214。

2 Guy Alitto, *The Last Confucian: Liang Shu-ming and the Chinese Dilemma of Modernity*, Berkeley: University of California Press, 1986, p. 86.

3 Ibid., p. 86.

发展的实际需要。中国文化是早产的,时代的环境没能为中国文化的自我实现提供一个坚实的基础。[1] 根据艾恺的观点,"梁漱溟1921年这本书的主旨是,中国文化处在一个高于西方文化的水平上,它是可以与现代化相容的"。相较于梁启超有时公开承认他的论点具有矛盾之处,艾恺以为,梁漱溟1921年的专著"似乎不再反对中西文化的融合"[2]。事实上,梁漱溟的演讲和著作反映了儒学是一套普世的价值体系。梁氏写道:"我看到了西方人可怜的处境……我是否该引导他们走向儒学之路?我也看到了中国人盲目、错误地对西方进行着肤浅的模仿……他们也在到处寻觅着什么……我是否该用儒家的理念引导他们走向美好的生活呢?"[3]

但是,梁漱溟的思想受到了自由主义学者胡适和陈独秀的激烈攻击,他们认为梁氏的思想陈旧并且与新文化运动所提倡的思想截然相反。梁在饱受打击之后写道:"在他们的话语中,我是他们思想改革运动过程中的障碍,这让我非常难过,我并不觉得我是他们这场运动的对立面!我赞赏和支持他们的努力!"[4] 胡适,也是一位哲学家和教育家,因鼓吹中国文学的改革而广为知名,号召知识分子放弃文言文的写作,改作更加口语化的白话文。胡适本人在前往美国继续求学之前接受过中国古典的训练,他毕业于康奈尔大学,然后又在哥伦比亚大学获得博士学位,在哥大他

---

1 Guy Alitto, *The Last Confucian: Liang Shu-ming and the Chinese Dilemma of Modernity*, p. 104.
2 Ibid., p. 121-122.
3 Ibid., p. 125.
4 Ibid., p. 129.

师从著名的实用主义哲学家杜威。而杜威又是欧战中威尔逊的坚定支持者。胡适相信有着士大夫精神和政治实践能力的威尔逊总统，将会在地球上实现他的理想。胡适看到美国总统"哲学思想是他从政的基石，所以尽管他进入政坛，他依旧保持了他的正直以及强调一切事情人性化的原则"。事实上，胡适钦佩威尔逊总统的政治方式，他无意中用一句话呼应了泰戈尔对美国的看法："西方文明的最高产物。"[1] 在一篇刊登于战后编辑的杂志上的文章中，他认为，西方模式依然是每一个人所应该遵循的。胡适终其一生，都在中国坚定地主张西化。[2]

总而言之，尽管自由主义式的世界主义在欧战后并未在中国消失，但似乎1919年的中国人思考他们自己和世界的方式开始变得不同。这种新的思想并非关于亚洲和西方的文明冲突，而是聚焦于为亚洲和其他世界上的人寻找一个更加美好的未来。1919年，中国人在激烈地辩论中，开始思考一个新的方向，即社会主义。陈独秀和中国共产党最终使中国成为一个社会主义国家，但即便是这些社会主义思想本身也来自西方。尽管在1919年只有一小部分中国人涉入新思想的运动中，但毫无疑问，这些思想是极具影响力并且有效的。在1919年，中国开始转向共产主义，今天的中

---

[1] Erez Manela, *The Wilsonian Moment: Self-Determination and the International Origins of Anticolonial Nationalism*, p. 108.

[2] Hu Shih, "The Civilizations of the East and the West", in Charles A. Beard, ed., *Whither Mankind: A Panorama of Modern Civilization*, New York: Longmans, Green and Company, 1928, pp. 25–41. 中译本参见俾耳德编著：《人类的前程》，于熙俭译。

国依然是一个社会主义的国家,而它与外部世界的关系也自1919年开始被重新定义和塑造。若不了解1919年对中国的重要意义,我们根本不能充分了解今日的中国在世界上的地位、中国的国家认同以及回答"何为中国,何为中国人"的问题。

(原载《杭州师范大学学报》2016年11月)*

---

* 原稿为英文,由马楠、张春田译为中文。

第四部分
亦中亦西

艾弗雷特·希恩,《舞台》,1903年

为反对"两个美国"而斗争
——美国内战时期的英美外交研究

美西战争前,英美外交一直是美国外交的主线。内战期间的英美外交则是这条主线中承前启后的重要里程碑。英国深惧美国的进步和强大,乘机插手美国内部事务,企图将美国内战国际化,制造"两个美国",为其干涉别国内政,扮演了极不光彩的角色。想必美国人民对此是不会忘记的。

一

1861年4月12日,美国内战爆发。粉碎南方叛乱集团、重新统一联邦是林肯政府的首要任务。在外交上,则是坚决阻止欧洲某些国家特别是英国承认美国南部邦联,制造"两个美国"。

英国制造"两个美国"主要有以下几个原因:第一,在历史上,美国一直是英国在美洲大陆进行扩张的主要对手,一个强大的、统一的美国是英国扩张的巨大威胁。而一个分裂的美国，南北双方互相制衡，无疑符合英国的利益。第二，在经济上，美国南部一直是英国巨大的商品市场和原料供应市场。当时英国的支柱产业是纺织业，而英国纺织业所需棉花的绝大部分依赖美国南方提供。英国绝不会放弃美国南部棉花供应地。第三，在政治上，英国上层保守势力对美国的民主制一直深恶痛绝，亟望利用美国的分裂，消灭其民主制，并以此打击英国国内的民主要求。

基于上述考虑，英国政府在美国内战一开始就对南方同盟持同情和支持态度。早在1860年12月，英国首相亨利·帕麦斯顿（Henry Palmerston）就曾考虑承认刚成立的南方同盟。美国南方诸州之所以敢于铤而走险、脱离联邦，也正是因为他们相信会得到英国的支持。杰斐逊·戴维斯在其就任"南部邦联总统"时曾明确宣称："英国会承认我们。一个辉煌的未来展现在我们面前。"[1] 当时的美国驻英公使C. F. 亚当斯指出，南方同盟的"生命靠英法会支持的愿望维持着。一旦这一愿望破灭，它就会在90天之内完蛋"[2]。因而，内战时期英美外交的轴心就是"两个美国"问题。围绕这一问题，英美双方展开了一场激烈的外交战。

林肯政府要粉碎南方的叛乱，必须切断南方同外界的经济联系。为此，林肯于1861年4月19日宣布对南方港口实行封锁。1861年5月13日，英国政府迫不及待地发表了《女王中立宣言》，宣称

1　Jay Monaghan, *Diplomat in Carpet Slipper: Abraham Lincoln Deals with Foreign Affairs*, New York: Books for Libraries Press, 1962, p. 36.

2　Norman B. Ferris, *Desperate Diplomacy: William H. Seward's Foreign Policy, 1861*, Knoxville: University of Tennessee Press, 1976, p. 193.

英国决定在南北交战双方之间"维持严格的不偏不倚的中立"。在国际法中,一个国家只能在独立国家或交战实体处于战争状态时才可宣布中立。英国政府故意将美国内战曲解为国际战争,所以,英国的《中立宣言》实际上承认了南方作为交战实体的存在,从而为正式承认南方迈出了第一步。英国《中立宣言》一发表,即引起美国政府和各界人士的反对。美国著名参议员查尔斯·萨姆纳(Charles Sumner)斥责其是"自查理二世以来,英国历史上的最丑恶的行动"[1]。国务卿威廉·亨利·西沃德(William Henry Seward)也严正指出,中立宣言破坏了联邦的主权,并警告英国政府说,"如果任何欧洲大国想挑起战争,我们决不退缩"[2]。

英国的敌视政策还体现在打算向美洲增派军队的态度上。早在1861年2月18日,英首相帕麦斯顿就建议英国派遣一个团和炮兵部队驻扎温哥华岛,并向加拿大增派军队。他居心叵测地声称这也许是对林肯政府的一个"有益的暗示"[3]。到1861年中期,在帕麦斯顿的支持下,有不少英国军队和军舰被派往美洲。

帕麦斯顿政府的这一好战行为不仅受到美国人民的质询和抗议,也为英国国内舆论所怀疑。为了混淆视听,帕麦斯顿解释说派兵只是"一般的谨慎措施",英国"无意卷入美国目前激烈的冲突"[4],出兵的目的是为了防止美国夺取加拿大。这无疑只是一个

---

[1] David Donald, *Why the North Won the Civil War*, New York: Collier Books, 1976, p. 60.
[2] Ibid., p. 61.
[3] Norman B. Ferris, *Desperate Diplomacy: William H. Seward's Foreign Policy, 1861*, p. 17.
[4] Ibid., p. 28.

拙劣的借口而已。当时连英国女王本人都认为内战期间的美国不可能远征加拿大。英内务大臣乔治·C. 刘易斯表示"不能相信"处于危急存亡之秋的美国会与英作战。甚至对美国联邦一开始就持敌视态度的《泰晤士报》也怀疑英国向北美增派军队"是否明智"。一度积极支持增兵的陆军大臣在1861年9月3日致帕麦斯顿的信中也认为,华盛顿"不是疯子",在内战正酣之时,美国人"不可能希望与世界上主要海军大国为敌"。[1]

由此可见,帕麦斯顿醉翁之意不在酒。他增兵美洲的真正目的是要挑起与美国的争端,乘内战之机,加速在美洲的扩张,并利用英国军队"牵制美国",以达到分裂联邦、制造两个美国的目的。当时根本不存在什么美国会远征加拿大的问题,相反,由于内战的束缚,美国政府对英国咄咄逼人的敌视政策,总是采取息事宁人、委曲求全的态度。西沃德在围绕"两个美国"的问题上,一方面坚持美国的正义立场,坚决反对英国的政策;另一方面,则竭力避开和英国的争端。他曾指示亚当斯公使告诉英国政府,美国"迫切希望避开与英国之间存在的所有误解"[2],并多次表达美国愿与英国和平相处的愿望。

遗憾的是,英国并不想"避开误解",反而蓄意挑起争端。其中之一就是邦奇事件。罗伯特·邦奇(Robert Bunch)是英国驻查尔斯顿领事。英国驻美公使理查德·莱昂斯根据英国外交大臣约翰·罗素的指示授权邦奇和南方商谈其接受中立商务的问题。

---

[1] Norman B. Ferris, *Desperate Diplomacy: William H. Seward's Foreign Policy, 1861*, p. 95.

[2] David Donald, *Why the North Won the Civil War*, p. 61.

在指令中,莱昂斯写道:"约翰·罗素勋爵授权我将关于此事的谈判托付于您。"[1] 作为一名训练有素的外交官,莱昂斯在此竟使用"谈判"一词绝非无意,而且他后来在类似场合还多次这样使用过。在国际法中,只有独立的国家之间才能谈判。莱昂斯的用意昭然若揭。在同南方达成满意的协议后,邦奇曾兴高采烈地谈到这次"谈判"(他使用的也是"谈判"这个词),认为这是英国承认南方的第一步。[2] 实际上这已是英国迈出的在外交上承认南方的第二步了。

但是,英美之间围绕"两个美国"问题的外交战并未到此结束。一个更大的危机在等待着美国,这就是特仑特事件。

二

所谓特仑特事件就是1861年11月8日美国军舰"圣杰星托号"船长查理·威尔克斯(Charles Wilkes)在英国邮轮"特仑特号"逮捕两名南方"大使"詹姆斯·梅森(James Mason)和约翰·斯莱德尔(John Slidell)及其两名秘书的事件。实际上这根本算不上什么了不起的事件,英国一直是干这种事的老手。而且在特仑特事件爆发之前,帕麦斯顿曾就美国可能拦截载有南方"大使"的英国邮船一事征询过英国总检察长的意见,总检察长认为美国有权这样做。此后,帕麦斯顿在一封私人信件中也说到美国巡洋

---

[1] Norman B. Ferris, *Desperate Diplomacy: William H. Seward's Foreign Policy, 1861*, p. 80.

[2] Samuel F. Bemis, *The American Secretaries of State and Their Diplomacy*, vol. 7, New York: Pageant Book Company, 1963, p. 46.

舰"根据我们的国际法原则，可以截留西印度邮船，搜查它，倘若在此船上发现南方人和他们的公文及其文书，可以带走他们；也可以夺取邮船并把它带回纽约受审"[1]。甚至在英国获悉特仑特事件的第二天（即11月28日），《泰晤士报》的一篇重要社论还写道："尽管事实也许令人气馁，但它毕竟是事实；我们自己建立了一个国际法系统，该系统现在倒反过来对我们不利。"[2] 然而，为了寻找干涉美国的借口，在特仑特事件爆发后，英国不惜小题大做，从而酿成了英美关系史上一次重大危机。

在英国内阁讨论特仑特事件时，当时正受重病折磨的帕麦斯顿一进门就扔下帽子杀气腾腾地说道："我不知道你们是否会容忍它，但如果我容忍它我就不是人。"[3] 英国政府立即禁止向美国北方出口武器，8 000名士兵也马上派往加拿大。看起来英国这次决心和美一战了。当时正在英国的一位美国人向国内报告说，一个英国外交官在某个晚餐会上透露"英国政府的目的便是和我们作战，而且帕麦斯顿勋爵希望在我们……无任何准备的时候立刻开始"[4]。正是在准备同美战争的心理支配下，1861年11月30日，英国政府向美国政府发出一份严厉的照会[5]，要求美在七日之内释放梅

---

1 Samuel F. Bemis, *The American Secretaries of State and Their Diplomacy*, p. 64.

2 Ibid., p. 65.

3 Carl Fish, *American Diplomacy*, New York: H. Holt and Company, 1915, p. 317.

4 J. G. Randall, *Lincoln the President*, vol. 2, New York: Dodd, Mead & Company, 1945, p. 27.

5 本来帕麦斯顿和罗素起草的原照会更严厉，实际上无异于一份没有回旋余地的最后通牒。经过濒死的阿尔伯特亲王的干预，语气稍显温和。关于前后照会的区别，参见R. B. Mowat, *The Diplomatic Relations of Great Britain and the United States*, London: Edward Arnold, 1925, pp. 177-178。

森等四人,并向英国政府道歉。罗素还指示莱昂斯,如英国的要求不能满足,他应在七日后率领使馆人员撤出华盛顿。一切迹象表明英国政府渴望抓住这个时机和借口制造战争。

面对英国咄咄逼人的攻势,美国舆情沸腾。1861年12月12日参议员布朗宁(Orville Browning)大声疾呼,如果英国"决心把一切战争强加到我们头上……,我们将和它决一死战"。众议院有人提出提案,要求总统不要对"英国的任何威胁或要求"屈服。[1] 当时的形势是一方面英国已跨上战车,"这里的一切都处于战争气氛中"[2],另一方面美国人民对英国的敌视态度"恨之入骨"[3],战争一触即发。

美国是接受挑战与英国兵戎相见,还是接受英国的要求避开战争?这是林肯政府必须解决的问题。然而这是一个非常困难的选择。作为总统,林肯必须审时度势,从全局出发,为国家前途考虑,而不能感情用事。美国不可能同时打两场战争。马克思当时就以远大深邃的目光敏锐地觉察到问题的症结之所在。他劝告"美国政府应该记住,如果把美国拖进与英国的战争中,那就成全了脱离派"[4]。险恶的形势,需要美国暂时屈服。因此,林肯内阁在圣诞节前后连续召开了三天会议进行讨论后,阁员们虽"极度

---

[1] Harry Hansen, *The Civil War*, New York: Duell, Sloan and Pearce, 1962, p. 85.

[2] Samuel F. Bemis, *The American Secretaries of State and Their Diplomacy*, p. 66.

[3] 转引自H. C. Allen, *Great Britain and the United States: A History of Anglo-American Relations, 1783—1952*, London: Odhams Press, 1954, p. 471。

[4] 马克思、恩格斯:《马克思恩格斯全集》第15卷,中共中央马克思、恩格斯、列宁、斯大林著作编译局译,北京:人民出版社,1963年,第420—421页。

痛恨"英国,但最后"大家对必须屈服表示一致同意"。[1] 林肯的话反映了当时美国政府的思想感情,他说美国只能"一次打一个战争","英国不给我们回旋的余地,这是令人难堪的。但我们正进行一个大的战争,我们不想同时进行两场战争。不过,到头来吃亏的只会是英国"。[2] 特仑特事件虽然到底以美国的让步而告终,但英国毕竟失掉了借机干涉的借口。

三

英国欲利用特仑特事件干涉美国内战制造"两个美国"的阴谋破产后,其干涉美国的动机并未泯灭。相反,北方军事上的接连败绩,使得英国政府的干涉决心更加坚定。麦克雷伦在半岛战役刚失败,英国国会的干涉动议便立即出笼。帕麦斯顿认为北方既已彻底失败,林肯政府必定求和。因此,他胸有成竹地向国会提出要求把干涉问题留给他的政府解决。面对这种局势,西沃德于1862年7月要求亚当斯无论英国政府以何种形式提出关于美国内政问题,他均应一概拒绝讨论,或甚至转告国内政府,"如果英国政府单独或和其他政府联合承认叛乱者……应立刻暂停行使你的职责"[3]。当时帕麦斯顿和罗素紧张地策划于密室,探讨干涉的适当时机和方式。形势之严峻,可见一斑。

---

1 Shelby Foote, *The Civil War: A Narrative*, New York: Random House, 1958, p. 162.
2 Carl Sandburg, *Abraham Lincoln: The War Year*, vol. 1, New York: Harcourt, Brace & Company, 1939, p. 365.
3 Samuel F. Bemis, *The American Secretaries of State and Their Diplomacy*, pp. 86–87.

1882年6月，正在外地的罗素写信给帕麦斯顿说他一回来就考虑调停问题。帕麦斯顿回信道，华盛顿很有可能陷落，这样英国就可以在"两个美国"的基础上解决美国问题。[1] 可见，他们此刻已决心承认南方的独立了。"调停"在这里实际上就是干涉和制造"两个美国"的代名词而已。

使亚当斯大为高兴的是，战争过程发生了巨大改变。联邦军队在安提塔姆取得了胜利。联邦军的胜利，以及林肯称作"我们退却中的最后盾牌"的《初步解放宣言》的发表，使英国的人民站到了北方一边。加上传说中的"美俄同盟"使英国不敢轻举妄动[2]，这些事件打破了帕麦斯顿和罗素的如意算盘。在这种情况下，罗素承认对美国问题必须"小心谨慎"，帕麦斯顿也哀叹"（干涉美国的）整个问题困难重重"。[3] 他向罗素建议英最好耽搁"十天或两个星期"再采取行动，这样"也许会对将来的前景看得更清楚"。[4] 不久，法国的联合调停建议又使英国燃起了

1　Jay Monaghan, *Diplomat in Carpet Slipper: Abraham Lincoln Deals with Foreign Affairs*, p. 248.

2　克里米亚战争后，英俄相互敌视，俄对美国的"善意"在一定程度上牵制了英国对美国的敌对行动。早在1860年3月18日帕麦斯顿在下院发言时就指出："大不列颠帝国的行动部地受到下列顾虑所制约，即对中立权利之不够尊重很容易引起美国对盟邦的不快，从而有迫使该国与俄国订立军事同盟之虞。"参见谢沃斯季扬诺夫主编：《美国近代史纲》，北京：生活・读书・新知三联书店，1977年，第450页。1862年6月25日，西沃德在实际上写给全世界看的一封私人信件中曾"轻描淡写"地提及美俄存在一个攻守同盟。参见 Jay Monaghan, *Diplomat in Carpet Slipper: Abraham Lincoln Deals with Foreign Affairs*, p. 230.

3　David Donald, *Why the North Won the Civil War*, pp. 70—71.

4　James F. Rhodes, *History of the United States from the Compromise of 1850 to the McKinley-Bryan Campaign of 1896*, vol. 4, New York: Kennikat Press, 1967, p. 339.

干涉美国之火。在内阁正式讨论问题之前,帕麦斯顿曾写信给内阁中的第三号人物威廉·E. 格拉斯顿,表示他和罗素都同意对美内战加以调停[1],并进一步写道,"如果我没有弄错的话,你会赞成这样的行动"[2]。他当然没有"弄错"。格拉斯顿不仅赞成,而且还充当了帕麦斯顿的喉舌,公开为其干涉和承认南方的主张鸣锣开道。1862年10月7日,格拉斯顿在纽卡塞发表了英美关系史上臭名昭著的演说。[3] 他说:"无疑,杰斐逊·戴维斯和南方其他领导人已经缔造了一支军队,似乎他们正建立海军,而且比两者更重要的是,他们已经建立了一个国家。"并宣称:"就他们和北方独立而言,我们可以有把握地预料南方诸州会成功。"[4] 纽卡塞演说是英国政府再一次发起承认南方运动的宣言书。有人甚至称其为"美国联邦的死刑书"[5]。英国保守党领袖本杰明·迪斯累雷(Benjamin Disraeli)在1863年2月5日的下院演说中说到纽卡塞演说"不是偶然的,演说是正式发表的,并有着政府的完全同意和赞成。……它完全意味着南方诸州应该被承认……内阁已决心使美国内战结束,美洲大陆必须存在两个国家"[6]。

1　Samuel F. Bemis, *The American Secretaries of State and Their Diplomacy*, p. 89.

2　John Morley, *The Life of William Ewart Gladstone*, vol. 14, London: Edward Lloyd, 1908, p. 531.

3　后来他终于意识到他的演说是"一个不容置疑的错误"(Ibid., p. 535)。

4　James F. Rhodes, *History of the United States from the Compromise of 1850 to the McKinley-Bryan Campaign of 1896*, vol. 4, p. 339.

5　Jay Monaghan, *Diplomat in Carpet Slipper: Abraham Lincoln Deals with Foreign Affairs*, p. 255.

6　James F. Rhodes, *History of the United States from the Compromise of 1850 to the McKinley-Bryan Campaign of 1896*, vol. 4, p. 340.

尽管英国政府一心想承认南方，但是，英国工人阶级对北方的支持，俄国的公开反对调停，以及英法之间的矛盾等，再一次使英国的企图遭到失败。1862年11月12日，英内阁以15∶3的票数拒绝了法国的联合调停建议。

四

内战期间，从南北双方的力量对比来看，北部实力要比南部雄厚得多。南方要想在内战中获胜，除须获得英法等承认外，更重要的是必须打破北方的封锁，得到外援。要做到这一点，必须建立南方海军。在这个问题上英国积极插手，从而给北方带来巨大损失。当时南方薄弱的工业基础是无力承建海军的。一心想制造两个美国的海上大国英国，从内战伊始便开始为美国南部承建军舰。到1862年夏，英国已为南方同盟建造武装船只200多艘，其中尤以"阿拉巴马号"舰对北方威胁最大。到1864年6月其被击沉时为止，阿拉巴马号共击毁北方船只60余艘。

由此又一次引起英美两国政府间严重的外交冲突。英国政府完全应为上述后果负责。早在1819年，英国为了其海洋大国的利益，曾制定《外国应征法》，严禁在英国及其属地建造、组装任何用以对付友好国家的船只。然而，在美国内战期间，为了制造"两个美国"，英国不但对该法案熟视无睹，而且当美国北方指出英国正为南方建造旨在对付北方的舰只时，他们还故意拖延扣押这些船只。阿拉巴马号等船只离开英国为美国南方服役，就是在英国政府的故意拖延下脱逃的。对英国的这一做法，美国深恶痛绝。有人要求美国采取相应措施予以报复。1862年7月，即阿拉巴马号脱逃后不久，一份要求授权总统发布缉私特许状的法案即被提出。1863年2月，该法案由参议院通过。阿拉巴马号的逃脱引起了美国的抗议，美国要求英国赔偿损失和禁止以后再有类似行径发生。但罗素在1863年1月致亚当斯的一封信中却开门见山地说他"荣幸地声明陛下政府对阿拉巴马号的任何行动概不负责"[1]。面对英国的强权外交，海军部长威尔斯要求对英采取措施。但"一次只打一个战争"的想法仍是美国的主要考虑。美国宁愿暂时受屈，而不想给英军提供对美战争的任何借口。由于英国政府的纵容，继阿拉巴马号逃脱后，英国莱尔德公司便开始着手为南方建造强大的铁甲撞击舰，这是当时美国海军难以对付的庞然大物。助理海军部长福克斯上校当时大声疾呼美国必须"不惜一切危险"禁止这些军舰离开英国，"因为我们无法对付它们……这是一个生死存亡的问题"[2]。然而，要做到这点谈何容易？当时英国的好战乌云"越来越浓"，它不仅为南方提供军火、建造军舰，甚至予以巨大的经济援助。长此以往，英美必将爆发战争。驻英公使亚当斯"再次害怕（英美之间的）和平简直不会持续六个月"[3]。

然而，不久后联邦军在盖提斯堡等地取得一系列重大的军事胜利，给沉湎于"两个美国"梦的英国政府当头一棒，英国在外交上要想承认南方愈来愈难。英国统治阶级对维克斯堡和盖提斯

---

1 R. B. Mowat, *The Diplomatic Relations of Great Britain and the United States*, pp. 189–190.
2 Samuel F. Bemis, *The American Secretaries of State and Their Diplomacy*, pp. 92–93.
3 1863年3月20日亚当斯日记，参见James F. Rhodes, *History of the United States from the Compromise of 1850 to the McKinley-Bryan Campaign of 1896*, vol. 4, p. 367。

堡大捷感到非常遗憾，竟像"为一场灾难而哀悼"¹。

尽管如此，英国莱尔德公司在博克霍德仍加紧为南方建造撞击舰。亚当斯早在1863年7月11日就警告罗素，如果莱尔德撞击舰离开英国，那么英国即已参加战争。²但英国对之置若罔闻。对美国来说，当时形势异常危急。9月3日亚当斯获悉其中一艘撞击舰随时准备出海，即通知罗素"没有合理的根据怀疑"这些舰是为南方建造的，并提出进一步的证据。不久，当获知一艘铁列撞击舰即将出海时，他又送给英国外交部一份照会，即著名的"九·五照会"。照会写道，"阁下"，"此时此刻在一艘铁列撞击舰即将驶离英国去反对美国之际……我认为无须向阁下指出，这就是战争"。³没多久，英国终于扣留了这批撞击舰。

直接促成英国这一决定的是当时的形势。当时美国在军事上取得节节胜利，战争的优势已转到美国北方一边，南方已是注定要失败的了。按照英国的对美政策，其本应立即投入战争，以实现其削弱美国的计划。然而国际局势却明显地对英不利。自克里米亚战争后，英俄矛盾日益尖锐，双方关系剑拔弩张。1863年的波兰问题更有使双方立即交恶之虞。1863年俄国派舰队赴美就是准备和英兵戎相见的一个明显证据。另一方面，英法关系也很不美妙。双方矛盾重重。法国对意大利的干涉更加深了英国对法

---

1 James F. Rhodes, *History of the United States from the Compromise of 1850 to the McKinley-Bryan Campaign of 1896*, vol. 4., p. 376.

2 Samuel F. Bemis, *The American Secretaries of State and Their Diplomacy*, p. 379.

3 James F. Rhodes, *History of the United States from the Compromise of 1850 to the McKinley-Bryan Campaign of 1896*, vol. 4, p. 380.

国的怀疑和敌视。俾斯麦制造的什列维希－霍尔斯坦因问题等一系列此伏彼起的国际事件把惯于玩弄"均势"外交的英国弄得焦头烂额，穷于应付。稍一不慎即有卷入战争之患。而从经济上来说，棉花问题已不再是英国干涉美国的经济动因。英国已开辟了埃及和印度两个丰富的原棉市场，而且英国由于谷物歉收，大量需要美国北方的粮食。加之英国工人阶级在《解放宣言》发表之后完全站在美国北方一边，这都是促使英国不敢贸然与美作战的不容忽视的因素。此外，英国自身是一个海洋大国，它害怕自己创下的先例被其他国家特别是美国用来反对它。亚当斯的"这就是战争照会"对英国政府采取扣留撞击舰的行动并无直接影响。

必须指出，我们探讨这段为一些学者所误解的史实，并不意味着认为英国开始对美国伸出橄榄枝，恰恰相反，它更令人信服地揭示了英国对美持敌视态度的实质。而且，虽然内战期间的英美外交的严峻时刻已经过去，但危险的巨浪之后仍存在着旋涡。在战争的最后岁月，英国政府内部仍出现过干涉的阴风。1864年帕麦斯顿就曾和铁杆亲南方派林德赛讨论过干涉美国的问题。所谓"促成停止美国内战协会"的团体和《泰晤士报》也乘机兴风作浪。林德赛的干涉动议甚至差一点在英国国会获得通过。然而，随着美国北方的最后胜利，英国"两个美国"的阴谋不可避免地最终破产。

（原载《历史教学》1990年第2期）*

---

* 发表时署名费鸿。

越南战争的现代记忆及其影响

越战是美国历史上重要的和最长的一场战争,也是最不得人心的战争。美国在这场战争中惨败,使得两届美国政府(约翰逊及尼克松政府)被毁[1],但更重要的是,在这场战争结束40多年后的今天,它仍深刻地影响着美国的社会、政治、文化、外交政策及国际关系。故此,研究有关这场战争的现代记忆,不仅有学术价值,也有现实意义。

一 冷战的产物及代价

研究关于越战的记忆,有必要先回顾美国卷入越南的历史。

---

[1] 客观而言,在内政方面,约翰逊不失为20世纪美国伟大总统之一。他的伟大社会计划,特别是在民权立法方面,对美国社会的进步有很大贡献。可惜的是,越战不仅影响了他的内政政策的执行,并迫使他饮恨退出1968年的总统大选。尼克松因水门事件身败名裂。不少学者认为,水门事件的出现,与尼克松对美国国内反战运动的过分反应有一定联系。

在20世纪50年代末，大多数美国人不知道越南在哪里，它似乎与美国利益无甚关联。甚至到艾森豪威尔总统卸任前一天，在他向当选总统肯尼迪介绍美国面临的外交难题中，越南都还不是他关注的主要问题。他告诉肯尼迪，美国在东南亚的头号问题是老挝。他始终未提越南。[1] 在这种背景下，为什么美国后来卷入越南如此之深，以至不可自拔呢？

越战事实上是冷战的产物。只要美国的遏制政策不变，美国早晚是要卷入越南的。艾森豪威尔政府虽然拒绝单方面军事介入，拒绝出兵奠边府，坐视法国面临灭顶之灾，从而迫使法国势力退出印度支那，但美国以非军事的形式介入越南则为期甚早甚深。例如，在1953年的财政年度，法国印度支那军费的三分之一是由美国承担的。[2] 更有甚者，在1954年4月艾森豪威尔提出所谓"多米诺骨牌理论"，声称如果印度支那陷入共产党统治，东南亚其他地区将会像多米诺骨牌一样，很快陷落。他警告说，这种局势对西方来说，后果不堪想象。[3] 鉴于这种多米诺骨牌效应的考虑，艾森豪威尔在1954年法国撤离印度支那后，开始大幅度援助及扶持1954年建立的吴庭艳政府。在1955至1961年间，美国共向西贡政府提供了10多亿美元的经济及军事援助。[4] 参议员肯尼迪

1　Robert S. McNamara, *In Retrospect: The Tragedy and Lessons of Vietnam*, pp. 35–37.

2　David Anderson, *Trapped by Success: The Eisenhower Administration and Vietnam, 1935–1961*, New York: Columbia University Press, 1991, p. 15.

3　Dwight D. Eisenhower, *Public Paper 1954*, Washington D. C.: U. S. Government Printing Office, 1960, pp. 382–384.

4　Robert S. McNamara, *In Retrospect: The Tragedy and Lessons of Vietnam*, p. 32.

在1956年的一次演说，颇能代表美国对吴庭艳政府的态度。他说，西贡政府"代表着自由世界在东南亚的基石"，"它是我们的孩子，我们不能抛弃、忽视它的需求"。[1]

在1960年总统大选中，肯尼迪以强烈的反共立场获胜。他在就职演说中宣称，"为保证自由的存在及成功，我们愿意付出任何代价，承担任何负担，忍受任何困难，支持任何朋友，反对任何敌人"[2]。肯尼迪政府以其年轻的朝气、活力及自信，迅速把美国卷入越南泥潭。1961年底，肯尼迪决定把美国在越南的军事顾问人数由原来的几百人增加到16 000人。1963年下半年，美国认为吴庭艳政府已成为美国越南政策的障碍，决定除之而后快。因此，美国鼓励及支持西贡军事政变，结果导致吴庭艳政府在1963年11月初被推翻，吴庭艳兄弟被杀。事与愿违的是，美国抛弃了这个曾享受艾森豪威尔政府全力支持、被后来成为总统的约翰逊称为"亚洲的丘吉尔"的吴庭艳后[3]，越南局势较之前更糟，政局严重不稳。在吴庭艳被推翻不到一年的时间，南越更换了六届政府。曾任肯尼迪及约翰逊政府国防部长的麦克纳马拉，在描述吴庭艳死后的越南情形时慨叹道："美国在南亚面临一个完全政治真空，在追求同美国目标相应政策时，美国已无任何回旋余地。"[4] 显然，除去吴氏兄弟不但没有缓解美国的越南问题，反而

---

1 Robert S. McNamara, *In Retrospect: The Tragedy and Lessons of Vietnam*, p. 31.
2 Ibid., p. 30.
3 David Anderson, *Trapped by Success: The Eisenhower Administration and Vietnam, 1935–1961*, p. 193.
4 Robert S. McNamara, *In Retrospect: The Tragedy and Lessons of Vietnam*, p. 85.

使问题更趋复杂、严重。美国在越南陷得越来越深。包括麦克纳马拉在内的一些政界及学界人士认为，如果肯尼迪不被暗杀的话，他也许最终会撤出越南。[1] 然而，历史是不能假设的。现实是，在吴庭艳兄弟被杀后不到三个星期，肯尼迪遇刺身亡。此后，美国更进一步滑进越战的深渊。

1964年在约翰逊政府的精心操纵下，美国国会通过所谓《东京湾决议》，授予行政部门广泛的军事决策权力。[2] 1965年7月，约翰逊政府决定向越南派出175 000人的作战部队。这是美国陷入越南悲剧的关键性步骤。自此，美国已被完全绑到越战的战车上而骑虎难下。1973年1月，美国在越南的作战部队达到543 400人。从1960至1975年，美国共派出200多万人的作战军队至越南。然而，先进的武器、训练有素的庞大部队并没有帮助美国取得胜利。1973年1月，美国同越南签署所谓《巴黎协议》。美国历史上最长的一场战争终于以美国的失败告一段落。1975年4月，西贡政府解体，越南统一。越南，这个被基辛格称为"四等国家"的蕞尔小国，使美国付出了极其沉重的代价。到1973年1月，美国从军事上撤离越南时，计有58 191个美国人死于越南丛林，其中尚不包括迄今仍被列为MIA（战争中失踪者）的1 615人。[3] 受伤者则

---

[1] Robert S. McNamara, *In Retrospect: The Tragedy and Lessons of Vietnam*, p. 96.
[2] 《东京湾决议》的根据是北越在1964年8月两度攻击美国舰艇。尽管约翰逊政府当时告诉国会，此事证据确切无疑，但事实是，直到今天，北越的攻击特别是第二次攻击是否真的发生，尚无定论。麦克纳马拉在回忆录中也表示，不敢对第二次事件表示肯定。参见Ibid., p. 128。
[3] *The New York Times*, Aug. 6, 1995, A3.

达30多万。美国蒙受的直接经济损失高达千亿美元。尤有甚者，美国社会、文化、经济及政治受到前所未有的冲击。

二 两种越战记忆:"可赢性"与"必输性"

1995年8月5日，时任美国国务卿克里斯托弗到达河内，美国同越南重新建立外交关系。克里斯托弗在河内的演说中充满乐观:"让我们不再纠缠过去及冲突，而共同创造有效合作的未来。"[1] 翌日，他进一步声称:"我们现在已进入充满希望及变革的时代。""我们认为越南是自己历史的产物，它是自己命运的主人。……我们不再视越南是一场战争，而是一个国家，我们认为越南是一个具有巨大潜力的贸易及外交伙伴。"[2] 这些话听上去让人感到美越似乎没有经历一场灾难战争及20多年的敌对状态，甚至让人觉得美国人已忘记越战的创伤。然而，克里斯托弗的话充其量只是一厢情愿的外交辞令而已，美国人根本无法忘记越战。在越战已结束40多年的今天，美国人对其现代记忆并未因时间的流逝而淡忘，越战已深入美国的灵魂及民族基因。军事意义上的越战也许已经结束，但政治及心灵意义上的越战的终结尚遥遥无期。

对同一事件，不同的人有不同的记忆，在不同的时间，记忆也会相异。美国人对越战的记忆也是如此。在战争刚结束不久，

1　*The New York Times*, Aug. 6, 1995, A3.
2　*The Economist*, Aug. 12, 1995, p. 21.

美国人想把它当作一场噩梦或"愤怒的梦"来忘记。政客们出于各种不同的心理,也想把它置之不理。例如,1976年的总统大选就很少涉及越战。"忘却性"记忆在今天仍有市场。例如,前总统布什在1995年9月5日访问越南时所做的一次演讲中公开声称,在越战问题上,"我不是修正派,不同意麦克纳马拉的观点","我更倾向于立足现在,放眼未来。揭开旧伤疤毫无意义"。[1] 但整体而言,这种所谓"忘却性"记忆持续的时间不长,并很快被所谓"可赢性"记忆所代替。持这种记忆的人认为,美国在越战中本来是可以赢的,只是因为军方的手脚被缚,美国才坐失赢机。持这一观点的主要是一些保守的政客及军方人士,例如,在20世纪80年代初,以保守反共著称的里根在竞选总统期间及入主白宫后,欲以"重振美国"的口号唤起美国人的信心。为了打消美国人对越战的灰色记忆,里根意图灌输一种新的内容。他公开声称,越战是一场"高尚的事业"[2]。美国的失败不是由于美国缺乏道义及实力,而是由于反战派不让美国赢,他们束缚了军方的手脚,美国遭受背后插刀(a stab in the back)。[3] 里根把美国地位的下降等统统归咎于美国在越战的失败,他鼓吹美国应摒弃"越南综合征"(Vietnam Syndrome)[4]。尼克松在1985年出版的《不再越南》

---

[1] *The New York Times*, Sept. 6, 1995, A5.

[2] John Carlos Rowe and Rich Berg, *The Vietnam War and American Culture*, New York: Columbia University Press, 1986, p. 10.

[3] 这种"背后插刀"的论调同第一次世界大战后希特勒对德国一战败北的解释如出一辙。

[4] George C. Herring, "The Vietnam Syndrome and American Foreign Policy", in *Virginia Quarterly Review*, Autumn, 1981, vol. 57, no. 4.

中,更是赤裸裸地贩卖这一观点。在开篇伊始,尼克松写道:"美国历史上没有什么事件比越战更受到误解了,其在当时被歪曲报道,现在则被歪曲记忆。"[1]遗憾的是,尼克松这本为自己辩护及推卸责任之书,加深了美国人对越战的记忆失真。例如,他在书中一本正经地声称,越战"失败于美国政坛,而不是在东南亚战场"[2]。对美国来说,越战是道义的战争,可赢的战争。在1973年,美国通过签署《巴黎协议》,实际上赢得了战争,但由于美国国会拒绝采取必要措施,并束缚了行政部门的手脚,导致美国失去了和平。尼克松全书的底蕴是:越南的失败,不是他尼克松的错。至于越战的教训,尼克松进一步指出,这只是美国"一时的挫折","重要的是美国应从失败中吸取正确的教训"。在尼克松看来,"不再越南"并不意味美国不再卷入类似干涉,而是意味着美国"不再失败"。[3]

美国许多军方人士更是竭力加强这种"可赢性"记忆。例如,威斯特摩兰将军自始至终认为美国"军方(在越南)从未输掉任何重要战役,也从未输掉这场战争。美国的失败是国会的行动造成的"[4]。夏普将军、帕尔默将军等也竞相著书立说,把越战失

---

[1] Richard Nixon, *No More Vietnams*, Westminster: Arbor House, 1985, p. 9.

[2] Ibid., p. 15.

[3] Ibid., p. 237.

[4] William Westmoreland's letter, see Bill McCloud, *What Should We Tell Our Children About Vietnam*, Norman: University of Oklahoma, 1989, p. 137; William Westmoreland, *A Soldier Reports*, New York: Garden City, 1976.

败的责任推卸到行政部门身上。[1] 学者中持"可赢性"记忆的也不乏其人。这些人认为,反战运动、媒体误导及行政部门的错误决策导致本来能赢的战争功亏一篑。[2] 例如,莱卫在研究许多保密资料的基础上得出这样结论:如果美国直接控制西贡政府及其军队,并领导越南的社会改革运动,越战的结局也许两样。[3]

与"可赢性"记忆相对的是所谓"必输性"记忆。例如,历史学家赫尔龄等即认为由于美国错误分析本国的利益及越南的现实,军事卷入越南的结果注定要失败。[4] 历史学家施莱辛格早在1967年出版的一本书中写道,越战是美国的陷阱(a quagmire),是"一场没有恶棍的悲剧"(a tragedy without villains)[5],因为美国是在无意中一步步卷入越战这场灾难的。但有些学者,特别是新左派史学家,坚持越战是美国历史及外交政策的必然结果。威廉斯、科尔柯等人即持此说。例如,科尔柯论证美国的越南政策从一开始就存在致命的缺点。越战是美国冷战政策的产物,但这种冷战政策存在严重缺点,越战的失败因而理所当然。[6] 此外,许

---

1 U. S. Grant Sharp, *Strategy for Defeat*, New York: Presidio Press, 1978; David Richard Palmer, *Summons of the Trumpet, U. S.-Vietnam in Perspective*, California: Presidio Press, 1978.

2 Jeffrey P. Kimball, "The Stab-in-the-Back Legend and the Vietnam War", in *Armed Forces and Society*, Spring, 1988, pp. 433−458.

3 Guenter Lewy, *America in Vietnam*, New York: Oxford University Press, 1978.

4 George C. Herring, *America's Longest War*, New York: Knopf, 1986.

5 Arthur M. Schlesinger, Jr., *The Bitter Heritage: Vietnam and American Democracy, 1941−1966*, Boston: Aoughton Mifflin, 1967, pp. 31−32.

6 Gabriel Kolko, *Anatomy of a War: Vietnam, the United States and the Modern Historical Experience*, New York: Pantheon Books, 1985.

多学者从不同的角度分析美国必输的原因。历史学家安德森指出,艾森豪威尔政府把自己绑在吴庭艳身上,是"自找麻烦"。其越南政策是把美国引向灾难的"不归路"[1]。历史学家伯曼认为约翰逊的越南政策是"安排灾难"[2]。帮助麦克纳马拉起草回忆录的凡·德·马克则称美国的越南政策是"自投陷阱"[3]。

三 "越南综合征"与"不再越南"

上述观点反映到大众现代记忆及政治家词汇里,便被简单归纳为所谓"越南综合征"及"不再越南"观。"越南综合征"一词的始作俑者大概是尼克松,后来由里根使其广为流行。"越南综合征"一词尚无确切定义,其含义颇为模糊。笼统而言,该词常被倾向越战和类似国际干涉的人用在反对派身上,以此来形容反对或批评越战或类似越战危险的观点立场是一种疾病。"越南综合征"与"不再越南"是紧密相关的。持"不再越南"观的人也分不同类型。一种是所谓孤立主义派,他们认为,鉴于越战的失败,美国从此应回归内政。对国外的事,如果不直接影响美国的利益,管他春夏与秋冬。另一种人虽不主张美国回到孤立

---

[1] David Anderson, *Trapped by Success: The Eisenhower Administration and Vietnam 1935–1961*, p. 119.

[2] Larry Berman, *Planning a Tragedy: The Americanization of the War in Vietnam*, New York: Norton, 1982.

[3] Brian VanDeMark, *Into the Quagmire: Lyndon Johnson and the Escalation of the Vietnam War*, New York: Oxford University Press, 1991.

主义老路,但坚持美国在越南问题上应吸取教训。各派尽管出发点不一,但在"不再越南"问题上殊途同归。这些人共同声称,越战是美国犯下的巨大错误,它是不义的战争,必输的战争。"这是一场在错误的地方所进行的错误的战争,我们根本就不了解对方"[1],美国应该在现在和将来避免重蹈覆辙。早在1968年阿德莱·斯蒂文森研究所(Adlai Stevenson Institute of International Affairs)即组织有关专家讨论这一问题。[2] 在里根总统第一任期内,由于他在中美洲奉行赤裸裸的军事及强权外交,使一大批批评者谴责他在重蹈越南覆辙。越南的阴影在1991年的波斯湾战争期间也一再"显灵"。反对波斯湾战争的人士警告,中东会成为美国的另一个越南。出于这种背景,布什在中东战争开始前被迫向美国人民保证,中东"不会是另一个越南"[3]。布什吸取的越南教训是,在中东战争期间严格控制媒体报道。指挥这场战争的施瓦茨科普夫(Norman Schwarzkopf)将军于1991年3月中东战争刚结束不久,总结这场战争时也明确表示:"我一生中做任何事都以越南为参照系。"[4] 一位密切注意中东战争的观察者评论道:"我们没

---

[1] 理查德·霍尔布鲁克(Richard Holbrooke)语。参见Bill McCloud, *What Should We Tell Our Children About Vietnam*, p. 62。

[2] Richard M. Pfeffer, ed., *No More Vietnams? The War and the Future of American Foreign Policy*, New York: Harper & Row, 1968.

[3] Andrew Martin, *Receptions of War: Vietnam in American Culture*, Norman: University of Oklahoma Press, 1993, p. 5.

[4] Tom Wells, *The War Within: America's Battle over Vietnam*, Berkeley: University of California Press, 1994, p. 582.

有学会如何结束越战，我们学到的是如何控制它。"[1] 虽然布什宣称中东战争是为了建立"世界新秩序"，但在相当程度上，如马丁所说的，其目的是建立"后'越南综合征'秩序"[2]。当美国用强大的空中及尖端科技优势，迅速取得中东战争胜利后，布什总统兴高采烈地宣称，美国"已一劳永逸地消灭了越南综合征"[3]。布什此说实在有点言之过早，美国在波斯尼亚战争发生好几年后不敢贸然卷入，主要还是不少美国人担心越战的幽灵再现。关于越战，美国大多数人直到今天仍是谈虎色变，1985年春，根据《新闻周刊》的调查，64%的美国人认为越战是"一个错误"。《纽约时报》的民意调查结果是，63%的人持相同结论。[4] 1990年，在中东战争的前夕，盖诺普民意测验显示，72%的人认为越战不仅仅是一个错误，它从根本上就是错的和不道德的。[5]

越战的另一个现代记忆是所谓"信任鸿沟"（creditability gap）。自从越战以来，美国人普遍不信任美国政府，对政治持怀疑及愤世嫉俗态度。政党之间也互相不信任。例如，曾长期担任美国参议院外交委员会主席的著名参议员富布赖特（J. William

---

1　Andrew Martin, *Receptions of War: Vietnam in American Culture*, p. 159.
2　Ibid., p. 156.
3　中东战争开始于1991年1月16日，同年2月28日结束，持续不过一个半月时间。战争主要在空中进行，地面战争只有100小时。127位美国军人死在战场，但在战争期间死于事故及其他原因的美国人倒有236人之多。参见Colin Powell, *My American Journey*, New York: Random House, 1995。
4　David W. Levy, *The Debate over Vietnam*, Baltimore: Johns Hopkins University Press, 1995, p. 180.
5　Tom Wells, *The War Within: America's Battle over Vietnam*, p. 581.

Fulbright），因《东京湾决议》深感被约翰逊政府欺骗，在1967年开始举行听证会，调查政府的越南政策。越战影响富布赖特对行政部门的态度如此严重，致使他在晚年曾这样评论说，以他在华盛顿多年经验得到的一个重要教训就是，不能信任政府。这种对政府的高度不信任，在越战结束40多年的今天达到令白宫十分担心的地步。克林顿政府的副总统戈尔利用1994年6月应邀在哈佛大学毕业典礼致辞的宝贵机会，大声疾呼美国人应放弃对政治及政府的愤世嫉俗态度。对此，前总统布什亦早有同感。他在总统任期内的一次演说中深有感慨地指出："越南以来，事情一直是这样，那场战争还在分裂着我们。可是，朋友们，那场战争已不折不扣地过去了四分之一个世纪了，'其影响'无疑已到极限。越南的终极教训是，没有大国能长期承受得起这种记忆的吞噬，这已是不争的事实。"[1]

四　美国越战记忆的单向性和自我情结

历史学家普来斯利（Thomas J. Pressly）在其《美国人对其内战的解释》（*Americans Interpret Their Civil War*）一书中这样评论美国人对内战的记忆：在整整一代人的时间里，美国人对内战的态度完全是片面的。"这些人大多亲身经历内战的到来及战时的激

---

[1] Roger Bowen, "One, Two, Three, Many Vietnams: Vietnam as Antecedent to the American War in Central America", in *America, France and Vietnam: Cultural History and Ideas of Conflict*, Phil Melling and Jon Roper, eds., Aldershot: Avebury, 1991, p. 204.

情","只要战时的情感不消失,只要内战问题还是日常政治中敏感及激烈辩论的问题,对战争起因的解释就会一边倒地力图把战争的罪责推到对手身上"。[1] 美国对内战的记忆如此,对越战的记忆更是如此。不管有意无意,"美国人通常只记住他们想记的或者希望发生的事情,而不是实际发生的事情"[2]。历史学家佩特森在其就任美国外交政策史学家协会主席的演说中指出:"美国人以缺乏真正历史感著称,他们回避深刻的历史分析。"[3] 越战实际上有两个战场,一个在越南丛林,另一个在美国国内。越战的现代记忆并不仅限于战争本身,更多的源于美国文化及心态。正如何曼指出:"在最深层意义上,越南的遗产是扰乱了我们的历史,也扰乱了我们对过去的解释及对未来的展望。"[4]

虽然越战是美国人反省最多的一场战争,美国人的越南记忆亦不可谓不深刻,但其记忆有一个致命的弱点,即记忆的单向性和自我情结。例如,美国人的越战记忆主要集中在美国自己、美国的失败、美国付出的巨大代价、美国人的心理创伤等等,却很少考虑这场由美国发动的战争对其他国家及人民的伤害。事隔40多年后,美国对亚洲的记忆仍旧是忽视越南,回避战争给越南人民带来的沉重灾难。越南有至少十分之一的人口死于这场战争。

---

1 David W. Levy, *The Debate over Vietnam*, p. 176.

2 Robert S. McNamara, *In Retrospect: The Tragedy and Lessons of Vietnam*, pp. xvii–xviii.

3 Thomas G. Paterson, "Historical Memory and Illusive Victories: Vietnam and Central America", in *Diplomatic History*, Winter, 1988, vol. 12, no. 1, p. 1.

4 John Hellmann, *American Myth and the Legacy of Vietnam*, New York: Columbia University Press, 1986, p. x.

显然，同越南相比，美国的战争代价实在是小巫见大巫。据目前能得到的最新资料，至少有320万越南人死于这场战争，其中尚不包括223 748名阵亡的南越军人及在战争中失踪的大约300 000名越共士兵。在这320万死亡人数中，只有三分之一属越共正规军或游击队员（110万），其余200多万则是手无寸铁的平民妇孺。更有甚者，由于美国在越南大量使用化学武器，导致大约50 000名越南儿童先天残障。此外，尚有同美国人在越南并肩作战的5 200名来自韩国、澳大利亚、泰国的军人战死在越南。[1]美国人的现代记忆中，很少包括这些受害者。毋庸置疑，越战的最大受害者不是美国，而是越南人民，特别是南越人民。他们中许多人家破人亡，失去家园甚至国家。整个越南经过长期战火及美国人的无情摧毁，几乎是焦土遍地，弹痕累累。自1954年以来，美国信誓旦旦要保卫西贡政府，但在1973年，美国事实上单方面抛弃了西贡政府。当时越南的总统指责美国是"不人道的盟邦"，其最后出卖西贡政府的做法是"不人道的行为"。纵观美国的越南政策，这位南越最后一位总统喟然感叹："成为美国敌人尚易，做其朋友实难。"[2] 1983年在美国首都的伍德罗·威尔逊中心举行的一次学术讨论会上，一位前南越驻美大使在总结越战教训时评论道："我对寻求美国援助的弱小国家的劝告是，警惕美国。因为最终受害最深的不是美国，而可能是我们这些小国。"他以越南的教训为

---

[1] *The Boston Globe*, Apr. 4, 1995.

[2] Nguyen Tien Hung and Jerrold L. Schecter, *The Palace File*, New York: Harper & Row, 1986, p. 333.

例说,事态一旦不可收拾,美国即自行脱身,尽管弱小国家人民亡家亡国,美国则可以用一句"充其量,它是美国历史中令人不满意的一页而已"了结。[1]

美国人这种对越战记忆的单向性和自我情结,有时危险地导致有选择的忘却甚至故意歪曲记忆,这在新闻媒体、电影业及政客中尤多。许多政客要么仍纠缠于谁应对失去越南负责这类问题,要么则声称越战之失败有其特殊性,不应用来影响美国未来外交政策,因此越战的教训就是美国不应吸取其教训。[2] 对越战教训的总结大多是学者们在书斋中进行的,一般美国人及政客直到今天仍漠视或不愿正视越战的真正教训。当代美国人关于越战的主要印象要么来自电影(如《猎鹿人》[The Deer Hunter]、《第一滴血》[First Blood]、《现代启示录》[Apocalypse Now]、《野战排》[Platoon]、《阿甘正传》[Forrest Gump] 等等),要么源于自己的亲身经历(越战老兵)。但好莱坞从未真正面对越战的阴暗面及严肃性,所制造的电影大多流于浮浅,缺乏深度。其或者把战争浪漫化、庸俗化,或者把个人英雄化、把越战商品化。制片人所关心的不是越战的深层含义,而是如何叫座。诚如著名作家哈伯斯坦指出:"在面对严肃主题时,电影业历来是臭名昭著的骗局,在越南问题上体现尤甚,电影业巨头们采取典型的逃避现

---

[1] George C. Herring, "Some Legacies and Lessons of Vietnam", in *Virginia Quarterly Review*, Spring, 1984, p. 211.

[2] Thomas G. Paterson et al., *American Foreign Policy: A History Since 1900*, Lexington: D. C. Heath and Company, 1991, p. 607.

实的态度。"[1] 美国人由此得来的关于越战现代记忆，必然是片面的甚至浪漫的。另一方面，越战老兵及当年的反战分子仍沉浸在个人情感之中不能自拔，很难冷静思考战争的真正内涵。笔者曾有幸参加麦克纳马拉于1995年4月25日在哈佛大学肯尼迪学院的一次演讲，主题是其新书内容。在听众提问期间，济济一堂的大厅空气紧张，充满强烈的火药味，情感成分之大，令人咋舌。麦克纳马拉本人甚至一度失控，大声呵斥一位穷追不舍的提问者"住口"。麦克纳马拉后来对一位记者说："没有人问我有关（越战）教训问题，但教训是非常重要的。"[2] 在这种环境下，美国人对越战的真正检讨尚待以时日。

五　反省美国卷入越战的原因

麦克纳马拉把越战的教训作为美国人对越战现代记忆的重要部分是很有道理的。无疑，对重要历史事件的公正记忆取决于对其教训及经验的深入总结。如何分析及理解事件发生的背景，在相当大程度上影响着对该事件的现代记忆。对仍汲汲于"越南综合征""不再越南"记忆中不能自拔的美国人来说，这一点尤其重要。前事不忘，后事之师。全面总结及吸取过去的教训无疑有助于提高美国对越战的理性记忆成分，避免在将来重蹈越战

---

[1] David Halberstam, "Review of Platoon", in *The New York Times*, Mar. 8, 1987, pp. 21, 38.

[2] *The Boston Globe*, Apr. 27, 1995.

覆辙。

美国卷入越南的主要原因是要遏制中国，肯尼迪在解释美国为什么要保卫南越时表示，鉴于中国的扩张性，如果南越陷入共产党手里，不久的将来，整个东南亚也会受到中国控制。肯尼迪及约翰逊政府坚决相信多米诺骨牌理论。[1] 然而，这是一个严重错误的判断。自1966至1976年，中国发生"文化大革命"，不但无暇向外推销革命，而且基本上退出世界事务，处于孤立状态。中国对越南的援助，与其说是为了共产主义扩张，不如说是为了避免其东南亚邻居完全为自己的对手苏联所控制。鉴于中国同越南的历史不信任及利益冲突，两国从来就不在一条船上。但这种错综复杂的背景不是抱"非黑即白"心态的美国人所能理解的。讽刺的是，在20世纪70年代初，尼克松政府为了解决越战的困境，向中国伸出橄榄枝，旨在希望中国帮助其从越南脱身。如同当年美国错误地把越南的民族主义激情当成中国共产主义扩张一样，现在又过高地估计中国对亚洲的影响。这是美国在亚洲问题上又一次判断失误。在1979年，越战结束才几年时间，中国同越南便兵戎相见。刚刚同中国建立外交关系的美国事实上默然接受。至此，历史为越战写下一个无情的脚注。正如布什在20世纪80年代末意识到的，"我们错误地判断了中国在（越南）战争中的角色"，忽视了中越之间长期的历史问题。[2]

1　Robert S. McNamara, *In Retrospect: The Tragedy and Lessons of Vietnam*, p. 64.

2　Bill McCloud, *What Should We Tell Our Children About Vietnam*, p. 22.

美国卷入越南是因为对亚洲的无知，越战是美国人一厢情愿的战争。遗憾的是，美国今天并未高明多少。在美国的老对手苏联不复存在的今天，美国将中国当作自己的主要威胁，制衡中国的声音不绝于耳；并在1995年8月同越南正式建立外交关系，意欲从外交上包围中国。从20世纪60年代为遏制中国卷入越战的陷阱，70年代同中国结成战略伙伴关系，到90年代高呼中国"威胁"论，利用各种借口如人权问题、贸易问题等不让中国进入国际大舞台（1993年带头阻挡北京主办2000年奥运会，1994及1995年反对中国进入国际贸易组织等），反映了美国对华政策的非理性、自私自利及对中国的深度偏见。难怪麦克纳马拉认为美国尚未吸取越战教训的一个明显事例，便是目前美国的对华政策。他特别批评美国的人权外交。麦克纳马拉声称："作为一个民族，我不认为我们懂得人权。我们把人权当作民权，但民权并不是人权的唯一成分，甚至不是主要成分。人权的主要权利是生存权。"麦克纳马拉谴责美国在人权问题上的双重标准。[1] 他在总结越战的教训时即大声疾呼："美国务必不要根据自己的历史、政治、文化和道德去解释别国事务。"[2]

越战的失败，是美国迷信武力的结果，强大的军事力量并不能保证战争的胜利。但在美国的现代记忆中，对此教训并未予以应有的重视。在后冷战时代，美国仍大规模扩张军备，意图凭

1　*The Boston Globe*, Apr. 27, 1995.

2　Bill McCloud, *What Should We Tell Our Children About Vietnam*, p. 85.

武力维持其霸权地位。例如，美国在1993财政年度的国防开支是2 910亿美元。除去通货膨胀因素，仍比1980年净增25%。克林顿的1995至1999五年计划的国防预算虽比1993年稍为减少，但据此计划，1999年美国的国防开支在除去通货膨胀因素外，估计比冷战高潮时期的尼克松政府仅少3%而已。据麦克纳马拉计算，美国的国防开支几乎等同于世界各国开支的总和。[1] 美国要别国"刀枪入库，马放南山"，自己却厉兵秣马，霸权心态昭然若揭。此种行为，何以服天下？以此行事，谈何获得关于越战的公正记忆？

六 美国应放弃霸权及超级大国姿态

从广义上说，越战是美国历史的反映。一部美国史，实际上是一部美国不断扩张史，扩张是美国的"生活方式"[2]。美国以传播文明的名义残杀土著印第安人，把他们赶进荒凉的保留地。不顾半个美国尚属奴隶制的事实，从19世纪初以来，美国传教士即在政府的保护下向外宣传美国的文化、制度，声称美国的制度最美好，美国人最高尚。到20世纪，美国的人权口号喊得响彻入云，但在美国国内，黑人在法律上同白人平等只有不到30年的历史。在今天，美国社会对有色人种的歧视仍比比皆是。在国际上，美

---

1 Robert S. McNamara, *In Retrospect: The Tragedy and Lessons of Vietnam*, p. 327.
2 William A. Williams, *Empire as a Way of Life*, New York: Oxford University Press, 1980.

国在越战中惨无人道地大量使用化学武器（agent orange），摧残了无数妇孺。事实上，从门罗主义、天定命运、门户开放，到杜鲁门主义、多米诺骨牌理论、新边疆直至今天的人权高调和"世界新秩序"，都是与美国卷入越战的理论根据一脉相承的。这一点过去如此，到今天仍未改变。

从某种意义上来说，越战也是美国文化心理情结的反映。美国人长期认同的所谓美国例外论，美国历史上经常存在的民族心理的偏执狂心态，以及美国对外交政策采取道德化取向，等等[1]，在很大程度上导致美国卷入越南。美国最大的敌人不是所谓的外在威胁，而是美国自己，早在1952年，塞尔泽（Louis B. Seltzer）在其影响深远的社论中即提到此点。该社论的题目是《我们怎么了？》（"What is Wrong with Us?"），他在文中指出，美国最大的敌人即是自己。[2] 美国今天更应扪心自问，而不能总是对别国颐指气使、指手画脚。国际事务如此复杂，但美国人常将其简单化、黑白化。思维僵硬，先入之见很深，其结果必然是不断给自己创造敌人。英国著名作家格林对此曾有生动描述。他在1955年出版的名著《沉静的美国人》中写道，当美国人"看见尸体时，他甚至在未看伤口时就断言，这是红色威胁，（死者是）民主战士"[3]。冷战结束后的今天，不少美国人高呼美国赢得了冷战的胜利，他

---

[1] 关于美国文化心理情结与外交关系，参见本书第二部分之《美国文化心理情结与文明冲突论》。

[2] John Hellmann, *American Myth and the Legacy of Vietnam*, p. 20.

[3] Graham Green, *The Quiet American*, London: Penguin Books, 1955, p. 32.

们似乎忘记了美国在越战的惨败教训，上述偏执心态不但常常复萌，甚至有时有过之而无不及。

基辛格表示："倘若越南会留下有用遗产的话，那将是美国对这场悲剧的教训做出公正评价。（美国）目前尚未做到这一点。"[1] 如果美国不改变高人一等的心态，不放弃霸权及超级大国情结，美国的越南记忆将永远是片面的、歪曲的，美国也很难真正吸取越战的教训。正如一位哲人说过的：谁忘记历史，谁就注定重蹈历史覆辙。

（原载《二十一世纪》1995年12月）

1　Bill McCloud, *What Should We Tell Our Children About Vietnam*, p. 68.

从批判的武器到武器的批判
——法国大革命的精神遗产

法国大革命从开始之日起便以其鲜明的革命态度令世界瞩目[1]，并给法国和全世界留下了巨大的精神遗产。这些遗产直到今天仍不失其宝贵的价值。毋庸置疑，法国大革命是人类历史上所发生的屈指可数的几场真正伟大的革命之一。

一

法国大革命的一个重要精神遗产在于它一举打破法国乃至欧洲的传统思维模式，旗帜鲜明地要求人的权利和建立理性时代。

---

[1] 当巴黎人民于1789年7月14日攻占巴士底狱后，法国皇帝路易十六忧心忡忡地问："难道发生了一场暴乱吗？"利昂库尔公爵回答说："不，陛下，那是一场革命。"参见阿·索布尔：《什么是法国大革命？》，载王养冲编：《法国大革命史论选》，上海：华东师范大学出版社，1984年，第1页。

1789年8月26日法国颁布的《人权宣言》，在欧洲历史上第一次以法律的形式公开宣称：人人生而平等；建立政府的目的在于保护人的自然的和不可动摇的权利，这些权利是享有幸福、财产、安全和反对压迫的权利；主权在民；法律面前人人平等；言论自由是人类最宝贵的权利之一；私人财产神圣不可侵犯；主张三权分立。《人权宣言》庄严指出："凡权利无保障和分权未确立的社会，就没有宪法。"[1] 1791和1793年，《人权宣言》被作为序言全文写入法国宪法，成为法国人民的思想武器和精神财富。

　　因此，法国大革命实质上是一场为了人权的革命，它在世界各国革命史上第一次把要求人的权利作为革命的主要目标。《人权宣言》开宗明义的第一句话就是："无视、遗忘或蔑视人权是造成公众不幸和政治腐败的唯一原因。"在森严的封建专制和等级制度面前旗帜鲜明地要求人权。在法国大革命期间，法国人民高举人权的旗帜，把革命逐步引向深入、彻底。任何真正的政治革命首先是人的革命，承认和相信人的权利不可侵犯。法国大革命之后，不少资本主义国家都仿效法国，把人的权利列入宪法，从而有力地推动了人类的进步。

　　为了维护人权，需要打破传统的思维方式，崇尚理性。法国著名的政治评论家托克维尔指出，"由于法国大革命的目的不仅在于改变一个旧政府，而且在于消除旧的社会形式，它不得不

---

[1] 《人权宣言》全文参见莫蒂默·艾德勒、查尔斯·范多伦编：《西方思想宝库》，《西方思想宝库》编委会译编，吉林：吉林人民出版社，1988年，第998—999页。

同时向所有现存的权力进攻,摧毁人所共知的全部影响,扫除传统,更新风俗习惯,并且以某种方式消除人的头脑中所有以尊重和服从旧的一套为基础的思想"[1]。这也就是法国历史学家饶勒斯所说的"与过去不可挽回的决裂",完成"内心和外部的旧世界所进行的搏斗"。[2]

理性时代的主要标志是建立健全的法律,建立法律的权威。任何人不得凌驾于法律之上。德国大哲学家黑格尔的著作一向充满了哲学的玄奥严谨的笔调,但他在目睹法国大革命中人们对理性的崇尚后也情不自禁地在笔端流露出一种感情。他写道,在法国大革命中,"法的思想和概念在一瞬间突出起来,这是旧的不公正的社会结构无法阻挡的。人们根据法的思想制定了宪法。以往的一切都以此为基础","现在,人终于认识到思想可以支配现实,这就是辉煌的太阳升起的时代。所有有思想的人都庆幸这个时代,一种崇高的感情主宰了这个时代。精神的热情使整个世界为之战栗,就像圣子复活重返世界的时刻"。[3]

黑格尔有理由对法国大革命如此称颂备至。因为理性时代的建立带来了新思想的产生。黑格尔自己的辩证法思想就是在法国大革命的启发和推动下产生的。法国大革命并迫使德国大作家和思想家歌德重新思考德国的政治和文学问题。他在法国国民自卫军取得瓦尔米战役胜利的当天晚上写道,"此时此刻,世界历史

---

[1] 阿·索布尔:《法国大革命史论选》,第13页。
[2] 雅克·董特:《法国大革命和黑格尔辩证法》,钮渊明译,载《哲学研究》1988年第11期。
[3] 同上。

进入了一个新纪元"[1]。法国大革命也影响到空想社会主义在英国的产生。恩格斯就指出，圣西门是"法国大革命的产儿"[2]。法国大革命甚至影响到马克思主义本身的发展，因为启蒙时期的法国唯物主义是"社会主义和共产主义的财产"[3]，而法国大革命正好从实践上丰富了唯物主义的内容。

所以，法国大革命使人类社会在精神上产生了一次飞跃，使之达到了更高的层次。

二

法国大革命的第二个重要遗产体现在其有着远大的革命目标，不急功近利，表现出伟大的创造性和超前性。这场革命不仅是为了当时的法国人，也着眼于法国人民的子孙后代；不仅局限于一个法国，而且放眼于整个人类的命运。它要求缔造一个自由宽松的社会，要求重建人类的社会和道德，亦即"自由、平等、博爱"。罗伯斯庇尔在国民议会演说中多次提到法国大革命要"拯救法国和全人类"，要求国民议会应一心一意地为伟大的人民和全人类谋求幸福。他还大声疾呼，"公民们，难道你们想要一个没有革命行动的革命吗……流血牺牲算什么！整个世界，还有我们的子孙后代都只会把这些事件看成是他们的神圣事业和

---

1 汉斯·尤尔根·格尔茨：《歌德传》，伊德等译，北京：商务印书馆，1984年，第102页。
2 恩格斯：《社会主义从空想到科学的发展》，载《马克思恩格斯选集》第3卷，第409页。
3 马克思、恩格斯：《神圣家族》，载《马克思恩格斯全集》第2卷，第166页。

辉煌成果"[1]，用千秋功业来激励人民的革命斗志。罗伯斯庇尔还指出，"有人认为，（法国大革命）只要给法国人民以安宁和面包就够了，自由对于他们来说，只是不必要的、多余的东西，人们还用这种原则去论证，对此我并不感到惊讶。可是我把自由当作崇拜的偶像，如果没有自由，我觉得既不会有幸福和繁荣，也不会有人类和民族的道德观念。我宣布，我痛恨这种制度，我要求你们（指国民议会议员）为有色人种的自由民伸张正义"[2]，"自由啊，我们也可以呼唤这个神圣的名字了……自由的法兰西呼吁各国都来争取自由"[3]。

不仅罗伯斯庇尔如此考虑法国大革命的目标，当时其他一些革命领袖也是如此。主张废除生产资料私有制和建立真正民主制的平等派领袖巴贝夫在其类似于政治遗嘱的信中，就嘱咐费里克斯·勒贝尔蒂等在他死后收集所有他的"计划、笔记、民主和革命著作的草稿，这一切都是远大目标，有重大意义的"[4]。

当然，法国大革命的自由、平等、博爱这一无限目标在当时并没有得到完全实现，也不可能得到完全实现。要实现这一目标，需要许多代人的努力和奋斗。发生在200多年前的法国大革命不可能给世界创造出一个崭新的、完善的社会。法国大革命的重要贡献在于，它高举"自由、平等、博爱"的大纛，把旧的社会

1　热拉尔·瓦尔特：《罗伯斯庇尔》，姜靖藩等译，北京：商务印书馆，1983年，第339页。
2　同上书，第115页。
3　同上书，第125页。
4　王养冲：《十八世纪法国的启蒙运动》，载《历史研究》1984年第2期。

砸了个稀巴烂，为人类新社会的建立扫除了障碍，打好了地基。法国大革命中提出的自由、平等、博爱这一任务和口号，是18世纪启蒙思想家和千百万劳动大众及资产阶级共同智慧的结晶，它是整个人类的丰富的精神财富和宝贵的文明遗产。虽然这一目标和任务在热月9日后被法国的资产阶级所抛弃，但我们决不应因此错误地将这一口号斥为资产阶级的东西，而将这一宝贵遗产拱手让给资产阶级。

法国大革命之所以有着远大的革命目标和不急功近利，与广大法国人民群众的积极参与是分不开的。法国人民自始至终积极参加了这场革命。大革命首先便是以人民包围和占领巴士底狱开始的。在革命中，甚至出现了妇女大军向凡尔赛进军这一动人心弦的场面。被先进思想武装起来的法国人民在革命中自觉地要求把革命从一个高潮推向另一个高潮，使革命不断深入。没有法国人民的广泛支持，资产阶级是根本不可能领导这场革命取得声势浩大的进展的。

人民群众的作用得到充分发挥与革命领袖人物对他们持信任态度联系在一起。在热月9日政变前，法国的革命领袖们，特别是罗伯斯庇尔对广大法国人民是持较为信任态度的。罗伯斯庇尔一再强调革命的人民性和人民的革命性。他指出，"我可以做证，在一般情况下，只要人民不被过分地压迫，被激怒，他们是最公正、最善良的。你只要对他们稍为表示关心，稍做一点好事，甚至只要不损害他们，他们都会表示感谢。他们尽管外表粗野，但灵魂却光明正大，他们有良知、有毅力，这些往往是藐视他们的阶级所没有的。人民只求温饱，只要求正义与和平"[1]。罗伯斯庇尔不仅口头这样说，而且在行动上也尽可能依靠人民，将革命诉诸人民，体现了早期革命家恢宏的胸怀和伟人的风度。

为了实现其远大目标，法国大革命不拘一格，藐视一切陈规陋习，进行各种革命的尝试。在这里，分别代表社会各阶层的吉伦特派、雅各宾派、平等派等俱呈异彩，各领风骚。各种思想、政策都有得到实践的机会。大革命把非逻辑性推到了高峰。在大革命时期，就像卢梭所预言的那样，现存封建秩序"受到不可避免的革命的冲击。大人物变成小人物，富人变成穷人，君主变成仆从"。在这里，一切都存在，一切又都不存在，因为一切都在流动和不断地变化。[2] 体现了革命真正的日新月异。

三

一场革命或社会变革是否伟大或成功，在于其是否有震撼人心的理论指导，是否有众望所归的精神领袖。没有先进的理论指导，没有众人信赖的精神领袖，纵有拿破仑的军事天才、罗伯斯庇尔的政治才干，革命也是很难达到较高的境界、取得成功的。法国大革命有一大批像卢梭、伏尔泰、孟德斯鸠等这样伟大的启蒙思想家，他们是法国大革命的真正领袖。

在人类历史上，整个18世纪属于欧洲"启蒙世纪"或"哲学

---

[1] 热拉尔·瓦尔特：《罗伯斯庇尔》，第148页。
[2] 雅克·董特：《法国大革命和黑格尔辩证法》。

家世纪"。法国则是这场启蒙运动最活跃的中心。法语成为当时国际上最通用的语言，巴黎成为世界上首屈一指的文人荟萃之地，精英云集。法国是幸运的，在大革命前拥有如此众多的启蒙思想家。他们之中有最早提出无神论和消灭私有制观点的先锋战士梅叶；有主张以暴力反对暴力、倡导人民主权、社会契约论的激进民主主义者卢梭；有主张天赋人权、自由、法律面前人人平等的才华横溢且富有顽强战斗精神的启蒙大师伏尔泰；有主张三权分立、提高国民素质的杰出思想家孟德斯鸠[1]；有以狄德罗为首的一批百科全书派的唯物主义思想家；还有企图通过经济改革途径重整法国社会的重农学派经济学家以及代表无产者利益的早期社会主义思想家……这些启蒙思想家不仅学识非常渊博，有着先进的思想和广博的见识，而且他们都是正直勇敢、不畏强暴和世俗偏见、崇尚真理、富于巨大牺牲精神的人。恩格斯指出："在法国为行将到来的革命启发过人们头脑的那些伟大人物，本身都是非常革命的。"[2] 列宁也指出，法国启蒙运动的特征之一，"就是坚持人民群众的利益"[3]。正是这些人类无畏的斗士，在18世纪乌云蔽日、山雨欲来的欧洲，以雷霆万钧之力划出了光彩夺目的思想闪电，将人们从愚昧无知的状态中唤醒。

启蒙思想家为法国大革命提供了理论准备和精神武器，并

---

[1] 孟德斯鸠曾辛辣地指出，"在极端专制的君主国里，历史学家们出卖了真理，因为他们没有说真理的自由"。参见孟德斯鸠：《论法的精神》上册，张雁深译，北京：商务印书馆，1963年，第329页。

[2] 恩格斯：《社会主义从空想到科学的发展》，载《马克思恩格斯选集》第3卷，第404页。

[3] 列宁：《我们究竟拒绝什么遗产》，载《列宁全集》第1卷，第127页。

规划出大革命的宏伟任务。他们唤醒人民从地上站起来，接过启蒙思想家手中的精神大纛，打翻旧的一切，建立新的社会。伏尔泰曾大声疾呼："人民啊，醒来！挣脱自己的枷锁，自由在向你呼唤。"[1] 人人生而平等、三权分立、主权在民、人民有革命和推翻政府的权利、自由、平等、博爱等振聋发聩的口号和主张，经过启蒙思想家的传播，如春风化雨深入人们心田。精神和理想的种子一旦在人们心中生根，抽穗发芽、茁壮成长便为期不远了。"理论一经掌握群众，也会变成物质力量。"[2] 早已为启蒙思想家所预料并期待的法国大革命，终于在1789年向全世界展示出其轰轰烈烈的壮举。[3] 启蒙思想家影响了一代革命家和革命群众。当时的法国人民几乎都直接和间接地沐浴了启蒙思想家的教泽。卢梭等人的思想甚至直接影响到大革命的许多重大行动。圣鞠斯特在发表主张处死法国国王的著名演说中，控诉路易十六的主要罪状就是他破坏了社会契约。罗伯斯庇尔更是将卢梭等人的著作置诸

---

[1] 李凤鸣、姚介厚：《十八世纪法国启蒙运动》，北京：北京出版社，1982年，第112页。
[2] 马克思：《〈黑格尔法哲学批判〉导言》，载《马克思恩格斯选集》第1卷，第9页。
[3] 早在1764年伏尔泰就预言革命终将到来，"法国人迟早会盼来这一天，光明逐渐地传播，在一刹那大放异彩，变成一场轰轰烈烈的运动"，"种种迹象表明，种子已经播下，革命终将到来"。卢梭在1762年也写道，"我们在接近危机状态和革命的世纪"，"我想欧洲的君主制不会延续多久，现在一切都是金碧辉煌，但在这金碧辉煌之下，所有国家都走向衰败"，并预料到法国大革命的那种天翻地覆的社会变化。曾亲自参加法国大革命的哲学家让·孔多塞也在大革命爆发之前预言，"一切迹象表明，我们现在正接近一场人类的伟大革命"。参见 Paul Merrill Spurlin, *The French Enlightenment in America: Essays on the Times of the Founding Fathers*, Athens: The University of Georgia Press, 1984, p. 8。

案头，作为座右铭。

启蒙思想家孕育了法国大革命，使这场革命的发生、发展成为历史的必然。大革命是启蒙世纪的完成，也是启蒙运动的丰硕成果。"同任何别的事物相比，这场革命最少偶然性。革命的爆发固然使世界大吃一惊，然而，它毕竟是长期努力的成果，是几代人长期从事的事业所突然和猛烈地取得的成果。"[1] 正是因为法国拥有启蒙思想家这一大批重要的智能力量，法国大革命才被推到了"前无古人"的高度。一个精神贫瘠的国度是不可能干出一番"惊天地、泣鬼神"的大事业的。法国大革命的历史便是一个很好的例证。

启蒙思想家的伟大功绩没有被人们所忘记。罗伯斯庇尔指出，"这场革命，卢梭是导师"。拿破仑也认为，"没有卢梭，就没有法国革命"。这位"大革命之子"曾正确地指出，"（法国）大革命是思想家的业绩"。法皇路易十六被关在一座大庙时，曾阅读了伏尔泰和卢梭的一些著作。读后长叹道，是"伏尔泰和卢梭的著作亡了法国"[2]。路易十六的话从另一侧面说明了思想家对法国大革命的巨大贡献。历史是公正的。大革命爆发后，曾受到封建专制政权残酷迫害的伏尔泰、卢梭等人的遗体均先后在极为隆重的仪式下移葬巴黎先贤祠。当时有10万人为伏尔泰执绋，60万人在路头守护灵柩。灵柩上大书"他教导我们走向自由"等横

---

[1] 阿·索布尔：《法国大革命在近代世界历史上的地位——比较研究》，顾良等译，载《历史研究》1982年第4期。
[2] 王养冲：《十八世纪法国的启蒙运动》。

幅。罗伯斯庇尔还恭敬地在卢梭的墓前奉献橡树叶花冠。国民议会也决议为"第一个有勇气率直地抨击宗教迷误的神甫让·梅叶"以及卢梭等人建立雕像。[1] 在国民议会大厅里，卢梭的半身雕像和华盛顿、富兰克林等世界伟人的雕像放在一起。法国大革命的精神领袖得到了全体法国人民深深的敬重。

四

法国大革命标志着法国进入了近代社会。它打破了旧有的封建制度，使农民摆脱了封建领主权、什一税等，获得了土地。它第一次在经济、政治上真正统一了法国，并最终使得自由民主制在法国的建立。不论在革命的广度还是深度上，法国大革命都大大超过了之前的英国革命、美国革命及后来的俄国1861年农奴制改革和日本的明治维新[2]，在世界革命史上，占有极其重要的地位。我国已故著名历史学家杨人楩教授早在20世纪30年代翻译克鲁泡特金《法国大革命史》一书时曾在《译者序言》中这样写道："法国大革命在整个历史上的地位，是和它以前的文艺复兴，以后的产业革命一样的重要"，"倘若没有法国革命，我们的世界也要不同"。[3]

---

1 李凤鸣、姚介厚：《十八世纪法国启蒙运动》，第70页。
2 参见阿·索布尔：《法国大革命在近代世界历史上的地位——比较研究》。
3 克鲁泡特金：《法国大革命史》，杨人楩译，《译者序言》，第1页，上海：北新书局，1930年。

法国大革命的强劲东风还在世界范围内掀起了民族革命和独立的高潮。追求自由、民主之风波及世界各地。从北美大陆到南美，从北欧到俄国，都受到了法国革命的影响。拉丁美洲和波兰等都相继发生了独立战争和革命。甚至连波兰的偏僻小镇高安第斯（High Andes），及远至南非的开普敦，都出现了为自由、为法国干杯的场面。拿破仑军队更是把法国大革命的成果带到其他国家，使法国大革命的口号、原则传播到全世界。"欧洲社会的陈旧基础被彻底动摇。"[1] 革命导师列宁曾充满激情地说道："看看法国大革命吧，人们用伟大来形容这场景是不无道理的。以至整个19世纪，即给予全人类以文明和文化的世纪，都是在法国革命的标志下度过的。"[2] 李大钊也指出，法国大革命同俄国十月革命一样，"同为影响于未来世纪文明之绝大变动"，"岂惟法人，十九世纪全世界之文明……罔不胚胎于法兰西革命血潮之中"。[3]

五

法国大革命的发生距今已有200多年了。用今天的眼光看，我们当然可以很容易地指责它有许多不足之处，有这样那样的局限性。但是，"判断历史的功绩，不是根据历史活动家没有提供现

---

[1] 米涅：《法国革命史》，北京编译社译，北京：商务印书馆，1981年，第381页。
[2] 列宁：《全俄社会教育第一次代表大会》，载《列宁全集》第29卷，第334页。
[3] 李大钊：《法俄革命之比较观》，载《李大钊文集》上卷，第572页。

代所要求的东西，而是根据他们比他们的前辈提供了新的东西"[1]。而且，直到200多年后的今天，从全球范围来看，法国大革命所提出来的任务和目标仍然指引着今人行动的方向，人们在继续努力去完成和实现法国大革命的理想。纵观世界，人类尚未实现真正的自由、平等、博爱，尚未实现人人生而平等、法律面前人人平等等理想。所有这一切，都需要我们很好地总结法国大革命的经验教训，继承法国大革命的伟大精神，向着使全人类真正做到自由、平等、博爱的目标努力。

（原载《历史教学》1989年第7期）

1　列宁：《评经济浪漫主义》，载《列宁全集》第2卷，第150页。

第五部分
何以美国

弗雷德里克·埃德温·丘奇,《我们的旗帜在空中》,1861年

美国早期对法外交

早期美法外交是美国对外关系中极其重要的一章,它对美国的诞生和成长以及外交政策的形成都产生过巨大的影响,很有探讨的必要。

一 同法国结盟:为了独立

1763年后,北美殖民地与英国的矛盾开始尖锐起来。这种矛盾发展到只有武力方能解决的地步。结果,莱克星顿、康科德发出了"震惊世界的枪声"[1]。但当时北美殖民地要想凭借武力与世界上军事、经济大国闹独立,寻求外国的援助则具有十分重要的意义。美国"国父"们充分认识到外援的重要性,他们从一开始就

---

1 L. S. Stavrianos, *The World Since 1500: A Global History*, New Jersey: Prentice Hall, 1971, p. 256.

展开了灵活机智的外交活动,并把对法外交作为重点。

当时的国际关系决定了法国要向北美殖民地伸手援助,借以打击英国。因为英法世仇,争斗不休。七年战争为大不列颠帝国的建立打下了较为坚固的基础,而法国却损失惨重。英法在世界上的激烈争夺迫使法国尽可能地把利用一切机会削弱英国作为自己的"职责"[1],而英属北美殖民地的起义,正是一个好机会。1778年法国外交大臣维尔仁在致西班牙君主的信中写道:"天意注定这个时代要让一个傲慢、贪婪的大国受到屈辱……,光荣和不可估量的利益将属于我们两个国王。"[2] 法国帮助北美殖民地的主要动机是削弱英国,保全它的西印度殖民地以及控制北美的贸易,以便"重建自己的声望",恢复法国"应有的地位"。[3] 控制和北美的贸易这一动机,从战争开始到结束都未改变。维尔仁在独立战争结束时给法财政大臣的信中写道:"永远记住:把合众国从大不列颠分离出来时,我们所需要的首先是它的贸易。"[4] 由此可见,法国打算援助美国并不是出于什么"高尚"的动机,更不是"仅仅为了美国"[5],而只是出于自己的利益。

---

1 维尔仁在致法王路易十六和外交部的备忘录中写道:"抓住每一个可能的机会以削弱英国的力量,便是我们的职责。"引自 Armin Rappaport, *Issues in American Diplomacy*, vol. 1, New York: The Macmillan Company, 1965, p. 56。

2 Samuel Morrison et al., *The Growth of American Republic*, vol. 1, New York: Oxford University Press, 1980, p. 193.

3 法国外交部1778年1月13日备忘录。引自 William A. Williams, *The Shaping of American Diplomacy*, Chicago: Rand McNally, 1972, pp. 32–33。

4 Samuel Morrison et al., *The Growth of American Republic*, p. 103.

5 维尔仁曾转告美国,法国"只是因为他们才宣战","卷入战争"。参见 Samuel F. Bemis, *A Diplomatic History of the United States*, New York: H. Holt and Company, 1942, p. 18。

早在战争一开始，法国就暗中给美国以军火等援助。法以"洛克瑞克·霍尔塔列公司"的名义，从1776至1783年共援助美国达2 100万利维尔以上。不过，在1778年前，法国表面上一直声称维持中立。这主要归于下列原因，其一，美国在战争上屡屡败北使法国许多头面人物怀疑公开援助和结盟的价值。其二，当时法国国内矛盾尖锐，法国政府害怕鼓励"反对合法君主的叛乱者"会点燃法国本身的革命之火。所以法国虽有意援助美国，但对美国独立能否成功没有充分把握的时候，法国政府是不会轻易下赌注冒险和美国结盟并公开援助它的。法美结盟需要一定的前提。这个前提就是美国愿意而且有可能独立。

因此，美国《独立宣言》的发表并没有促成法美同盟的建立，只是到1777年10月份美国取得萨拉托加战役的重大胜利时，法美结盟的条件才完全成熟。1777年12月4日法国得到美国获胜的消息，两日后（12月6日），维尔仁便通知富兰克林，法国政府决定与美国谈判结盟问题。两个月后（1778年2月6日），签订了《法美同盟条约》和《友好通商条约》。盟约规定结盟的目的是"有效地维持美国绝对的无限制的自由主权及独立"，双方同意不达到这个目的，决不罢兵。[1]

美法盟约和商约的签订，是美国早期外交史上最光辉的一页。美国独立的领导人利用法英矛盾使法国这个欧洲典型的封建主义国家第一个承认了资产阶级的美国。法美同盟的建立使美国

---

1 Samuel F. Bemis, *A Diplomatic History of the United States*, p. 30.

人民对独立运动更有信心。华盛顿听到盟约签订的消息后，高兴地写道："没有一件事（比这）更能引起我心中的喜悦。"[1] 法美结盟为美国"设计了一条清晰和平坦的通往独立之路"[2]。

"美法联盟可以说是战争的转折点"[3]，它打破了当时英国建立起来的均势结构，从而导致国际关系发生有利于美国独立的巨大变化。法国已决心帮助美国打败英国，"以便得到这次战争的一切好处"[4]。西班牙虽然不愿承认美国并加入美法同盟，但它想乘机从英国手中夺回直布罗陀。1779年4月12日，西法签订了《亚伦苏伊兹密约》，规定西班牙对英作战。法国为了把西班牙拉入对英战争，在《亚伦苏伊兹密约》中规定不收复直布罗陀不罢兵求和。显然这是与法美盟约的宗旨相违背的。法国这种企图把美国的独立拴在直布罗陀岩石上的叵测居心，是美国后来摆脱法国而单独媾和的一个重要原因。到1780年，丹麦、荷兰、瑞典、俄国等也组成武装中立同盟在海上与英国抗衡。"英国第一次没有一个欧洲盟国而投入战争。"[5] 自此，莱克星顿的枪声才"真正震惊了世界"。怪不得富兰克林在《法美条约》签订后惬意地写道："整个欧洲都在支持我们，而英国却处于四面楚歌之中。"[6] 可以

1　康力夫：《华盛顿传》，饶余庆译，香港：今日世界出版社，1974年，第78页。

2　Alexander DeConde, *A History of American Foreign Policy*, vol. 1, New York: Scribner, 1978, p. 28.

3　康力夫：《华盛顿传》，第80页。

4　莱丹：《美国外交政策史》，王造时译，上海：商务印书馆，1936年，第24页。

5　A. L. Morton, *A People's History of England*, London: International Publishers, 1979, p. 318.

6　波将金等编：《外交史》第1卷上册，北京：生活·读书·新知三联书店，1979年，第495页。

说，法美结盟及其影响最终从外交上保证了美国独立的成功。因此，尽管美法同盟只不过是同床异梦的结合而产生的怪胎，它在客观上有利于美国的独立，加速了独立战争胜利的到来。美国为了摆脱英国的殖民统治，充分利用了同法国的结盟。列宁对此做了较高评价。[1] 不过，也正因为美法同盟是同床异梦的产物，所以美国最终抛弃盟约也势在必行。

美法矛盾到独立战争结束前逐渐公开化。当时，西班牙为取得直布罗陀，不时地向英国暗送秋波；俄奥等国也想趁动荡的局势"幸分一杯羹"，正着手筹备危害美国独立事业的维也纳和会。法国对于上述阴谋的态度和立场都是不利于美国的。为了控制美国，法国甚至强迫大陆会议指示美国谈判代表，"没有他们的（指法国）予闻和同意"，美国和英国不得达成任何协议，美国谈判代表在与英国的谈判中，应时时听取法国的"劝告及意见"。[2] 美国外交家当然不会上法国的圈套。

和谈一开始，美国代表就对维尔仁的阴险劝告置之不理，坚决不与证书措辞不当的英国代表奥斯沃德接触，要求其更换证书。[3] 美国最后甚至干脆抛开法国，单独与英谈判。1782年11月，美国代表没有事先通知法国就签署英美预备条约。1783年9月3日美英《巴黎条约》正式签字。至此，美国才真正成为"而且应该

---

[1] 参见《列宁全集》第28卷，第49页。
[2] J. W. Pratt, *A History of the United States Foreign Policy*, New Jersey: Prentice-Hall, 1965, p. 22.
[3] 奥斯沃德的证书只授权他与"殖民地"而不是独立的美国代表谈判，实际上等于否认美国的独立。

名正言顺地成为自由独立的合众国"(《独立宣言》语)。同时，摆脱和法国的盟约，奉行孤立主义外交政策，发展美国的经济，巩固独立也随之提上了议事旧程。

二 摆脱法美同盟，独立主义外交的需要

独立后的美国，债台高筑，经济落后，政治上四分五裂。邦联政府实际上并不是一个政府，而只是一个外交机构。有人甚至称之为头脑受四肢指挥的怪物。[1] 因此政治上加强中央权力，完善政府机构，变四肢指挥头脑的怪物为头脑指挥四肢的正常机构是美国的当务之急。经济上，发展生产、加强贸易，更是刻不容缓。美国要想自立于世界民族之林，必须把经济问题作为头等大事来抓，加强对外贸易。因为没有对外贸易，资本主义生产是不存在的。政治上和经济上的需要要求美国埋首内务，不卷入与欧洲纠缠不清的联系之中。而法美同盟却是可能把美国拖入欧洲政治旋涡的巨大包袱。摆脱它势在必行。

从外交上看，法国对于正式独立的美国并无多少好感。它没有遵循1778年盟约中关于保证美国独立和边界安全条款，既没有促使英国从美国撤出北部据点，也没有反对西班牙的美洲边界要求。为了控制美国，法国甚至乐于见到美国处于分裂和软弱状

---

[1] 参见汉密尔顿等:《联邦党人文集》，程逢如等译，北京：商务印书馆，1980年，第234页。

态，而"不想见到新的共和国脱离法国外交控制的轨道"[1]。法国控制美国的主要武器便是法美盟约。因此，就外交而言，废除法美盟约也已成为美国的迫切需要。

孤立主义外交的一个方面就是中立。1789年法国爆发革命，并很快导致欧洲范围内的战争。虽然美国政界对法国革命和1778年法美盟约的态度不一，但对美国采取中立立场几乎一致赞同。汉密尔顿认为不卷入法国革命（即保持中立）是"扼杀法国革命的最好方式"[2]。杰斐逊虽同情和赞成法国革命，认为它是"人类所从事的最神圣的事业"[3]，但出于政治的考虑在外交上却对法国革命采取了敬而远之的态度。诚如法驻美公使阿代特所言："杰斐逊先生喜欢我们，是因为他恨英国；他接近我们，是因为他害怕英国甚于害怕我们……。我认为杰斐逊是一个美国人，因此他不会是我们的真挚朋友。一个美国人是所有欧洲人的天敌。"[4] 不过，杰斐逊虽完全赞成美国的中立立场，但他反对立即公开宣布中立，以使英国摸不清美国的真实态度，逼使它在中立商务上做出让步，解决英美之间存在的问题。[5]

华盛顿总统更是中立政策的"始作俑者"。他主张美国应避免卷入一切战争。声称美国要"安稳地依靠临时的同盟以应付

---

[1] Samuel F. Bemis, *A Diplomatic History of the United States*, p. 82.

[2] H. M. Morais, *The Struggle for American Freedom: The First Two Hundred Years*, New York: International Publishers, 1944, p. 269.

[3] Samuel Morrison et al., *The Growth of American Republic*, p. 300.

[4] Thomas A. Bailey, *A Diplomatic History of the American People*, pp. 84–85.

[5] 莱丹:《美国外交政策史》，第91页。

非常的事变"。法美同盟在他的心目中就是这样一个"临时的同盟"。华盛顿著名的《告别辞》主要就是针对法美同盟的。他在这个文件里宣布"我们的真正政策是避免和外国任何一部分缔结长期同盟"[1],这样做的"主要动机是争取时间,使我国能安存下来,使我们幼稚的制度逐渐成熟,不断前进到维持独立的程度"[2]。《告别辞》是体现美国外交进程的一个极其重要的文件,其实质是孤立主义宣言。

1793年4月12日,华盛顿对美国政府内部各家意见加以折中后,发表宣言,承认当时的法国,并宣布对各交战国"均示友好,不偏不倚"[3]。因此,尽管1793年宣言未出现"中立"字样,仍以"中立宣言"闻名于世。

对于美国中立政策的评价,可谓众说纷纭,莫衷一是。我们认为,华盛顿发表"中立宣言"谈不上对法国"忘恩负义",或已成为"大不列颠的工具"。[4] 实际上,"美国人民一直认为艰苦奋斗得来的自由会受到野心勃勃的欧洲大国的威胁。新国家的目标只有拒欧洲于门外方能达到。1793年的《中立宣言》就是这种信念的反映"[5]。《中立宣言》的精神自北美殖民地时期已见端倪,是八年抗英战争便初步形成的孤立主义思想的产物。法吉伦特派

---

1 Alexander DeConde, *A History of American Foreign Policy*, p. 62.
2 Jack Allen et al., *USA: History with Documents*, New York: American Book Company, 1971, p. 197.
3 Richard Leopold, *The Growth of American Foreign Policy*, New York: Knopf, 1962, p. 36.
4 A. W. Ward et al., eds., *The Cambridge Modern History*, vol. 7, New York: Macmillan Company, 1934, p. 318.
5 *Encyclopedia of Britain*, vol. 15, London, 1947, p. 734.

公使"公民热内"力图使美国加入法国一起战斗的做法只不过促成了《中立宣言》早日问世罢了。《中立宣言》的发表是美国摆脱盟约的决定性一步。1794年国会正式通过的"中立法"又在法律上把中立政策肯定下来。美法同盟名存实亡。

美国宣布中立后，当然不能容忍热内的一系列违背美中立立场的做法。在美国政府看来，"热内的行为，就太放肆了点"[1]，这个"头脑发热""充满幻想"[2]的公使错误地把美国人民由于对法国革命的热爱而对他的欢迎理解为对他的行动的接受。实际上，美国政府认为热内是一个威胁。甚至连杰斐逊也警告共和党的领袖人物麦迪逊说热内是颗灾星，"如果共和党人不抛弃他，他将断送共和党的利益"[3]。1793年8月，美国要求法国召回热内，雅各宾法国表示同意，但也要求美召回反对法国革命的美国驻法公使古维诺尔·莫里斯。中立政策经受了第一次考验。

1794年11月英美之间签订的《约翰·杰条约》，使美法关系日益恶化。法国认为该条约是美对英的投降，对法国明显不利。于是法国开始掠夺美国的商船，并拒绝接受继门罗之后派驻法国的公使查尔斯·平克尼（Charles Pinckney）。法美关系进一步紧张。为了改善日趋恶化的法美关系，1797年亚当斯总统派艾尔布里奇·杰雷（Elbridge Gerry）、约翰·马歇尔（John Marshall）会同平克尼和法国谈判。美国谈判的主要目的是不卷入法国战争、

1　康力夫：《华盛顿传》，第122页。
2　Alexander DeConde, *A History of American Foreign Policy*, p. 59.
3　Samuel Morrison et al., *The Growth of American Republic*, p. 301.

美在贸易上不应受到战争限制等。[1] 法国的条件是：一、亚当斯总统在国情咨文中对法国的尖锐攻击，应予收回；二、美应向法提供经济援助。法国外交部长塔列郎甚至要求25万美元的贿赂，以便"痛快一番"[2]。美国代表认为法国的条件无疑是要"美国完全放弃独立"[3]，表示决不答应。并宣布如法国以战争相威胁，美将奋起自卫。谈判无效而终。美国政府在公布此次谈判经过时，用XYZ三字母表示法方三谈判代表。此即著名的"XYZ事件"。

XYZ事件后，美国举国震动，要求和法国一决雌雄。在这样的气氛中，美国建立了海军部，陆军也大大加强，并停止和法国的贸易。1778年盟约也被美国单方面废止。甚至连年老体衰的华盛顿也打算再度出山，担任美国指挥官，以准备对法战争。不过，由于双方都不愿把事态扩大，所以，美法只是在海上发生了冲突。这种"准战争"一直持续到1800年。

法国政府唯恐法美关系的恶化，会使美国投入英国一边。而且此时法国正贪婪地注视着西属路易斯安那。法国感到有必要改善同美国的关系。于是法国明确表示愿意接受美派往法国的任何公使，该公使会"作为一个自由、独立和强大的国家代表而受到尊敬"[4]。

亚当斯总统也是中立政策的坚决拥护者。早在1775年他就宣

---

[1] A. W. Ward et al., eds., *The Cambridge Modern History*, p. 321.
[2] 波将金等编：《外交史》第1卷下册，第641页。
[3] Alexander DeConde, *A History of American Foreign Policy*, p. 64.
[4] Norman A. Graebner, *Ideas and Diplomacy*, New York: Oxford University Press, 1964, pp. 9–11.

称"我们应当把这作为永远铭记的一条首要原则和格言写下来：在所有未来的欧洲战争中，保持完全的中立"[1]。美法缔结同盟时，亚当斯就颇有微词，认为和法结盟"会使美国纠缠于未来的战争中去"[2]。XYZ事件后，他声称不再派使节赴法，除非法国"给予保证：该使节作为一个伟大、自由、强盛的独立国家的代表而受到尊敬并得到应有的荣誉"[3]。现在法国正好做出了这样的保证。于是美法重新谈判。

在谈判中美国要求法国赔偿法对美贸易所造成的损失以及"废除1778年同盟条约强加给美国的保证"[4]。法国的立场是"如果你们要赔偿费，就必须维持（1778年）条件；如果你们要废除条约，就必须放弃赔偿费"[5]。当然，如二者不可兼得，美宁择后者。这是孤立主义外交的需要。1800年9月30日，法美终于正式废除同盟条约。美法"准战争"也正式结束。孤立主义外交取得了一次伟大胜利。约翰·亚当斯总统对此十分自豪，认为这是"他一生中最公正无私和值得称赞的行动"[6]，并要求"在我的墓碑上唯愿刻上这样的话：约翰·亚当斯安息于兹。就是他承担了在1800年同法国媾和的责任"[7]。

---

[1] Norman A. Graebner, *Ideas and Diplomacy*, pp. 9—11.

[2] J. W. Pratt, *A History of the United States Foreign Policy*, pp. 36—37.

[3] H. U. Faulkner, *American Political and Social History*, New York: F. S. Croft & Company, 1937, pp. 142—143.

[4] A. W. Ward et al., eds., *The Cambridge Modern History*, p. 322.

[5] J. W. Pratt, *A History of the United States Foreign Policy*, p. 46.

[6] Alexander DeConde, *A History of American Foreign Policy*, p. 67.

[7] Gerald Baydo, *USA: A Synoptic History of America's Past*, New York: Wiley, 1981, p. 161.

1800年美法谈判的主要意义在于美国终于彻底摆脱了1778年盟约的束缚。美国现在可以轻装上阵,完全沿着孤立主义外交道路前进了。孤立主义外交不仅包含中立、巩固独立等意义,而且还具有扩张的意义。美法外交的下一步便是美国向路易斯安那的扩张。

三 孤立主义外交的发展:向外扩张

路易斯安那最先属于法国。七年战争后,法国把它让给了西班牙。法国在大革命后很想收回路易斯安那,重建美洲帝国。督政府时期法国派往美洲的一个秘密使节就明确宣称法国要获得路易斯安那和佛罗里达,以便"在西半球重建自然赋予我们的优势"[1]。拿破仑上台后,从西班牙手中夺取路易斯安那更是成为它建立美洲帝国的首要目标之一。

当时的西班牙,已是接近衰落的帝国。美法对路易斯安那的垂涎,使它为防守花了很大力气。西班牙外交部长路易斯·德·乌尔克维霍有一次就诉苦说:"老实讲,我们为这块地方所付出的代价超过了它的价值。"[2] 因此,在拿破仑的武力进逼之下,西班牙国王同意用路易斯安那为其女婿换取意大利的一块地盘。1800年10月1日,法西签订了秘密的《圣伊德方索条约》,在

---

[1] Samuel Morrison et al., *The Growth of American Republic*, p. 320.
[2] Alexander DeConde, *A History of American Foreign Policy*, p. 69. 另参见波将金等编:《外交史》第一卷下册,第644页。

法律上完成了路易斯安那的转让。拿破仑的如意算盘是一俟法国征服海地，便正式接收路易斯安那。不料他在海地遭到了"黑拿破仑"杜桑·卢维杜尔的当头一棒。拿破仑的海地远征遭到了空前失败，从而惊醒了他的美洲帝国的美梦。

  法国建立美洲帝国的野心使美国焦虑万分。诚如前述，发展对外贸易是美国的当务之急。而密西西比河和新奥尔良的地位在美国对外贸易中又十分重要。因此，美国许多政治活动家一开始就大声疾呼，要求沿密西西比河的自由航行权和新奥尔良的存放货物权。美国的这些要求分别在美英《巴黎条约》和1795年美西《平克尼条约》中得到了实现。而且，美国是一个典型的资本主义国家，因此一开始就出现了要求扩张的思潮。早在1786年杰斐逊就写道："我们目前的地域范围对一个好的政府来说不是大了。我们的邦联必须被看作是一个巢穴，从这里我们向整个美洲的北部和南部殖民……"[1] 1803年1月28日的《纽约晚报》声称："管理北美洲的将来命运乃是合众国的权利，这个权利是我们的。"[2] 但如果法国获得路易斯安那，并建立美洲帝国，美国所有的这些扩张希望甚至已获得的成果都有可能付诸东流。法国代替弱小的西班牙为邻对美国无疑是个巨大的威胁。

  1801年7月，杰斐逊总统写道："我们认为（西班牙）占有邻

---

[1] R. W. Alstyne, *American Diplomacy in Action*, Redwood City: Stanford University Press, 1947, p. 521.

[2] 阿·符·叶菲莫夫：《美国史纲》，庚声译，北京：生活·读书·新知三联书店，1972年，第288页。

近的西部地区对我们非常有利……，任何别的国家取代其地位都会使美国忧心如焚，痛苦注视。"[1] 但"痛苦注视"是无济于事的，美国必须有所对策。杰斐逊要求国会对于"美国有特别严重影响"[2] 的路易斯安那问题"予以……考虑"[3]。国会立即拨款200万美元作为就这一问题和"外国交涉的费用"，并授权总统可动员八万民兵入伍。国会的决议还指出，鉴于新奥尔良和佛罗里达对美国的"重要性"，它们"应该成为美国的一部分，要么购买，要么征服"。[4]

杰斐逊总统虽然在自己的第一次就职演说中宣称"和平、贸易，与一切国家真诚友好，不与任何国家缔结纠缠不清的同盟"[5]。但在美国的扩张和贸易受到法国严重威胁的时候，他似乎愿意旧戏重演，"以暂时的同盟应付非常的事变"。1802年4月18日，杰斐逊写道："在地球上有一个地方，它的拥有者是我们的天然敌人，这个地方就是新奥尔良。我们的产品就是由此进入市场……，法国一旦获得新奥尔良，我们就必须与英国舰队和该国家联合起来。"[6] 杰斐逊当时考虑两个步骤，派门罗作为特使协助李文斯顿与法国洽谈购买新奥尔良、佛罗里达事宜，如一切努力失败，杰斐

1　J. W. Pratt, *A History of the United States Foreign Policy*, p. 48.
2　Gerald Baydo, *USA: A Synoptic History of America's Past*, p. 165.
3　莱丹：《美国外交政策史》，第119页。
4　H. U. Faulkner, *American Political and Social History*, p. 148.
5　J. W. Pratt, *A History of the United States Foreign Policy*, p. 51.
6　杰斐逊致李文斯顿语。引自Jack Allen et al., *USA: History with Documents*, p. 222。

逊指示他们可以和"大不列颠的使节进行一次秘密接头"[1]。

然而,当美使和塔列郎会谈时,后者竟主动提出:"你们想购买新奥尔良?……难道你们就不想购买整个路易斯安那?"[2] 为什么法国突然放弃路易斯安那?主要原因之一是前面提到的拿破仑在海地的惨败,"没有黑斯帕里奥拉,路易斯安那就失去了它的大部分价值"[3]。其次是法英大战迫在眉睫,法国需要金钱和"朋友"。而且,英国掌握了海上优势,英国如果封锁和占领了新奥尔良,法国对路易斯安那就只好望洋兴叹。正是由于这些原因,才使得拿破仑决定出卖路易斯安那。当时拿破仑指示法财政部长就此进行谈判,"甚至不必等门罗先生抵达,就在今天和李文斯顿先生会谈"[4]。

1803年4月30日(实际是5月2日,但条约中注了4月30日的日期),法美条约以拿破仑式速度签订。法国以每平方英里不到三美分的价格出卖了相当于法本土五倍的路易斯安那,从而使美国做成了"历史上最大的不动产买卖"[5]。

路易斯安那的购买对美国具有重大意义。它不仅使美国成为地大物博的国家,获得了"跻身于第一流大国行列"[6]的资本,而

1　Samuel Morrison et al., *The Growth of American Republic*, p. 340.
2　Ines Murat, *Napoleon and the American Dream*, trans. by Frances Frenaye, Baton Rouge: Louisiana State University Press, 1980, p. 13.
3　Samuel Morrison et al., *The Growth of American Republic*, p. 340.
4　Jack Allen et al., *USA: History with Documents*, p. 222.
5　Ibid., p. 223.
6　李文斯顿语,引自Ines Murat, *Napoleon and the American Dream*, p. 14。

且它提供了在美国扩张方面重要的实验基地。它是美国在美洲排斥欧洲势力并进行扩张的第一步,是宣布门罗主义的序幕。可以说路易斯安那的购买是美国外交上的一个转折点。美国著名史学家 F. J. 特纳曾经指出:"路易斯安那的购买,使密西西比河流域获得政治上的完整,其后果是意味深长的。"[1]

必须指出,美国购买路易斯安那,虽属于扩张的范畴,但它还包含着一定程度的维护独立和自身安全和因素。这种双重性到第二次英美战争时仍很鲜明地体现出来。而且路易斯安那还有避免北美大片领土沦为殖民地的客观效果。这一点是不容忽视的。

据说拿破仑在出卖路易斯安那时曾自嘲道:"我们帮助他们(指美国人)获得自由,现在让我们帮助它成为大国吧!"[2] 如果撇开法国的动机不论,这句话倒可以作为法美早期外交的一个总结。

综观美国外交史,我们可以发现美国的外交政策大致可归纳为四种策略口号:孤立主义、门罗主义、门户开放和杜鲁门主义。早期的美国对法外交的一条主线就是孤立主义。美国早期对法外交的胜利说明孤立主义外交政策不仅没有对美国政府的行动加以限制[3],相反,它恰恰可以证明美国政府利用孤立主义外交来"按部就班地选择自己的时机和干预的方式。美国的力量一向

---

1 F. J. Turner, *The Frontier in American History*, New York: R. E. Krieger, 1921, p. 189.
2 Gerald Baydo, *USA: A Synoptic History of America's Past*, p. 160.
3 美国一些历史学家认为孤立主义外交是"消极的",是对美国的一种"限制"。利奥波德就持这一观点。参见 Richard Leopold, *The Growth of American Foreign Policy*, p. 17。

在于养精蓄锐,并不在于孤立"[1]。早期美法外交包括独立、维持独立、中立和扩张等内容,因此它对全面理解孤立主义外交政策具有极其重要的意义。

(原载张友伦、米庆余编:《日美问题论丛》,
天津:天津教育出版社,1989年)

---

[1] Albert Bushnell Hart, *The Foundations of American Foreign Policy*, New York: Macmillan Company, 1901, p. 51.

威廉·亨利·西沃德和美国亚太扩张政策

威廉·亨利·西沃德，19世纪美国著名政治家。毕业于联邦学院，历任纽约州议员、州长、联邦参议员等职，1861至1869年担任国务卿。他是建立美国太平洋帝国的鼓吹者和设计者。有人认为，自西沃德1869年离开国务院后，"美国的东亚政策便没有增加一点新的原则"[1]。本文拟对西沃德和美国亚太扩张政策的关系加以研究，以揭示美国扩张政策的发展脉络。

一　西沃德亚太扩张思想的历史背景

美国和亚太地区的关系可上溯到美国立国之初。美国挣脱英国殖民地枷锁后，英国、西班牙和法国等对美国同他们的美洲殖民地之间贸易加以重重限制。但对美国在亚太地区的贸易一

---

[1] Tyler Dennett, "Seward's Far Eastern Policy", in *The American Historical Review*, Oct., 1922, p. 45.

时并未干涉,从而在客观上起到鼓励美国商人到亚太地区冒险的作用。1784年"中国皇后号"首抵中国。随后一系列其他美国商船也竞相展开对华贸易:1786年美国开始同毛里求斯进行贸易,1787年同塞勒姆开始贸易,1789年美国商船第一次进入印度港口。同年7月4日,美国在其第一个关税法案中,对从事与中国、印度贸易的美国商人予以优惠待遇。1819年第一批美国人到达夏威夷,其中主要是捕鲸者。19世纪20年代美国在太平洋上的海上贸易利益、捕鲸利益及捕猎海豹利益已经达到一定水平。为此美国政府开始建立常设性太平洋舰队,以保护上述美国利益。

美国是在英国重商主义和扩张传统下的产物——13个美洲殖民地基础上产生的。它不可避免地带有向外扩张的明显印记。扩张成为美国立国之后的永恒主题。华盛顿早在1783年即称羽毛未丰的美国为"正在升起的帝国"。杰斐逊和约翰·昆西·亚当斯更是憧憬一个横跨两洋的美国。美国对亚太地区的兴趣,正与美国的扩张传统紧密相连。

正是由于美国朝野对向太平洋扩张的兴趣,美国的边界向太平洋日趋接近。1819年美国同西班牙签订的《横贯大陆条约》便暴露了美国政府建立两洋帝国的野心。在这一条约中,美国坚持把美国的西部边界划到太平洋沿岸。在随后发生的美英围绕奥勒冈归属争端中,美国不少朝野之士更是大声疾呼,认为美国的"自然边界是太平洋",无人能够阻止美国向太平洋发展。[1]

---

[1] Dan E. Clark, "Manifest Destiny and the Pacific", in *Pacific Historical Review*, Mar., 1932, vol. l, no. 1, pp. 3-4, 8.

向太平洋扩张的呼声到19世纪40年代达到了一个新的阶段。1840年鸦片战争爆发后,引起美国上下对远东的普遍关注。1844年美国尾随英国炮舰胁迫中国签订《望厦条约》,标志着美国正式进入亚洲特别是远东的国际政治。在这种情况下,不少美国人认为美国向太平洋扩张的时代已经来临。天定命运说在美国一时间甚嚣尘上。从1820至1848年的国会辩论中,美国人对奥勒冈和加利福尼亚表现了极大的兴趣。例如在众议院1846年1月就奥勒冈问题进行辩论时,太平洋的重要性多次被强调。密西西比州的鲍林众议员当时指出,从大西洋到太平洋,"我们生来是,咳,我们被上帝亲手注定是一个民族国家"[1]。这不仅是出于美国人要做北美大陆主人的动机,而且更重要的是由于把上述两地视为建立美国"太平洋帝国的基础和出发点"[2]。1846年英美奥勒冈争端终于得到有利于美国的解决。1845至1846年爆发的美墨战争,使美国获得了加利福尼亚。美国的版图终于扩延到太平洋,实现了杰斐逊等人建立两洋美国的梦想。

完成大陆扩张之后,一般美国人满足于两洋大国的现状,将注意力集中在美国的南北矛盾和内部发展上,对太平洋的兴趣有所下降。而在上述氛围中踏上全国政治舞台的西沃德(其从1849至1861年任联邦参议员),却"看到了太平洋上的一个伟大商业时代的曙光"[3],并吹响了美国向亚太扩张的嘹亮号角。

---

[1] 南开大学美国史研究会编:《美国史译丛》,中国美国史研究会出版,1982年第2期,第6页。

[2] Foster R. Dulles, *America in the Pacific*, Boston: Houghton Mifflin, 1938, pp. 4, 89, 93.

[3] Samuel F. Bemis, *A Diplomatic History of the United States*, p. 146.

二 西沃德亚太扩张思想的主要构思

西沃德首先是个强烈的扩张主义者,是天定命运论的主要鼓吹者之一。他在1853年曾雄心勃勃地声称,美国的疆域"将无限拓展。无论太阳照耀热带,还是辐射极圈,这个联邦都将迎接那黎明的曙光。美国的疆域甚至应包括两大洋中遥远的岛屿"[1]。西沃德的扩张思想是建立在美国优越论的基础之上的。他认为"人类必将认同我们为历史上少数几个伟大国家的继承者。这些国家曾在世界上各自拥有发号施令的影响"[2]。

西沃德扩张思想的主要内容是向亚太扩张,建立太平洋帝国。西沃德这一构思发端于19世纪40年代,成熟于50年代。其主要观点是,美国在完成大陆扩张后应转向亚太地区进行扩张。扩张的方式是从领土扩张转为商业扩张,但不排除获得某些重要的贸易据点。用贸易代替武力。他不认为战争是扩张的最好手段,因为"战舰绝不是能被派往国外的最成功的使节"[3]。

西沃德一进入参议院,就大声疾呼亚太地区对美国的重要性。他以一个政治家特有的敏感和预见能力,在美国最先认识到亚洲将成为世界重大事务的中心,是世界贸易的中心地区和"人

---

[1] George E. Baker, ed., *The Works of William Henry Seward*, vol. 4, New York: Redfield, 1853−1861, pp. 122, 139.

[2] Ibid.

[3] Ernest N. Paolino, *The Foundations of the American Empire: William H. Seward and U. S. Foreign Policy*, Ithaca: Cornell University Press, 1973, pp. 4, 11, 28−29, 35, 110−112, 118, 149−150.

类活动的新舞台"。欧洲对美国带来威胁的地点不在别处,而在太平洋。[1] 这位美国"拉开的新帝国帷幕中的""演员王子"还指出,未来争夺世界霸权的战争将发生在太平洋。这场战争的胜利应属于拥有巨大经济实力的国家。"美国应该是,而且会是地球上伟大的强国。"要做到这一点,美国必须控制世界贸易。[2] 西沃德的最大野心是使美国获得世界商业霸权,认为商业是美国"伟大任务之一",是"美国促进文明进步和拓展(美国)帝国的主要使者"。[3] 而美国要控制世界贸易,就必须控制太平洋,因为只有"太平洋上的贸易才是世界性贸易"[4]。控制亚洲、太平洋是美国商业帝国的终极目标。所以,美国"必须建立海洋帝国","只有海洋帝国才是真正的帝国"。[5] 太平洋是这海洋帝国的中心舞台。美国的伟大端赖它应该将其力量扩张到太平洋并"掌握东方的贸易"[6]。

西沃德告诫他的参议员同事不要看错美国前进的方向。他指出,美国建立帝国的竞争,"不会在美国大湖区,不会在大西洋沿岸,也不会在加勒比海。不在地中海,不在波罗的海,也不在大西洋上。而会发生在太平洋及其岛屿和大陆"。美国的真正竞

---

1 Ernest N. Paolino, *The Foundations of the American Empire: William H. Seward and U. S. Foreign Policy*, pp. 4, 11, 28−29, 35, 110−112, 118, 149−150.

2 Walter LaFeber, *The New Empire*, Ithaca: Cornell University Press, 1963, pp. 27, 31.

3 Congress Globe, 31d cong., 2d. sess., 1851, 1, 21, App., p. 92.

4 Walter LaFeber, *The New Empire*, pp. 27, 31.

5 George E. Baker, ed., *The Works of William Henry Seward*, vol. 1, pp. 50−51, 248−250.

6 George E. Baker, *The Diplomatic History of the War for the Union*, Boston: Houghton Mifflin, 1884, pp. 320, 573.

争对手在亚太地区。所以，美国的命运就是控制亚洲市场。如果美国成功的话，它无疑会成为"现存各国中最强大的国家。比曾存在过的所有国家都强大"[1]。

西沃德向亚太扩张的构思策应于他的美国文明优越论。他认为欧洲文明已经衰落。美国文明正在兴起。一旦先进的美国文明与古老的亚洲文明结合在一起，那么，美国霸业之梦的实现便指日可待。1852年7月29日西沃德在参议院的演说中说："甚至发现本大陆及其岛屿以及在其上组织社会和政府——尽管这些事是如此庄严和重要，对于现在正在完成的两大文明重新结合这一辉煌结果来说，也只是有限的、初步的和次要的。这两大文明早在4 000年以前便在亚洲的平原上遥遥相对，后来又沿着相反的方向环绕世界，现在又在太平洋的海岸和岛屿重新相遇。诚然，在地球上绝没有发生过如此庄严和重大的人类事件……，欧洲的商业、欧洲的政治、欧洲的思想和欧洲的活动，虽然实际上还拥有更大的力量，而且同欧洲的联系虽然实际上正变得更加密切，然而谁没有看到其重要性今后逐年会降低，而太平洋，它的海岸，它的岛屿和周围的广大地区，将要变成今后世界的重大事件的主要舞台呢？谁没有看到这个运动必然使我们自己从欧洲残留的影响和偏见中完全解脱出来，并代之以用美国的观念和影响去改造旭日的初升之地（指亚洲）的宪法和风俗呢？"[2]

---

1 Congress Globe, 32d cong, 2d. sess., 1852, 7, 29, pp. 1975-1976.
2 George E. Baker, ed., *The Works of William Henry Seward*, vol. 1, pp. 50-51, 248-250.

西沃德的美国文明优越论是与其世界中心西移论分不开的。他曾预言，美国人"注定将要把他们不可抗拒的浪潮滚滚推向北部冰封的屏障，并将在太平洋岸边与东方文明碰头"[1]。西沃德指出，3 000年来世界中心一直由东向西移动，并"持续向西发展直到世界新兴文明和日趋衰落的文明在太平洋沿岸相遇为止"[2]。其言下之意即只要美国能成为太平洋帝国，便会成为世界中心。西沃德还预言，未来的世界是美俄争霸。1861年5月5日，西沃德在致美国驻俄公使卡修斯·克莱的信中预言道："美国和俄国将一直以好朋友相处，直到两国沿着相反的方向绕地球环行半圈后，在某一地区聚首为止。这个聚首的地区便是文明最先出现的地方。这一古老文明在经过长期的考验后，现在变得萎靡不振和束手无策。"[3]这里西沃德所指的地区便是亚洲，特别是中国。

为了实现美国向亚太扩张的构想，西沃德在参议院中鼓吹和赞成一切有利于兹的法案或提议。西沃德首先奔走呼号的便是要求国会迅速同意加利福尼亚加入联邦。西沃德强烈反对美国南部奴隶制，自称"废奴主义者中的废奴主义者"。在他心目中，奴隶制与美国实现太平洋帝国的大目标是背道而驰的。他曾指出，奴隶制"在商业和制造业社会中是不道德的"[4]，"不道德的竞争是不能拓展甚或维持帝国的"[5]。他早在19世纪50年代就预言美国南

1　Dan E. Clark, "Manifest Destiny and the Pacific", pp. 3–4, 8.
2　George E. Baker, ed., *The Works of William Henry Seward*, vol. 4, pp. 170, 319, 326.
3　*Papers Relating to the Foreign Relations of the United States, 1861*, pt. 1, p. 293.
4　George E. Baker, ed., *The Works of William Henry Seward*, vol. 4, pp. 170, 319, 326.
5　Ibid.

北双方将有"不可遏制的冲突"。尽管如此,为了迅速让加利福尼亚成为美国联邦的一员,实现其太平洋帝国的构思,西沃德甚至愿意加利福尼亚以奴隶制身份加入联邦。因为和奴隶制比较起来,他看到"唯一的巨大危险——就是可能忽视太平洋沿岸新地区的犯罪"[1]。

西沃德为何如此看重加利福尼亚?请看他的解释:加利福尼亚是东西方的联结点,是北美大陆和太平洋帝国的枢纽。是"年轻的太平洋皇后","世界上再没有第二个比这还伟大的帝国基础了"。处于如此有利地位的国家"必须统治这一海洋帝国",因为这是真正的帝国。[2] 在西沃德眼里,"加利福尼亚方向"和"世界商业、社会和政治运动"的方向一致。[3] 如果美国不能拥有加利福尼亚,将意味着美国"帝国的解体"[4]。他甚至在1869年(是年他离开国务院)还指出,"旧金山是作为美国帝国的君士坦丁堡而被牢固建立起来的"[5]。原来西沃德坚持要把加利福尼亚纳入美国联邦的版图是着眼于太平洋,而看重太平洋意在控制亚洲。

除要求加利福尼亚迅速加入联邦外,西沃德还大力支持1853年美国远征日本。美国这次远征的主要目的是同英国争夺亚洲太平洋商业据点。远征的主帅马修·佩里在述及远征的动机时写

---

[1] Ernest N. Paolino, *The Foundations of the American Empire: William H. Seward and U. S. Foreign Policy*.

[2] George E. Baker, ed., *The Works of William Henry Seward*, vol. 1, pp. 50−51, 248−250.

[3] Congress Globe, 31st. cong. 1st. sess., 1850, 3, 11, App. pp. 261−262.

[4] Ernest N. Paolino, *The Foundations of the American Empire: William H. Seward and U. S. Foreign Policy*.

[5] George E. Baker, *The Diplomatic History of the War for the Union*, pp. 320, 573.

道,每当我们看到同我们竞争的海上大国英国在东方和太平洋上的属地越来越多,控制的港口数目与日俱增时,"我们日益感到有必要采取行动奋起直追"。"幸运的是,日本和太平洋上许多岛屿尚未被这个贪得无厌的(英国)政府染指。"美国同亚太地区的贸易"至关重要",而这些岛屿正好处于美国贸易航线上。所以,美国应该"刻不容缓地采取积极措施,以求控制众多的岛屿"[1]。西沃德作为美国亚太扩张政策的设计人,眼光比佩里要远得多。他不仅着眼于同英国争夺亚太贸易据点,更重要的,他想通过对日远征等形式把欧洲势力赶出亚洲,以美国取而代之,并进而成为亚洲的霸主。正值佩里赴日途中时,西沃德踌躇满志地声称:"亚洲国家处于昏睡状态几乎3 000年了。毋庸置疑,除美国之外,无人指望其他影响能把它们从昏睡中唤醒。倘若这些亚洲国家现在被美国唤醒并充满活力,难道它们会饶恕他们的欧洲侵略者,而怨恨其美国恩人吗?"[2] 这番话把西沃德意欲美国成为亚洲太平洋主人的构思暴露无遗。

1853年美国还向北太平洋派出考察舰队,这同样是西沃德大力促成和支持的结果。这次远征考察的主要目的是探索美国北太平洋的贸易路线,力图把北太平洋变成西沃德梦寐以求的"美国湖"[3]。

---

1 William Goetzmann, *New Lands, New Men*, New York: Viking Penguin Inc., 1987, pp. 345, 423.
2 Tyler Dennett, *Americans in Eastern Asia*, New York: Octagon Books, 1922, pp. 373, 383, 408—409.
3 William Goetzmann, *New Lands, New Men*, pp. 345, 423.

此外，西沃德还支持和鼓吹其他一切有利于美国亚太扩张的计划。如西沃德大力鼓吹建立横跨美洲大陆的太平洋铁路。在太平洋底敷设电报线。因为在西沃德眼里，铁路和电报"在完善美国的一体化和实现美国的使命方面，是不可缺少的环节"[1]。如果美国拥有一条联络大西洋与欧洲和太平洋与亚洲的铁路，美国控制亚洲贸易定无问题。西沃德还大力主张完成对太平洋的勘查工作，赞成开辟美国通往中国等亚洲国家的航线，等等。由于西沃德不遗余力地鼓吹美国应向亚洲太平洋地区扩张，他的反对者甚至指责他希望吞并中国的部分地区。[2] 这一指责是否有根据，由于材料所限，尚有待于进一步研究，但至少有一点是明确的，即中国在西沃德的亚太扩张蓝图中占有相当的比重。[3]

1861年西沃德离开参议院，入阁出任林肯总统的国务卿。丹涅特指出，"林肯从当代美国著名领袖中实在找不出一位（比西沃德）对远东更先知先觉的国务卿了"[4]。的确，西沃德在任参议员期间孕育成熟其向亚太扩张的构想后，是带着实现这一计划的希望进入国务院的。

---

[1] Ernest N. Paolino, *The Foundations of the American Empire: William H. Seward and U. S. Foreign Policy*, p. 35.

[2] Albert Weinberg, *Manifest Destiny: A Study of National Expansionism inAmerican History*, Chicago: Quadrangle Books, 1963, p. 242.

[3] 甚至在西沃德离开国务院后，仍经常敦促美国政府应把同中国等亚太地区的贸易，放到与对欧洲贸易的同等地位。

[4] Tyler Dennett, *Americans in Eastern Asia*, pp. 373, 383, 408-409.

三　西沃德亚太扩张政策的主要实践

然而，等待西沃德的并不是他所希望的能够实现向亚太扩张的有利环境，而是南北战争的炮声。这场长达四年的美国内战打断了西沃德太平洋帝国的计划。当战争硝烟刚刚散去，他便立即重新开始实施其扩张计划，其中最重要的成就便是购买阿拉斯加和签订《蒲安臣条约》。

阿拉斯加，原属俄美公司（1799年建立）。到19世纪四五十年代，由于管理不善，俄美公司债台高筑，无力支付管理阿拉斯加的巨额费用。同时，英国和俄国由于在东方问题上的尖锐矛盾，双方随时有交恶的可能。英俄一旦交兵，俄国很难保证阿拉斯加不会落入英国之手。因此，俄国打算将阿拉斯加卖给美国。俄国这样做可收一箭三雕之效：一可甩掉当时看来无用的包袱。二可得到一笔金钱，以弥补匮空的财库。三可取悦美国，为自己多拉一个战时的盟友。

国务卿西沃德完全同意下述观点，即美国要想控制亚太地区，必须在太平洋上取得立足点。阿拉斯加就是"我们所要的立足点"，美国得到它，就"能控制太平洋"。[1] 俄国的打算对西沃德来说是欲渡河而船来。当他得知俄国出卖阿拉斯加的消息后，便迫不及待想立刻成交。1867年3月29日晚，俄国驻美公使爱德

1　Ernest N. Paolino, *The Foundations of the American Empire: William H. Seward and U. S. Foreign Policy.*

华·德·斯陶克尔到西沃德家拜访，通知西沃德沙皇正式同意出卖阿拉斯加。如果西沃德愿意，翌日可以签约。西沃德立即表示："为什么要等到明天呢，斯陶克尔先生？我们今晚就准备签约吧！"

斯陶克尔有点迟疑，"贵部（指国务院）已经下班，你没有办事员，我的秘书也都回到分散各处的家中"。

"没有关系！如果你能在午夜12点前将你的秘书召集到一起，你会发现我已在国务院恭候，而且国务院也准备就绪。"[1]

翌日晨4时，美俄双方便正式签订条约。美国以720万美元购下地大物博的阿拉斯加。

美国参议院在1867年4月9日以37:2的票数，迅速批准了购买阿拉斯加的条约。翌年7月14日，众议院以113:43票通过了购买阿拉斯加的拨款法案。

对于西沃德这一外交成就，当时一般美国人兴趣不大。称其为"西沃德的笑柄"，并把阿拉斯加叫作"西沃德冰箱"，认为这是美国一次"赔本的交易"。[2] 美国一些史学家认为，美国国会最终批准购买阿拉斯加，与当时美国舆论高唱美俄友谊是分不开的。美国当时不少议员赞成购买阿拉斯加，部分原因便是出于当时舆论倾向俄国。如果美国人当时知道俄国在内战期间派军舰来美的真正动机[3]，阿拉斯加购买条约就不会得到批准。这些观点不

---

[1] Thomas A. Bailey, *A Diplomatic History of the American People*, p. 366.
[2] Foster R. Dulles, *America in the Pacific*, pp. 4, 89, 93.
[3] 美国内战期间，俄国曾派舰队抵美，旨在准备同英作战。美国人误以为这是俄国对美友好的表示。

尽符合事实。因为购买阿拉斯加当时得到美国新闻界和国会的广泛支持，而这些支持原因很复杂。所谓美俄友谊的影响只是其中一个原因而已。

美国国会同意购买阿拉斯加，与当时英美关系的恶劣以及英美在美洲的争夺很有关系。例如，当时的参议院外交委员会主席，在参议院批准阿拉斯加购买条约起了重要作用的查尔斯·萨姆纳认为，购买阿拉斯加是美国获得加拿大的第一步骤。来自俄亥俄州的一位议员则认为美国获得阿拉斯加，可"把英国狮子关在太平洋的笼子里。我们使哈德逊湾那个庞大贪婪的垄断机构束手无策"[1]。也有一些议员认识到阿拉斯加在美国太平洋扩张中的巨大意义。如罗伯特·J.沃克尔认为美国获得阿拉斯加，"大大加强了美国在太平洋上的地位"。N. P. 班克斯，当时的众议院外交委员会主席，也认为阿拉斯加是美国在"太平洋的踏脚石"，是在美国和亚洲之间的"跳板"。[2]

西沃德正是利用了上述情绪，迈出了其向亚太地区扩张的关键一步。因为购买阿拉斯加是西沃德建立太平洋商业和经济帝国的一个重要组成部分。早在19世纪50年代，西沃德就对阿拉斯加的商业地位很感兴趣。1867年4月4日，即在《阿拉斯加条约》签订后的第五天，西沃德的一个密友给他写信说，阿拉斯加森林茂密，有丰富的矿藏和渔业资源。而且，"最伟大的意义"在于购

1　S. F. 比米斯：《美国外交史》第2分册，北京：商务印书馆，1987年，第202页。
2　Foster R. Dulles, *America in the Pacific*, pp. 4, 89, 93.

买阿拉斯加给美国提供了太平洋贸易中的"优势"。[1] 西沃德接到该信后,如获至宝,立即加以翻印,广为散发,为购买阿拉斯加制造舆论。

美国新闻界当时也就阿拉斯加购买大做文章。从阿拉斯加购买条约签订的第二天开始,《纽约时报》就用非常醒目的标题加以报道,声称这项购买为美国对中国和日本的贸易带来了"光辉灿烂的前景",无疑对扩大美国的太平洋贸易"有利",从此"通往中国和日本的贸易之途畅通无阻"。[2]

在西沃德心中,阿拉斯加是美国"未来帝国的基础"[3]。但由于美国国会和舆论界当时对约翰逊政府持强烈敌视态度,西沃德对于购买阿拉斯加这一得意之举,没有大肆声张。但在1869年夏天他到阿拉斯加旅行时发表的演说中,则充分强调美国的亚太贸易和购买阿拉斯加的关系。西沃德对购买阿拉斯加颇为得意。事后当有人问他在他政治生涯中何时是最重要的时刻时,他毫不迟疑地回答是购买阿拉斯加。不过他感到遗憾的是,美国人居然花了一代人时间才理解这一点。购买阿拉斯加只是西沃德一系列扩张计划中的一个步骤。在条约签订的当天,他就和美国前驻法公使约翰·比奇洛谈到这一点。[4]

---

1 Ernest N. Paolino, *The Foundations of the American Empire: William H. Seward and U. S. Foreign Policy*, p. 110.

2 Ibid.

3 Alexander DeConde, ed., *Encyclopedia of American Foreign Policy*, vol. 2, New York: Scribner, 1978, p. 532.

4 Ernest N. Paolino, *The Foundations of the American Empire: William H. Seward and U. S. Foreign Policy*.

西沃德的太平洋扩张政策是和亚洲特别是和中国联系在一起的。西沃德的对华政策是和英法等列强联合侵略中国的"合伙政策",以达到"幸分一杯羹"的目的,亦即美国学者大卫·安德森所称"我也有一份"(me, too)的政策。[1] 西沃德这一政策的执行者便是美国第一任驻北京公使蒲安臣。

美国的合伙政策滥觞很早。例如,1851年4月22日,当时任美国驻广州临时代办的彼得·伯驾就向国务卿丹尼尔·韦伯斯特力陈"合伙政策",美国驻华公使马沙利、麦莲也向美国政府提出相似的观点。不过,美国正式明确提出和奉行合伙政策大概要到美国内战爆发以后。1862年3月6日,西沃德国务卿在给蒲安臣的训令中清清楚楚地说明了这种合伙政策的构思。他说:"英国和法国在中国出现的不仅是它们的外交代表,而且有支持这些外交代表的陆海军力量。然而,不幸的是,你(指蒲安臣)并没有(这些力量的支持)。就我的理解所及,我国在华利益和上述我所提及的两国一致。没有理由怀疑英国、法国公使们的行动将充分促进所有西方国家的利益。所以,兹训令你要和他们会商和合作……,除在特殊的事件中有充分理由可以和他们分道扬镳者例外……,我们的国内事务正迅速好转,我相信很快我们就能派一艘战舰来支持你。"[2] 从这段话可看出两点:一是美国和英法等列强在压迫侵略中国方面利益一致。二是美国实力限制它在中国侵

---

[1] David Anderson, *Imperialism and Idealism: American Diplomats in China, 1861—1898*, Bloomington: Indiana University Press, 1985, p. 10.

[2] Ibid., p. 24.

略的主动性。这一点是理解西沃德以降到美西战争时美国奉行合伙政策的真情之所在。所谓合伙政策，大致不外包含几层含义：一、美国要和欧洲等列强在侵略中国时相互勾结、彼此合伙，联合起来共同对付中国人民和清政府，以求得到更大的让步。二、"合伙"并非意味着列强之间的利益完全一致。美国和列强之间仍存在着巨大的矛盾，只不过因为实力不够才迫使它唯英法等列强马首是瞻。三、"合伙"不是结盟。奉行不结盟政策是美国外交的一大传统，美国的对华政策也不例外。美国不愿束缚自己的手脚，西沃德曾经明确指示美国驻华公使要避免任何和英法在中国问题上订立盟约。四、合伙政策只是美国的权宜之计，一旦条件许可，它就会另辟蹊径。1899和1900年美国门户开放政策的出笼，就充分说明了这一点。

所以，西沃德的合伙政策和门户开放政策有着直接的联系。在当时美国在华实力比英法等国弱的情况下，美国为避免其利益受到损害，蒲安臣一再反对列强瓜分中国的企图。蒲安臣曾向英法指出，中国的"任何领土的转让均为对我们条约权利的剥夺"，美国坚决反对。[1] 从这里我们可以看出，如果说1844年中美《望厦条约》中的"利益均沾"等内容体现了后来门户开放政策的萌芽的话，那么，西沃德的合伙政策则明显含有门户开放政策的特质。这一特质明确体现在应称为西沃德条约的《蒲安臣条约》之中。

---

[1] Tyler Dennett, *Americans in Eastern Asia*, pp. 373, 383, 408–409.

《蒲安臣条约》签订于1868年7月28日。其主要内容是：

1. 中国领海权仍然存在，租界除有条约规定外，仍归中国地方官管辖。

2. 中国对于通商、行船各事，均得自订章程，但"不得与原约之义相背"。

3. 清政府可在美国各埠设置领事，美国当照各国例，"一体优待"。

4. "美国人在中国，不得因美人异教，稍有欺侮凌虐。嗣后中国人在美国，亦不得因中国人异教，稍有屈抑苛待，以昭公允。"

5. 两国人民"或愿常住入籍，或随时来往，总听其自便，不得禁阻为是"。

6. 两国人民到对方游历或居住，均受最惠国待遇。

7. 两国人民均可在对方进入大小官学，并受最惠国待遇。两方都可在对方设立学堂。

8. 美国向不赞成无故干涉别国内政，中国的内政全由自主。将来办理各种制造事业需要美国帮助时，美国愿意"襄赞"。

长期以来，国内学者大都将《蒲安臣条约》视为美国掠夺中国廉价华工的条约，从而大大忽略了该条约的重大意义。在笔者看来，西沃德在拟定和签订该条约时，他的目光要比单纯获得中国华工深远得多。使美国最终控制中国，无疑是西沃德签订该条约的一个主要目标。条约的第1、2、8三款即反映了美国对华经济扩张的构思。这几款大力强调保持除条约规定之外的中国主权、中国"自订章程"的权利、"内政自主"的权利等等。这绝不是西沃德对中国大发善心,更不是像蒲安臣自称的"这个条约的每一字句,都是为着中国的利益"。西沃德保持中国上述"主权"的真谛在于要获得同列强在华平等经济竞争的权利。美国学者丹涅特也指出《蒲安臣条约》的第1、2款目的是要求对华"贸易机会均等之门必须对所有国家的自由竞争开放"[1]。这一点与30年后海约翰宣布门户开放政策的动机是不谋而合的。

《蒲安臣条约》第7款的内容也很重要。实际上这一款内容与20世纪20年代初美国的"庚款兴学"计划二者间一脉相承。这一点常为中外学者所忽视。早在1862年蒲安臣就上书西沃德,要求美国在华兴学。蒲安臣认为这样做可以扩大美国在中国的影响和对华贸易,从而有利于美国对华经济扩张。一心想建立太平洋帝国的西沃德对这一建议非常热心。在他为约翰逊总统起草的第一份总统咨文中,即包括拨款建立一所主要培养中国人的学院。因为"这样培养出来的人可望拥有巨大的优势来为美国政府服务,促进美国对华商业和贸易的利益"[2]。虽然这项内容后来在正式发表的总统咨文中被取消,但西沃德的这一想法并未因此泯灭。《蒲安臣条约》第7款即是证明。它含有美国针对中国的长期扩张策略内容。

此外,在向亚太扩张方面,西沃德任内曾计划控制夏威夷、

---

[1] Tyler Dennett, *Americans in Eastern Asia*, pp. 373, 383, 408−409.
[2] Ernest N. Paolino, *The Foundations of the American Empire: William H. Seward and U. S. Foreign Policy*.

把朝鲜掌握在自己手中、从哥伦比亚手中获得建造巴拿马运河的权利等。但由于多种原因（见笔者下述分析），西沃德未能得手。

四　西沃德亚太扩张政策的结局及影响

西沃德并未实现自己建立太平洋帝国的梦想。他的计划没有得到完全实现，其主要原因，第一是由于在西沃德时代，美国尚未具备实现上述目标应有的实力。要建立太平洋商业帝国，必须要有一支强大的海军。然而，美国海军在内战中封锁南方叛乱，各州港口尚力不从心，更遑论从事太平洋扩张事业了。

第二，严重的内部矛盾也妨碍了西沃德的亚太扩张政策的实行。当时，由于约翰逊总统同国会的矛盾（其以一票之差未被弹劾即为明证），使得自己的国务卿亦处处受到重重限制。如1868年美国同夏威夷的贸易条约便未得到国会批准。

第三，当时的历史条件决定了西沃德不可能实现其亚太扩张计划。其上任甫就，美国便经历了四年血与火的洗礼。内战使西沃德不可能考虑其他计划。联邦的存在高于一切。内战之后，美国面临着重建和国内经济建设两大任务。美国人根本无暇顾及西沃德的亚太扩张。而且，虽然西沃德的亚太扩张主要是立足于商业扩张之上，但要建立美国在亚太地区的优势，美国仍须获得太平洋上某些重要的立足点。既然西沃德不赞成用武力来夺取这些立足点，这就意味着美国要像购买阿拉斯加一样出钱买入。然而在当时，一方面一般美国人认为"我们最不需要的是增加领土"。

另一方面，美国财政困难也妨碍了西沃德这一计划的实行。

尽管如此，西沃德的亚太扩张构思在美国外交史上仍具有重要意义。首先，西沃德的扩张构思表明他是19世纪末美国扩张思潮的先驱。马汉、特纳、布鲁克斯·亚当斯乃至西奥多·罗斯福等人的扩张思想在很大程度上都是西沃德在19世纪50年代扩张思想的翻版。他们要求的海外扩张、经济扩张和门户开放政策与西沃德的思想并无二致。从这一角度来看美国外交史学家比米斯认为美西战争、门户开放政策是美国外交史上的"大失常"，是没有什么道理的。

其次，西沃德走在了时代前列。他代表着美国当时先进的北部工商业资本家利益。内战后，美国主要致力于国内经济建设和边疆的开发，对海外扩张的呼声不算太高。尽管如此，西沃德还是感觉到了美国新帝国扩张的脉搏，大声疾呼美国应该向海外扩张、向亚洲太平洋扩张，要求从领土扩张过渡到商业扩张。20世纪之交的美国学者亨利·亚当斯写道，"西沃德先生的政策是建立在向外扩张的坚定不移的思想之上的。然而，对公众来说，他积极引导的扩张政策走得有点太远和太快了"[1]。的确，这位晚年寓居纽约州的家乡并被誉为"奥本的圣哲"的人，实在是走得"太快太远"了，其亚太扩张构思的巨大意义在此，而这一构思在当时不可避免地面临失败的原因也在此。

（原载《美国研究》1990年第3期）

1　Walter LaFeber, *The New Empire*, pp. 27, 31.

均势与美国门户开放政策

门户开放政策是中美关系史上一项非常重要的内容。对门户开放政策的研究，中外学者写出了不少有分量的论著，从多方面予以探讨。然而，从"均势"角度对其加以专题研究却一直为学者们所忽视。本文不揣鄙陋，拟就此加以探讨，祈望方家教正。

一

扩张是美国外交史上的一根主线。在整个19世纪，大陆扩张是美国外交的主要目标。到19世纪末，大陆扩张接近尾声，走向海外扩张。大陆扩张的策略口号是孤立主义和门罗主义。那么美国向海外扩张该采取什么样的策略口号和政策呢？

19世纪下半期，美国经济得到了异乎寻常的飞速发展，到该世纪末，美国一跃超过英国，成为世界上最强的经济大国。资本主义经济的发展必然要求向外扩张，在海外寻找商品倾销市场和原料市场。到美国战争前夕，这种向海外侵略扩张的趋向已成为美国不可逆转的历史潮流。美西战争的隆隆炮声，正式拉开了美国走向海外扩张、投入帝国主义瓜分世界的竞技场的帷幕。

但美国起步较晚。此时世界上的领土基本上被瓜分完毕，除非美国像打西班牙一样用武力从别的国家手里夺取殖民地，但其没有实力同比西班牙强得多的列强交战。美国当时能够做到的只是利用列强之间的矛盾玩弄均势外交。均势外交是美国进入帝国主义时代后相当长的一段时间内的扩张手段。在美国军事力量还不是足够强大的形势下力图在列强的殖民地和势力范围内"幸分一杯羹"，要求"我也有一份"，这就是"门户开放"。门户开放是美国海外扩张的基本策略口号，其应用范围并不专门局限于中国。只不过在20世纪初期美国的海外扩张主要放在中国，门户开放政策才带着明显的中国印记问世。所以，美国在中国奉行门户开放政策完全是受"均势"因素制约的。从中国本身情况来分析，我们也会得出同样的结论。

美西战争的结果，把美国在太平洋的扩张一下子推进到中国的大门口。美国成了亚洲强国。[1] 多年来，美国孜孜以求的中国市场就在眼前，对华扩张成为美国政府的既定目标。参议员贝弗里治在参议院演说时指出："美国所追求的是贸易"，"地球上人口最多的地域并未控制自己的市场。这一地域便是亚洲，特别是

---

1 David Anderson, *Imperialism and Idealism: American Diplomats in China, 1861-1898*, p. 174.

中华帝国。它有4亿消费者"。[1] 亨利·洛奇参议员在美西战争刚结束时也指出:"整个欧洲都在中国扩张,如果我们不在东方建立自己的地位的话,那么,未来可以给我们带来财富的巨大贸易,以及有希望找到对我们至关重要的新市场的广大地区,实际上都会对我们永远关闭。"[2] 卷入列强在中国的角逐,无疑是美国的当务之急。但怎么卷入,这是一个问题。

19世纪末,由于清政府"庸奴误国",导致"辱国丧师,翦藩压境",帝国主义列强纷纷前来"蚕食鲸吞,瓜分豆剖"[3],到美西战争前夕,帝国主义列强在中国强行划分势力范围,进行瓜分,而美国无暇东顾。美西战争结束后,帝国主义瓜分中国的筵席上已没有什么可供美国置喙了。1898年底,麦金莱总统在其国情咨文中表示,他决心"采取与我国政府的一贯政策相适合的一切手段,维护我们在那一地区(指中国)的巨大利益"[4]。

麦金莱要采取什么手段呢?当时美国虽有10万人的正规军,但其用在镇压菲律宾起义的就达6万多人。而在中国角逐的主要列强的军事力量远比美国大得多。例如,沙俄有常备军75万多人,法国有60多万,德国有50多万,英国的军舰数比美国要多7

---

1 Jerry Israel, *Progressivism and the Open Door: American and China, 1905—1921*, Pittsburgh: University of Pittsburgh Press, 1971, p. 12.
2 Michael Hunt, *The Making of a Special Relationship: The United States and China to 1914*, New York: Columbia University Press, 1983, p. 178.
3 孙中山:《孙中山选集》上卷,北京:人民出版社,1981年,第19页。
4 Charles Campbell, *Special Business Interests and the Open Door Policy*, New Haven: Yale University Press, 1951, p. 46.

倍。在这种情况下，美国根本就无力用军事手段从中国获得势力范围。钢铁大王安德鲁·卡内基曾讽刺说：美国的"陆军和海军只能做一件事——占点小便宜或是被任何一个列强轻而易举地击垮"[1]。门户开放政策的始作俑者海约翰也不无懊丧地写道，"我们没有军队"，斥责一些美国人撰文大谈什么"美国的道义上的优势地位可以使我们有权支配世界"的说法"只不过是一派胡言"。[2]

另一方面，由于美国是世界上最富的经济大国，资本雄厚，商品经济发达。即使其可以用武力在中国夺取局部的一块势力范围，这对它也并没有多少利益可言。而且还要为此供养军队和付出行政费用。只有那些资本和商品经济不太发达的国家（如20世纪之初的日本、俄国等），由于在机会均等的情况下，无法同经济实力雄厚的国家竞争，其只能利用有利的地理条件，以军事手段作为扩张的工具，获取势力范围，以保护本国的资本输出。既然美国的目的是最大限度地获得国外市场，它在华扩张政策就可以凭借其强大的经济力量，以均等竞争的方式来实行。即海约翰所说的："我们确信，'一个公平的场所，对谁也不特殊优待'，乃是我们所需要的一切；若低于这个标准，我们是绝不会满足的。"[3] 这就是"门户开放"政策。司戴德明确解释道："在一个行

---

1 福森科：《瓜分中国的斗争和美国门户开放政策（1895—1900）》，杨诗浩译，北京：生活·读书·新知三联书店，1958年，第122页。

2 Michael Hunt, *The Making of a Special Relationship: The United States and China to 1914*, p. 199.

3 参见卿斯美：《辛亥革命前夕美国对华政策研究——兼论清末预备立宪的失败》，载中南地区辛亥革命史研究会、湖南省历史学会编：《纪念辛亥革命七十周年青年学术讨论会论文选》，北京：中华书局，1983年。

政腐败、军事力量极弱的国家如中国,凡为自己的国民寻求投资市场的政府,由于它的竞争者的压力,它必须在那里要么夺得领土,要么坚持经济机会的均等;它必须或是划出自己投资权利的范围,或是导致其他列强保持那里的'门户开放',这里绝无中间道路可走。"[1]

美国实行门户开放政策的另一个原因在于当时列强在华实力相当,暂时形成均势,你无法吃我,我也无法杀你,但谁都想损彼以肥己。1898年3至4月,英国对俄国在中国东北的扩张颇为忧惧。张伯伦向德国驻英大使表示两国应该共同"阻止俄国进一步并吞中国",英国"将尽力在中国支持德国"。张伯伦还说:"我想我们可以对俄国说,你们想要的一切都已得到,我们准备承认你们的现状,但你们必须就此止步,中国其余部分由我们共同保护。"当然,德国是不会为英国火中取栗的,德国人清楚"俄国人在亚洲愈多事,他们在欧洲就愈安静"[2],这有利德国在欧洲的扩张政策。亚洲成为欧洲均势的砝码,中国当然也难逃列强均势的窠臼了。

尽管英德联合扼俄的努力失败,但帝国主义为了在中国攫取更多的权益,相互之间矛盾十分尖锐。俄国夺取旅顺、大连后,英国驻俄公使欧格讷建议英国政府,"坚持在舟山或在扬子江中的崇明岛,割让一个港口,以保障英国的利益和威望,恢复大国

---

[1] 卿斯美:《辛亥革命前夕美国对华政策研究——兼论清末预备立宪的失败》
[2] 丁名楠等:《帝国主义侵华史》第2卷,北京:人民出版社,1986年,第80页。

的均势"[1]。4月2日,英国代理外交大臣巴尔福照会德国,英国对威海卫的要求是由于俄占旅大而被迫采取的措施,其唯一目的在维护"大国在渤海湾的均势"[2]。英国在华所占的经济贸易优势,迫使它蓄意维持列强在华均势,以不让任何国家危及其利益。俄国在中国的大力扩张,还遭到日本的反对,日本对中国的巨大野心使得日俄矛盾异常尖锐。列强在中国的实力均衡和力图维持这种均势为美国提出门户开放政策提供了重要的国际条件。

可悲的是,腐朽的清政府对这种均势局面的形成和美国门户开放政策的提出也负有一定的责任。这主要体现在两个方面:第一是一国在中国获得侵略权益,清政府允许其他列强可以"一体均沾"。第二是清政府奉行所谓"以夷制夷"外交政策。例如,当三国干涉还辽的消息传出后,两江总督刘坤一致电总理衙门,要求清政府"因势利导,与之结欢,让以便宜……在所不惜……庶可以制东西两洋"[3]。清政府驻美公使伍廷芳在1898年也建议给英美以商业上的好处,企图凭借美国的力量来创造有利于中国的列强在华均势,利用美国来达到清政府"远交近攻"的目的。[4]在俄国利用镇压义和团的机会占据中国东北时,张之洞也提出当在伪满实行门户开放,引进美、英、日等国力量来迫使俄国退

---

1 G. P. Gooch and H.Temperley, eds., *British Documents on the Origins of the War, 1898—1914*, London: H. M. S. O., 1927, pp. 17, 31.

2 Ibid.

3 王彦威纂辑:《清季外交史料》第112卷,北京:国家图书馆出版社,2015年,第3页。

4 Michael Hunt, *The Making of a Special Relationship: The United States and China to 1914*, p. 192.

兵。[1] 清政府这种在自己的国土上牺牲自己的利益来吸引美国等国家到中国扩张，使中国避免沦为一国之殖民地的做法，无疑也促使了美国门户开放政策的问世。

从上面的分析中，我们便可看出，美国门户开放政策是在"均势"因素的影响下问世的。门户开放照会的捉刀人柔克义说，美国在美西战争后，应该阻止中国落入一个列强的控制之下，应不择手段"建立（在华）列强之间的均势"[2]。

二

1899年9月6日美国国务卿海约翰训令美国驻英、德、俄大使，11月13日、17日和21日先后电令美国驻日本、意大利和法国大使，分别向各驻在国提出内容一致的照会："每一个国家，在其影响所及的相应范围内，第一，对其在中国的所谓'利益范围'或租借地内的任何条约口岸或任何既得利益，不得以任何方式进行干涉。第二，对于进入上述'利益范围'内除自由港外的一切口岸的一切货物，无论属于何国，均通用中国现行约定税率。其税款概由中国政府征收。第三，在此种'范围'内之任何口岸，对进出港之他国船舶，不得课以较本国船舶为高的港口税。又，在此种'范围'内所敷设、管理或经营之铁路、运输属于他国及其商

---

1 Michael Hunt, *The Making of a Special Relationship: The United States and China to 1914*, p. 367.
2 Barton Bernstein, *Twentieth-Century America: Recent Interpretations*, New York: Harcourt, 1958, pp. 195−199.

民的货物，所收运费，在同等距离内不得较其对本国商民运输的同类货物为高。"这就是第一次"门户开放"照会的基本内容。这是一把双刃剑，诚如海约翰私下所说的，利用门户开放的方法，同列强角逐，"我们将使他们全身冒汗"[1]。

对于美国的门户开放照会，与中国有牵连的列强都用一种十分矛盾的眼光来打量它。英国是侵略中国的主要国家，所获权益较多，在华贸易额最大。当时英国几乎控制了中国70%的贸易，贸易额达到3 300万英镑，占其全部贸易总额的1/6，此外，英国的轮船控制了中国的贸易运输。[2] 英国处于这样有利的地位，要是它率先提出门户开放政策，列强是不会接受的。英国接受美国门户开放政策除对其有利可图外，还因为复杂的国际环境。德国在19世纪末正大张旗鼓地和英国等"争夺日光下的地盘"，英德矛盾十分尖锐。为了维持有利于英国的欧洲均势，英国也希望维持列强在亚洲特别是中国的均势。因为"亚洲是欧洲的后院"[3]，亚洲的冲突势必影响到欧洲。而且，也正因为英德矛盾的尖锐化，英国不得不放弃其"光荣孤立"政策，寻求盟友。具有优越地位和经济、军事实力的美国自然是英国拉拢的对象之一。美国的门户开放照会既然对英国有利无损，英国何乐而不为！英国一星期

---

1 William A. Williams, *From Colony to Empire: Essays in the History of American Foreign Relations*, New York: J. Wiley, 1972, p. 2.

2 Charles Campbell, *Anglo-American Understanding, 1898—1903*, Baltimore: Johns Hopkins University Press, 1957, p. 12.

3 Tyler Dennett, *Americans in Eastern Asia*, p. 472.

后即通知美国,第一个接受美国的门户开放政策,但九龙不包括在内,并表示它的同意"以其他各大国发表同样声明为条件"。

接着,法国、日本、德国分别复照美国,表示接受门户开放政策。德国外交大臣比洛在1899年3月致函德国远东舰队司令亨利亲王时就指出:"我们必须延期瓜分中国。我们在商业上正变得更加强大",长江流域"是中国最重要的部分,我们决不应……被排挤出去,我们必须设法尽可能使英国长久坚持其所谓门户开放政策",不然,"在目前的力量对比下,我们可能会吃亏"。[1] 从这一角度看,德国接受门户开放照会当属意料之中。1899年12月4日,德国通知美国驻柏林大使说:在远东,德国的政策"事实上就是门户开放"政策,并且德国打算"将来仍维持这个原则"。[2] 1900年2月19日,德国正式复照美国,德国政府"在它所占有的中国领土内,对于贸易、航运和通商,从开始就不仅主张而且实际上也极力实行对一切国家绝对平等的待遇。只要不因为其他各国政府违背这项原则,而它为了互惠的理由,被迫放弃这个直截了当地排斥对美国公民的任何有害的或不利的贸易待遇的原则"。[3]

俄国对门户开放照会的态度极为尴尬。俄国根据中东铁路合同取得的减税和自定运价的特权是它巩固其在中国东北统治的重要武器,它当然不愿意美国的一纸照会就使它的这一特权烟消云

---

1 《德国外交文件有关中国交涉史料选译》第1卷,孙瑞芹译,北京:商务印书馆,1960年,第253—254页。
2 同上书,第400页。
3 同上书,第402页。

散。因此,沙俄决定对美国的照会"做一般性的答复,不使我们受到束缚",并诡称,沙俄把大连辟为自由港,表明了俄国"遵循'门户开放'政策的坚决意向"。[1] 由于英法等国相继接受美国的照会,俄国的处境越来越难堪。穆拉维约夫函告沙俄权臣维特指出:"不能违背列强一致接受的政治经济原则,破坏俄美之间现存的友好关系,为列强在远东结成一个对我们利益危险的同盟提供机会。"[2] 另一方面,美国害怕倘俄不答复或拒绝,则意味着其他国家可能撤回复照,使美国的门户开放政策归于失败,这一失败,还会影响麦金莱政府的地位和共和党能否继续坐镇白宫。因为当时大选在即,如果列强接受门户开放政策,则会大大提高共和党身价和在垄断资本心目中的地位。而且,出于门户开放政策带有一定的欺骗性,还可以在一定程度上抵消国内"反帝国主义派"对共和党奉行海外扩张政策的指责。因此,美国希望俄国"马上答复"。在这种情况下,俄国于1899年12月30日做了回答。主要内容是:第一,俄国把大连辟为自由港足以证明俄国在租借地内遵循的是门户开放政策。第二,以后该港与其他地区之间如设置关税,对外国货物,不分国籍,将平等课税。第三,中国政府在俄国租借地之外开辟的商港,由中国政府自行征税,俄国政府不为本国臣民要求优惠。[3] 俄国的这一答复无疑拒绝了美国的

1　David Anderson, *Imperialism and Idealism: American Diplomats in China, 1861—1898*, p. 178.
2　丁名楠等:《帝国主义侵华史》第2卷,第100页。
3　U. S. Department of State, historical office, *Foreign Relations of the United States*, 1899, pp. 141—142.

门户开放政策。海约翰后来曾愤怒斥责之"像掷骰子赌徒的誓言一样虚假"[1]。尽管如此,为了使美国的照会获得为列强共同接受的印象,海约翰自欺欺人地声明"俄国是接受了我们的建议而没有做较多保留",并在3月20日公开宣布,他收到的各国答复对门户开放原则的接受是"最后的和确定的"。[2] 沙皇尼古拉二世愤怒地指责"海约翰的草率做法是难以容忍的"[3]。

正是由于列强在中国的实力均衡,它们在接受美国的门户开放照会时都以彼此都接受为条件。其中唯一的例外是意大利。因为它在中国没有任何租借地和势力范围,所以它对门户开放照会表示无条件接受,"欣然赞成"。也正是由于列强在华实力均衡,使它们不敢贸然不同意美国的这一冠冕堂皇的照会,开罪美国。柔克义在给一位朋友的信中惬意地写道:美国"维持了(列强)在华均势"[4]。这当然是一厢情愿的说法,不过,均势的确帮了美国的大忙,否则,美国的照会很难得到列强的赞成。维持列强在华均势显然符合美国的利益。

然而,义和团运动的爆发大大震撼了列强在中国的地位。俄、英、法、德、美、意等列强暂时联合起来,组织八国联军,屠杀中国人民,以便继续维持它们在中国的侵略权益。美国一方

---

1 David Anderson, *Imperialism and Idealism: American Diplomats in China, 1861—1898*, p. 180.

2 U. S. Department of State, historical office, *Foreign Relations of the United States*, 1899, pp. 141—142.

3 B. M. 赫沃斯托夫主编:《外交史》第2卷下册,高长荣等译,北京:生活·读书·新知三联书店,1979年,第625页。

4 Barton Bernstein, *Twentieth-Century America: Recent Interpretations*, p. 192.

面参加帝国主义列强对中国人民的掠杀,另一方面又害怕一些列强利用这一机会打破各列强在中国的均势,从而会排斥美国的经济扩张。而且由于英布战争削弱了英国在中国的影响,这又不得不影响中国的均势。1900年6月15日海约翰称:"如果俄国和德国控制(中国)局势,那么,(中国的)均势就要长时间失去了。"[1] 为此,1900年7月3日,海约翰向列强送出了第二个门户开放照会,宣称:"值此中国情势危急之际,美国自宜就目前环境许可范围内,表明其态度。……美国总统之目的仍为与其他列强采取一致行动……美国政府之政策是在寻求一种解决,使中国获得永久的安全与和平,保持中国领土与行政完整,保护各友邦条约与国际法所保障的一切权利,并维护全世界在中国全境平等公正贸易之原则。"[2] 将第二个门户开放照会与第一个照会做一比较,我们就会发现有几点不同:一、第一个照会中,美国涉及的空间是在列强势力范围和租借地内。而在第二个照会中,美国则要求保持中国的领土与行政完整,保持的目的在于在"中国全境"获得商业机会均等。在空间上把整个中国都纳入美国商业扩张的范围内。二、要求中国遵守不平等条约的各种规定。这纯粹是对保持中国的领土与行政完整的否定。因为要保障列强不平等条约的一切权利,就不可能和无法实现中国的领土与行政完整。因此第二个照会根本不是为了使中国避免瓜分之祸,而是为了列强在中国的均势,为了美国的扩张。1901年1月13日柔克义致函前驻华公使田

---

[1] David Anderson, *Imperialism and Idealism: American Diplomats in China, 1861—1898*, p. 172.

[2] U. S. Department of State, historical office, *Foreign Relations of the United States*, 1899, p. 299.

贝就不打自招地说明了这一点。柔克义说门户开放照会使得美国"在中国掌握了均衡的力量。我恳切希望我们能够善于利用它，不仅为了我们的贸易，而且为了加强清政府，使它无法逃避执行对缔约国家的责任"[1]。三、海约翰吸取了第一次照会的教训，这次不要求列强复照和正式答复，仅强调列强之间"共同行动"[2]的必要并宣布美国的意向。但海约翰清楚，这时列强之间的矛盾更加尖锐，彼此都有戒心，他们之间的相互牵制使得谁也无力公开向美国的门户开放政策挑战。在这种情况下，列强发现"口头赞成扩大了的（门户开放）主义对他们有利无弊"[3]。

海约翰的第二个门户开放照会仍旧是从维持列强在华均势出发的。绝非为了"保持中国领土和行政完整"。海约翰从来没有想这样做，他的门户开放照会从未通知中国。在第一次门户开放照会发出不久，中国驻美公使伍廷芳从新闻媒介获得了一鳞半爪的消息。当他就此向海约翰质询时，海约翰傲慢地答称：美国只是在想瓜分中国领土时，才"愿与贵国政府打交道"[4]。说这种话的人是绝对不会考虑中国利益的。第二次门户开放照会发出没几天，海约翰在给一位朋友的信中这样写道："在中国问题上，我们特别希望避免和阻止列强之间分裂成为几个集团和联合。迄今为

---

[1] A. Whitney Griswold, *The Far Eastern Policy of the United States*, New Haven: Yale University Press, 1964, pp. 76–77.

[2] David Anderson, *Imperialism and Idealism: American Diplomats in China, 1861–1898*, p. 164.

[3] Thomas A. Bailey, *A Diplomatic History of the American People*, p. 482.

[4] David Anderson, *Imperialism and Idealism: American Diplomats in China, 1861–1898*, p. 179.

止,我们尽力这样做了,并做得很成功。"[1] 由此可见海约翰的目的仍旧在于维持列强在华均势,在于对华扩张。

门户开放政策源于列强在中国的均势。维持均势便能更好地为美国利益服务。因此均势外交便成为美国进入20世纪后对华外交政策的主要工具,其直接服务于门户开放政策。均势外交的主要体现便是不让任何一方在特定地区过于强大到足以危害本国利益的程度。在1945年美国成为超级大国及远东局势发生有利于美国的巨大变化之前,美国历届政府的对华政策一直难以脱出均势外交的窠臼。

(原载《历史教学》1990年第2期)

---

[1] David Anderson, *Imperialism and Idealism: American Diplomats in China, 1861—1898*, p. 179.

西奥多·罗斯福的欧洲均势外交

国内外学者（主要是美国学者）研究西奥多·罗斯福的欧洲外交的著作不少，但就事论事者较多。很少有人注意到罗斯福的欧洲外交和美国亚太政策的密切联系，并从均势外交角度予以系统研究。本文试从上述两方面对罗斯福的欧洲外交进行考察、探讨。

一

1898年，美西战争的隆隆炮声宣告世界经济强国美国走上了帝国主义瓜分世界的竞技场。海外扩张自此成为美国外交的主流。西奥多·罗斯福，这个"该死的牛仔"（马库斯·汉纳语），正是在这种强烈的扩张气氛中走上了美国最高政治舞台。

向海外扩张是罗斯福政府的外交主旋律。但采取什么方式扩张？这是罗斯福面临的一个严重问题。美国无非面临两种选择，或是在世界领土被列强瓜分殆尽的情况下，用武力获得殖民地，把殖民地作为美国剩余产品的倾销市场和原料供应市场；或是利用美国的经济优势，在"门户开放""利益均沾"的口号下挤入列强势力范围，并利用美国有利的国际地位同列强展开竞争。鉴于美国当时的军事实力有限以及美国的舆论，甚至政府和国会内部对如何进行扩张存在分歧，采取第一种选择对罗斯福政府来说是不大可能的，至少是不明智的。美国只能实行第二种选择，也就是均势外交。

罗斯福均势外交的中心是亚太地区。这是因为：其一，20世纪初的亚太地区，并没有一个强国占统治地位，亚太地区呈现出一种群雄逐鹿的局面，这种局面有利于罗斯福实行均势外交。其二，亚太地区幅员辽阔，人口众多，资源丰富，而且经济落后，罗斯福政府及美国垄断资本把它视作理想的扩张之地。其三，自购买阿拉斯加到美西战争以来，美国已经获得了通往亚洲贸易的立脚点。而在非洲、欧洲，对罗斯福而言，都不具备上述有利条件。其四，到19世纪末，美国的大陆扩张已告结束，美国在美洲的优势地位已经基本确立，可以全力向海外扩张。罗斯福大力支持日本对沙俄发动战争后又殚精竭虑地调停日俄战争，充分说明了亚太地区在罗斯福均势外交中的重要地位。

如果我们同意美国学者泰勒·丹涅特的"亚洲是欧洲的政治后院"[1]的说法的话，那么，在罗斯福的均势外交中，"后院"和

1　Tyler Dennet, *Americans in Eastern Asia*, p. 472.

"前院"是紧密相连的。欧洲列强很想"利用远东的局势来谋取在动荡不安的欧洲均势中的优势"[1]。例如，德国就力图利用日俄战争这一机会来拆散针对它的英法协约和法俄同盟。威廉二世在1904年指出："照彼得堡当权者的看法，东亚爆发战争于俄国是不利的，因为俄国将因此而失去它在欧洲行动的能力。"威廉二世就此评论道："已经太晚了。道理是对的。只是当初它不该侵占伪满和旅顺口，而且还染指波斯、西藏和阿富汗。"[2] 言谈中流露出明显的幸灾乐祸之情。美国要想实现它在亚太地区经济扩张的野心，势必要卷入欧洲政治。福斯特·杜勒斯就指出，美国在远东的扩张"不能避开欧洲的纠纷和冲突"[3]。这就是说，美国力图建立的亚太均势和"欧洲的整体均势有关"[4]，"如果欧洲的均势不稳，必然会影响到东亚"[5]。罗斯福深知争夺亚洲的优势和在欧洲的争夺密切相关，两者构成了美国向外侵略扩张的不可分割的组成部分。因此，美国向亚太地区的扩张，需要美国投身于欧洲的竞技场。

在20世纪初的欧洲舞台上，国际关系结构发生了巨大变化。

1　Howard Beale, *Theodore Roosevelt and the Rise of America to World Power*, Baltimore: Johns Hopkins University Press, 1984, p. 275.

2　鲍·亚·罗曼诺夫：《日俄战争外交史纲》上册，上海：上海人民出版社，1976年，第435页。

3　Foster Rhea Dulles, *America's Rise to World Power, 1898-1954*, New York: Harper & Row, 1955, p. 77.

4　William Widenor, *Henry Cabot Lodge and the Search for an American Foreign Policy*, Berkeley: University of California Press, 1980, pp. 158-159.

5　R. W. Alstyne, *American Diplomacy in Action*, p. 255.

德国在欧洲迅速崛起,并向英国的殖民地位提出严重挑战。英德矛盾成为帝国主义国家中主要矛盾。以英德各为代表的对立集团日趋形成。鉴于美国的经济力量和日见增长的军事实力,对立双方都竭力拉拢,不使其投入对手的怀抱。美国著名外交史专家塞弥尔·F. 比米斯有一个著名的论断:"欧洲的灾难就是美国的利益。"[1] 用之于20世纪初,仍显示出其正确性。动荡不安的国际环境正好为美国提供了在欧洲列强之间上下其手、玩弄均势外交的可能性。

在国际关系中,并没有单纯的公正、道义可言,有的只是国家民族利益。虽然一些资产阶级学者竭力给罗斯福外交抹上一层迷人的色彩,却掩盖不了这一事实。罗斯福自己就曾指出:"我并不抽象地敌视任何欧洲大国,我是彻头彻尾的美国人,所以,我敌视会使我们受委屈的一切大国。"[2] 那么,罗斯福当时所敌视的欧洲国家是哪一个呢?是德国。在1901年罗斯福还是副总统的时候,他对全球的局势做过一番分析。他认为斯拉夫的进步很慢,所以俄国的时代"尚为遥远";日本正全力以赴地建立现代国家,对美国一时不会引起多大麻烦;英美关系日益亲善;美国最可怕的敌人是德国。[3] 这是因为德国一方面垂涎美国视为禁脔的美洲,

---

[1] 比米斯的这一论断曾多次出现在他的著作中。参见 Samuel F. Bemis, *A Diplomatic History of the United States*。

[2] Elting Morison, ed., *The Letters of Theodore Roosevelt*, vol. 1, Cambridge: Harvard University Press, 1951, p. 770.

[3] Ibid., vol. 3, pp. 14−16, 31−32.

威胁着美国在美洲的优势地位。德国甚至对门罗主义的合法性提出质疑,斥之为"傲慢无礼"[1],并力图在加勒比海和南大西洋建立长久的海军基地,使美国颇有后顾之忧。另一方面,德国对亚太地区虎视眈眈,妄图夺取这一地区的"阳光下的地盘"。海约翰曾忧心忡忡地写道:"他们(德国人)想夺取菲律宾、加罗林群岛、萨姆亚岛,他们想插入我们的市场并把我们赶出他们的市场。"[2] 无怪乎罗斯福声称"我把德国看作是严重危险的国家"[3],美国最终可能与之摊牌。玩弄均势外交、抑制德国,便成为罗斯福欧洲均势外交的主要出发点。

随着20世纪初的国际关系态势的巨变,英美关系出现了大幅度调整,从传统的敌人成为与国。这一调整肇始于美国内战之前,到罗斯福任总统时期正式完成。美英关系的调整,是出于双方共同利益的需要。英国向美伸出橄榄枝,并不是因为"英国人崇拜美国人,而是因为英国把威廉二世的新德国看作是它目前最主要的敌人"[4]。而美国支持英国"不是因为我们爱那个国家,我们并不爱它,而是因为我们的物质和自我利益一致"[5]。面对着共同的敌人,自然使双方在一定程度上站在一起。事实上,德国当时对

---

1 Frederick W. Marks III, *Velvet on Iron: The Diplomacy of Theodore Roosevelt*, Lincoln: University of Nebraska Press, 1979, p. 6; R. W. Alstyne, *American Diplomacy in Action*, p. 256.

2 Samuel F. Bemis, *The American Secretaries of State and Their Diplomacy*, vol. 9, p. 124.

3 Richard Collin, *Theodore Roosevelt, Culture, Diplomacy and Expansion*, Baton Rouge: Louisiana State University Press, 1985, pp. 123−124.

4 Ibid., p. 96.

5 Walter LaFeber, *The New Empire*, p. 360.

英国造成的直接威胁比对美国大。德国的扩张政策威胁着英国的殖民统治和既得利益。1898年德国通过的新海军法，俨然是对英国维持几个世纪的海上优势地位的挑战。为了对付德国的威胁，英国不得不放弃它传统的"光荣孤立"政策，多方寻求与国。处于独特地位和拥有经济、军事实力的美国，自然成为英国拉拢的主要对象之一。历史学家亨利·亚当斯幽默地写道："德国作为灰色恐怖的突然出现……，使惊恐不已的英国投入了美国的怀抱。"[1] 另一个历史学家甚至称美国成为与英国达成广泛谅解的"第一情人"[2]。

英国不仅在对德国问题上与美国立场基本一致，而且在亚太地区特别是中国问题上，两者的政策较为协调。两国都出于不同的考虑要求中国的门户开放。英国成为美国提出门户开放照会的主要支持者。更重要的是，从19世纪末开始，英国在扩张政策上采取战略转移，从美洲撤退，并承认门罗主义的合法性，以确保欧洲和其他地区的利益。因此，英国成为罗斯福欧洲均势外交的最佳筹码之一，英国在欧洲的命运与美国休戚相关。所以，当罗斯福还是纽约州长时就强烈反对一些美国人希望英国衰落下去的观点。他预言道，如果英国最终衰落下去，"要不了几年，美国就得面临着要么放弃门罗主义……，要么走向战争的选择"。他像布鲁克斯·亚当斯一样，对英国的衰落表示"相当悲伤"，并担心"如果德国压倒英国并建立它所希望的在欧洲的优势地位，

---

[1] Charles Campbell, *Anglo-American Understanding, 1898–1903*, p. 21.
[2] H. C. Allen, *Great Britain and the United States: A History of Anglo-American Relations, 1783–1952*, p. 558.

它将来肯定会在美洲插一手"。因此,罗斯福认为"如果英国不能维持欧洲的均势","美国就不得不插手重建欧洲的均势,无论我们必须针对哪一个国家"。他甚至断言:"由于我们的实力和地理位置,我们自己正日益变成全球力量的均衡者。"[1] 罗斯福这一观点贯彻始终,一直没有改变。1910年他在与德国一位大使霍曼·埃克斯顿谈话中再度重复了美国正变成世界均势维持者的说法。罗斯福指出:在德法冲突中,如果德国打败法国,"我们决不会稳坐不动",将"不得不干涉";要是英国能够成功地"维持欧洲的均势","那很好";如果英国出于某种原因做不到这一点,"美国至少必须暂时卷入,以便恢复欧洲的均势,而不在意我们的矛头指向某一国或集团"。[2] 美国另一个狂热的扩张主义参议员亨利·洛奇也指出英国的衰落是"美国的不幸"[3]。著名的"海上实力论"的作者阿尔弗雷德·马汉的想法和罗斯福、洛奇如出一辙。他得出结论说20世纪初是美国该进入世界政治的竞技场,推出使欧洲均势长久化的积极政策的时候了。[4]

二

罗斯福欧洲均势外交的宗旨是抑德、扶法、联英。他认为这

---

[1] Elting Morison, ed., *The Letters of Theodore Roosevelt*, vol. 2, p. 1151; William Widenor, *Henry Cabot Lodge and the Search for an American Foreign Policy*, pp. 183−184.

[2] Howard Beale, *Theodore Roosevelt and the Rise of America to World Power*, p. 447.

[3] William Widenor, *Henry Cabot Lodge and the Search for an American Foreign Policy*, p. 158.

[4] Norman A. Graebner, ed., *An Uncertain Tradition: American Secretaries of State in the Twentieth Century*, New York: McGraw-Hill, 1961, p. 5.

不仅是美国的"最高职责",也是美国"最聪明的策略"。[1] 美国卷入第一次摩洛哥危机和参加阿尔赫西拉斯会议就具体体现了罗斯福这一均势外交的构思。

在20世纪初的欧洲政局中,面对着德国这一令人不安的国家,历史上一直是竞争对手的英法开始互相接近。1904年,英法签订条约,英国同意法国控制摩洛哥,以此换取法国对英国控制埃及的赞许。德国对此当然感到如鲠在喉。因为德国明白,如果英法协约,就意味着德国无法获得具有战略意义的摩洛哥,意味着它赞成国际舞台上的力量对比对德不利。因此,德国对英法协约表示强烈反对。当时美国驻意大利大使亨利·怀特根据"简直不能怀疑其权威性"的消息向罗斯福报告说,德国通知法国,如果法国出兵占领摩洛哥的话,德国就进攻法国。[2] 德国当时考虑英国不可能为法国而战,英国对法国的支持是"纯精神上的"[3]。法国的盟国俄国自顾不暇,当然也谈不上给法国以援助。因此,德国决心以摩洛哥为契机,打击法国,意在削弱和孤立英国。

1905年3月,德皇在丹吉尔发表"挑战性的耀武扬威"的演说,声称摩洛哥苏丹是"绝对的独立国家的君主",摩洛哥的门户应绝对向列强开放,并表示"决心竭尽全力捍卫德国在摩洛哥

---

[1] William Widenor, *Henry Cabot Lodge and the Search for an American Foreign Policy*, pp. 158—159.

[2] Howard Beale, *Theodore Roosevelt and the Rise of America to World Power*, p. 356.

[3] 莱普索斯等编:《欧湘各国政府的重大政策,1871—1914》,转引自王明:《美国与1906年阿尔赫西拉斯会议》,载《南京大学学报》1983年第3期。

的利益"。[1] 很明显，德国根本不承认英法协约，矛头直指英国和法国，并多次扬言不惜与法国二战。德国向法国在摩洛哥地位的挑战便是向英国在埃及地位的挑战。因此，威廉·哈博教授指出，德国"在摩洛哥反对法国便是反对英国"[2]。在这种情况下，英国当然不甘示弱，准备战争。一时间，战争的阴云笼罩在欧洲上空。

摩洛哥危机之初，罗斯福并未意识到它的重要性，他兴致勃勃地去美国西部度假、狩猎。罗斯福认为"我们有其他鱼可烹，（美国）在摩洛哥没有真正利益"[3]。这里罗斯福所谓的"其他鱼可烹"指的便是美国意欲利用日俄战争向亚太地区进行经济侵略扩张。国务卿伊里胡·鲁特也认为美国在摩洛哥的利益"非常一般化"[4]。罗斯福和鲁特的看法只不过反映了与美国在亚太地区的利益相比而言，摩洛哥对美国确实不太重要。但这并不表明美国对摩洛哥毫无兴趣。历史表明，早在美国建国不久就同摩洛哥签订了通商条约，规定美国在摩洛哥享有片面的最惠国待遇。1880年，美国又和欧洲列强一起签署《马德里条约》，力图挤入瓜分非洲的筵席。美国是除摩洛哥之外参加马德里会议的唯一一个非欧洲

---

[1] G. P. Gooch and H. Temperley, eds., *British Documents on the Origins of the War, 1898–1914*, vol. 3, p. 63.

[2] William Harbaugh, *Power and Responsibility: The Life and Times of Theodore Roosevelt*, New York: Farrar, Straus and Cudahy, 1961, p. 287.

[3] George Mowry, *The Era of Theodore Roosevelt: And the Birth of Modern America, 1900–1912*, New York: Harper & Row, 1958, p. 193.

[4] Ibid., p. 193.

国家。1904年珀迪卡里斯事件更是充分暴露了美国企图在摩洛哥扩张的野心。[1] 当罗斯福意识到德国想利用摩洛哥危机破坏欧洲的均势，从而极有可能影响美国在美洲的地位及在亚太地区的扩张时，罗斯福当然不会安闲地狩猎了。阻止战争的爆发，维持欧洲的均势便成为罗斯福的欧洲政策的重要目标。于是罗斯福缩短假期，亲自掌握起对英、法、德的斡旋。

早在1905年初，德国主张召开大国会议来解决摩洛哥问题，并打着要求摩洛哥"门户开放"的幌子来吸引美国站在它的一边。1905年2月25日德国标洛首相以德皇的名义致电美国，要求罗斯福支持德国的要求，并利用美国力图对外经济扩张的心理，指出法、西控制摩洛哥将会排挤各国商业并控制远东和近东的通路。标洛表示德国没有领土野心，只不过力图阻止法国不利于各国的行动罢了。在这一番动人的自我表白之后，标洛抛出了他的底牌：美国和德国一起鼓励摩洛哥苏丹提出召开国际会议的要求。

罗斯福则故意做作，表示这样恐受国会和舆论的"强烈谴责"，但又说，"我将指示我的驻摩洛哥公使和他的德国同事密切合作"。[2] 然而，罗斯福给美驻摩洛哥公使的真正指令则是要求

---

[1] 珀迪卡里斯事件，指1904年5月一个名叫珀迪卡里斯的归化的美国人在丹吉尔被摩洛哥一个酋长拉苏里拘捕的事件。美国借题发挥，声称"要活的珀迪卡里斯，或死的拉苏里"，并进行武力恫吓，迫使摩洛哥苏丹交付赔款，并承认美国有权登陆保护美国侨民。参见 *Papers Relating to the Foreign Relations of the United States, 1904*, p. 503。

[2] Howard Beale, *Theodore Roosevelt and the Rise of America to World Power*, pp. 359—360.

他和德国公使的合作不应"导致和法国的隔阂"[1]。德国察觉到罗斯福好像并不热心于摩洛哥的事务,便竭力向罗斯福强调,摩洛哥问题与美国在亚太地区的扩张有密切的联系,如果不在摩洛哥制止法国的行动,那么,"英、法、俄还可能同日本合作,采取旨在瓜分中国的行动"。"如果我们让法国在摩洛哥践踏我们,那么,我们在别处也将被践踏",并表示"应采取哪种适当的办法来解决摩洛哥问题,一切将以您的态度为转移"[2]。德皇还向罗斯福指出,德国在中国问题上和日俄战争中"支持"美国的立场,因此,美国在摩洛哥问题上应支持德国,而且,即使从美国的远东利益考虑,美国也应该说服英法参加关于摩洛哥问题的国际会议。德国驻美大使更是明确地向美国政府指出,"听任法国(在摩洛哥)自由行动,就会造成一个危险的先例,肯定会在远东引起反响"[3]。标洛首相在1905年4月3日要求德驻美大使"尽快"向罗斯福解释清楚"在英法政策中,中国问题和摩洛哥问题之间存在着联系"[4]。

德国把摩洛哥危机和美国在亚太地区的经济扩张联系起来,确实击中了罗斯福外交的要害。罗斯福不仅希望向亚太地区进行大规模扩张,而且希望能够把"门户开放"政策作为美国的全球

---

1 Howard Beale, *Theodore Roosevelt and the Rise of America to World Power*, pp. 359−360.
2 Elting Morison, ed., *The Letters of Theodore Roosevelt*, vol. 5, pp. 230−232.
3 Joseph Bishop, *Theodore Roosevelt and His Time Shown in His Own Letters*, vol. 1, New York: Charles Scribner's Sons, 1920, pp. 467−471.
4 Ibid.

政策推广到除美洲之外的一切"野蛮"地区，非洲当然也不能例外。罗斯福在1906年的国情咨文中也正是用摩洛哥危机和"门户开放"政策相联系来打动参议院。他在咨文中指出，美国批准阿尔赫西拉斯会议签订的总议定书是美国"到处寻求新的市场和贸易缺口"的需要。[1] 苏联学者鲍·亚·罗曼诺夫认为罗斯福卷入摩洛哥危机的原因"在于欧洲的战争威胁使他那唯恐他人染指的远东外交也遭到打击"的看法不无道理。[2]

美国支持德国召开国际会议的建议不仅在于阻止战争爆发，维持摩洛哥的门户开放，而且在于希望利用国际会议挫败德国的野心，达到钳制德国的目的。这是美国整体和长远利益的需要。美国著名史学家亨利·亚当斯在1906年1月底给一位朋友的信中中肯地写道："我们不得不扶法抑德并加强大西洋体系使之免于（德国的）攻击。因为若德国挫败英国和法国，它将变成一个世界军事中心，那么，我们就完了。"[3] 这一点是罗斯福卷入摩洛哥危机的另一重要目标。罗曼诺夫所谓罗斯福支持德国召开国际会议的建议，因而从一开始他就成为标洛的"马前卒"的观点显然没有看清罗斯福欧洲均势外交的另一方面。[4]

然而，罗斯福要实现他的上述双重任务困难重重。英国坚决

---

[1] Lloyd Gardner et al., *Creation of the American Empire: U. S. Diplomatic History*, Chicago: Rand McNally, 1973, p. 273.

[2] 鲍·亚·罗曼诺夫：《日俄战争外交史纲》下册，第644页。

[3] H. C. Allen, *Great Britain and the United States: A History of Anglo-American Relations, 1783-1952*, p. 621.

[4] 鲍·亚·罗曼诺夫：《日俄战争外交史纲》下册，第644页。

反对法国参加关于摩洛哥的国际会议,它自己也无意参加。英国外交大臣兰斯顿写道:"恐怕我们不能把(德皇在)丹吉尔的感情迸发看作是一个孤立的事件。""我们将……发现德皇利用一切机会来阻碍我们的计划。"[1] 但在德国的怂恿下,1906年6月初,摩洛哥苏丹还是邀请各大国参加解决摩洛哥问题的国际会议。英国认为这是德国有意"使法国难堪的计划"[2]。不过,法国总理卢维埃怀疑英国支持法国的诚意,并认为"英国的军舰是没有轮子的"[3]。意指德法战争一旦爆发,英国在军事上帮不了大忙。6月6日,卢维埃迫使主张对德国采取强硬态度的法国外交部长德卡塞辞职,试图以此和德国妥协。

在这种情况下,罗斯福乘机力劝法国参加国际会议,认为这样就能避免对法不利的战争。而且,罗斯福许诺,如果美国也参加会议,它将力图使法国在国际会议上取得真正的胜利。罗斯福指出,"对法国来说,重要的是采取栗子的内核,不必考虑栗子的外壳"[4]。罗斯福还建议法国"给威廉二世的巨大的虚荣心一些满足,如果能避免一场战争,帮助他保全脸面是明智的"[5]。在罗斯福的许诺和劝告下,法国不反对参加国际会议,但条件是只有在获悉德国在会上可能提出什么要求后,方能最后定夺。

1　H. C. Allen, *Great Britain and the United States: A History of Anglo-American Relations, 1783—1952*, vol. 1, pp. 55—56.
2　Howard Beale, *Theodore Roosevelt and the Rise of America to World Power*, p. 365.
3　鲍·亚·罗曼诺夫:《日俄战争外交史纲》下册,第583页。
4　Elting Morison, ed., *The Letters of Theodore Roosevelt*, vol. 5, p. 242.
5　Ibid., pp. 242, 1257.

于是，罗斯福又鼓动如簧之舌，做德国的工作。他的方法是充分奉承德皇。他说道，"让我最热忱地对皇帝的巨大外交成功表示热烈祝贺"，"（法国的）同意（参加国际会议）本来是不可能的"，"这是（德国）最伟大的外交胜利"，并声称他不仅是德国的"真正崇拜者"，而且也是"陛下的""真正崇拜者"。[1] 然后，罗斯福接着说道，既然德国已经取得"伟大的"外交胜利，再纠缠于"细枝末节"将是"非常不幸的"，而且还会给德皇的"崇高声望蒙上阴影"。[2] 这里所谓不要纠缠于"细枝末节"即接受法国的上述条件。在罗斯福的劝诱下，加上德国希望破坏英法同盟和法俄同盟的考虑，6月28日，德驻美大使施登堡向罗斯福转达了德皇的保证："在行将到来的会议上，如果德法之间意见发生分歧，他（指德皇）在任何条件下，都准备接受您认为最公正、最切实可行的建议。"[3] 德国的这一保证使罗斯福掌握了外交主动权。

罗斯福马上把德国这一保证告诉法国。这一消息加上1905年7月8日德法就召开会议的条件事先达成的某些协议，打消了法国参加国际会议的疑虑。[4] 这样，罗斯福大力促成的一场外交喜剧于1906年1月16日在西班牙的阿尔赫西拉斯拉开帷幕。

---

[1] Howard Beale, *Theodore Roosevelt and the Rise of America to World Power*, p. 367; Joseph Bishop, *Theodore Roosevelt and His Time Shown in His Own Letters*, vol. 1, p. 482.

[2] Elting Morison, ed., *The Letters of Theodore Roosevelt*, vol. 5, pp. 242, 1257.

[3] Howard Beale, *Theodore Roosevelt and the Rise of America to World Power*, p. 369.

[4] 1905年7月8日，德法互换照会，向意下述原则：1. 尊重法国在摩洛哥的权利；2. 国际会议不讨论法国同英、西达成的协议；3. 不改变摩洛哥的门户开放政策（参见 *Papers Relating to the Foreign Relations of the United States, 1905*, pp. 668—670）。

三

罗斯福派遣他称之为他任总统期间的"整个外交界中最有用的人"亨利·怀特[1]以及塞弥尔·古默参加阿尔赫西拉斯会议。怀特得到的指令说:法国在摩洛哥"有合法利益",这些利益"应该得到保证"。指令要求怀特不应支持德国的任何特殊要求,因为德国没有提出这些要求的"合法依据"。指令还提到美国"要求毫无限制的贸易——门户开放",阻止列强对"美国贸易的限制"。[2]指令要求怀特等人一方面尽量不要和德国弄僵,但在"根本上""应和法国站在一起",这样才符合美国的利益。[3]由此可看出,美国参加阿尔赫西拉斯会议,并不完全着眼于摩洛哥的事务,却是致力于欧洲的均势,而致力于欧洲均势的目的是为了有利于美国在亚太及其他落后地区的经济扩张。

阿尔赫西拉斯会议预定召开两周。但由于各国矛盾重重,一直拖到4月7日方才闭幕。会议一度处于破裂的边缘。2月中旬,会议便在如何建立对摩洛哥的殖民统治方面陷于僵局,战争的火星再度迸发。当时英国外交大臣曾非常严肃地表示,"如果法德之间发生战争,英国很难置身局外"[4],英国政府只"同意法国能够接

1　Richard Leopold, The Growth of American Foreign Policy, p. 362.
2　Howard Beale, *Theodore Roosevelt and the Rise of America to World Power*, p. 372.
3　Elting Morison, ed., *The Letters of Theodore Roosevelt*, vol. 4, p. 1313.
4　G. P. Gooch and H. Temperley, eds., *British Documents on the Origins of the War, 1898–1914*, vol. 3, p. 254.

受的解决方案"[1]。为了打破僵局，1906年2月19日，罗斯福提出了体现美国扶法抑德以及要求按"门户开放"政策解决摩洛哥问题的四原则[2]，并向德皇指出他的建议是"合理的"，希望德皇能够接受它。否则德国"必须对一切可能发生的不幸""承担责任"。[3] 但德国拒绝接受其中的第三款，认为这一款会导致法西在摩洛哥的控制地位。在这种情况下，英国要求立即宣布会议失败。于是，在3月7日，罗斯福要求德皇履行他在1905年6月28日所做的保证，接受罗斯福2月19日的建议，并声称他的建议"事实上"是"德国外交的胜利"。[4] 罗斯福的这一番威胁劝诱使德国陷入十分尴尬的境地。接受之，不符合德国的政策，拒绝之，则给世人留下背信的恶名。而且，当时除奥地利支持德国外，德国事实上陷入了孤立无援的地位。

德国只得吞下罗斯福提供的苦酒。德皇"非常礼貌地"对罗斯福"多次仁慈的行动"表示"感谢"，并表示"原则上"同意罗斯福的建议，并反过来力劝罗斯福接受奥地利提案。所谓奥地利提案，只不过是德国在孤立无援的情况下，孤注一掷地策动奥

---

1 G. P. Gooch and H. Temperley, eds., *British Documents on the Origins of the War, 1898—1914*, vol. 3, p. 254.

2 罗斯福的"四原则"包括：1. 由苏丹在各港口组织和维持一支警察部队。2. 由国际银行提供资金，该银行股份由与会国均分。3. 苏丹任命的法国和西班牙警官掌握警察部队的权力。4. 法国和西班牙应保证实行门户开放。各国在贸易、公用事业和享受特权方面机会均等（参见 Elting Morison, ed., *The Letters of Theodore Roosevelt*, vol. 5, p. 243）。

3 Joseph Bishop, *Theodore Roosevelt and His Time Shown in His Own Letters*, vol. 1, pp. 493—494.

4 Elting Morison, ed., *The Letters of Theodore Roosevelt*, vol. 5, pp. 230—234.

地利提出各国分管摩洛哥港口的建议。德皇对罗斯福说，这一提案"几乎包括了你的（提案）"，所以，如果罗斯福接受它，"会议就会取得令人满意的结果"。施登堡也向罗斯福指出，如果德国的让步超过了奥地利提案的范围，那么"门户开放政策将处于严重的危险之中"[1]。当时除法西之外，欧洲与会各国基本上都同意奥地利的方案。

但罗斯福认为奥地利方案是"荒谬的"[2]，实际上是赞成对摩洛哥的"瓜分和（建立）势力范围"，与德国宣称的愿望"恰恰背道而驰"。[3] 他指出，他的"四原则""更好更安全，因此，它是我所支持的唯一提案"。罗斯福甚至威胁，会议一旦破裂，他将不得不发表他和"某些大国"的通信。[4]

至此，德国在外交上已别无退路，只得很快让步。标洛首相转告美国，德国在摩洛哥所坚持的只不过是各国经济平等罢了，德国实际上赞成美国的立场。他还自我解嘲道，"维持柏林和华盛顿之间的信用并立即消弭（两国间的）所有误解比整个摩洛哥问题更重要"[5]。一旦实现了自己的目标，罗斯福很"懂得保全（德

1　Howard Beale, *Theodore Roosevelt and the Rise of America to World Power*, p. 380.

2　Ibid.

3　Joseph Bishop, *Theodore Roosevelt and His Time Shown in His Own Letters*, vol. 1, pp. 488-489.

4　Elting Morison, ed., *The Letters of Theodore Roosevelt*, vol. 5, pp. 318-320. 早在3月19日，罗斯福就告诉过德国驻美大使，"如果德皇拒绝我们的方案（指2月19日美国的方案），从而导致国际会议的破裂，我认为有责任公开（我和德皇的）全部通信"。

5　G. P. Gooch and H. Temperley, eds., *British Documents on the Origins of the War, 1898-1914*, vol. 3, p. 315.

国）脸面的重要性"，于是他要施登堡转告"德皇陛下"："我衷心祝贺（德国）在阿尔赫西拉斯会议上取得这一划时代的政治成功。陛下的政策自始至终主宰着摩洛哥问题……，全世界将为这一结果而深深地向他表示感谢。"罗斯福甚至问德国驻美大使，以什么方式才能更好地表达他的祝贺。[1]

经过罗斯福折冲樽俎，阿尔赫西拉斯会议于1906年4月7日通过了总议定书。主要内容包括：一，建立摩洛哥警察组织和国家银行；二，外国人在摩洛哥享有购买土地、从事采矿和贸易活动的权利，没有摩洛哥外交使团的同意，摩洛哥不得修改关税条例；三，由外交使团监督摩洛哥矿产、森林的让与权。[2] 总议定书是典型的帝国主义文件。以法国为首的列强直接控制的"国家银行"成为摩洛哥的真正主宰。摩洛哥苏丹的主权已名存实亡。经济上的门户开放和政治上以法国为主的国际共管便是罗斯福为摩洛哥设计的前途。

阿尔赫西拉斯会议后，罗斯福在致友人的一些信中得意扬扬地写道，在阿尔赫西拉斯会议的关键时刻他"坚决任意地摆布"德皇。他一方面坚持要法国得到"坚硬的果仁"，另一方面又尽可能地使德皇得到"完整的果壳"，并且"给果壳涂上了德皇所希望的颜色"。罗斯福甚至警告法国不要举行庆祝胜利的热闹场面，以免刺激德国。[3] 必须公正地指出，德国在阿尔赫西拉斯会

---

[1] Howard Beale, *Theodore Roosevelt and the Rise of America to World Power*, pp. 385-407.
[2] *Papers Relating to the Foreign Relations of the United States, 1906*, vol. 2, pp. 1495-1513.
[3] Elting Morison, ed., *The Letters of Theodore Roosevelt*, vol. 5, pp. 318-320, 357-359.

议上的失败并不完全是罗斯福的"功劳"。实际上,要是当时德国不是处于十分孤立的地位,要是国际关系格局有利于德国,要是德国已经做好打仗的准备,罗斯福即使再占外交主动权,本事再大,也是"回天乏术"的。

对于罗斯福在阿尔赫西拉斯会议中的作用,褒贬不一。亨利·怀特称赞罗斯福针对摩洛哥危机的外交是"高度有条不紊的外交中的绝妙一章"。英外交大臣格雷也认为美国参加阿尔赫西拉斯会议和罗斯福的影响"很重要"[1]。美国历史学家艾伦·内文斯在研究亨利·怀特文件的基础上得出结论说,"很明显,在会议伊始,美国的作用就至为重要"[2]。但亚历山大·德康德认为罗斯福卷入欧洲政治是"失常"的。[3] 比米斯更是认为罗斯福卷入阿尔赫西拉斯会议是"冒险的事业","美国从这里一无所得"。[4] 对作为提出美西战争是美国外交"大偏离"观点的比米斯来说,提出"冒险的事业"和"一无所得"是不足为奇的,因为他不能看到美国必然要向海外扩张的资本主义本性。我们认为,罗斯福卷入第一次摩洛哥危机和欧洲政治是美国历史发展的必然结果。阿尔赫西拉斯会议使英法取得了胜利,英法协约更加巩固,德国遭到了惨败。这实现了罗斯福欧洲均势外交的构思。另一方面,总议

---

[1] Howard Beale, *Theodore Roosevelt and the Rise of America to World Power*, p. 389.

[2] Allan Nevins, *Henry White: Thirty Years of American Diplomacy*, New York: Harper & Brothers, 1930, pp. 261-282.

[3] Alexander DeConde, *A History of American Foreign Policy*, p. 357.

[4] Samuel F. Bemis, *A Diplomatic History of the United States*, p. 585.

定书包括了摩洛哥"门户开放"这一条款,因而既为美国在非洲的经济扩张埋下了伏笔,又避免了会破坏美国在亚太扩张的外交惯例。美国卷入摩洛哥危机的一个主要动机着眼于亚太地区。美国代表怀特在签署总议定书时声明"美国对议定书条款的实施不承担义务和责任"[1],恐怕只有从上述角度来理解方能深知其味。因此,比米斯所谓"一无所得"的观点显然是错误的。

罗斯福欧洲均势外交是美国进入帝国主义时期后向外扩张的产物,体现了罗斯福执政时期国内国际政治、经济因素的合力,罗斯福无论提出什么外交口号和运用何种外交手段,都是为了最大限度地服务于美国的国家利益。美国的国家利益需要美国向外侵略扩张,美国向外侵略扩张的浪潮必然要把美国推向世界政治的旋涡,并力图充当大国政治中的主角。罗斯福的外交活动为美国直接投入世界战争并问鼎世界霸权铺平了道路。

均势外交直接服务于美国的海外扩张,但又不局限于美国的某些具体利益,且受国际关系的直接制约。艾米莉·S. 罗森宝,这位近年来在美国外交史研究中崭露头角的女历史学家认为,罗斯福在经济扩张方面后退了,这是因为他的"对势力范围的坚定的地缘政治的概念"。"罗斯福相信美国应该控制西半球,但在别处应该致力于均势","罗斯福的均势政治压倒了(美国的)经济利益"。[2] 这些观点表明罗森宝并没有理解罗斯福均势外交的复杂

---

[1] *Papers Relating to the Foreign Relations of the United States, 1906*, vol. 2, p. 1492.

[2] Emily S. Rosenberg, *Spreading the American Dream: American Economic and Cultural Expansion, 1890-1945*, New York: HarperCollins, 1982, pp. 57-58.

性。一方面，在20世纪初国际关系格局发生巨变的情况下，美国既然无强大军事实力强行推行其海外扩张政策，那么，均势外交可以更好地为美国经济侵略扩张服务。均势外交可以维持欧洲的暂时均势，从而可以更好地维持美国在美洲的优势地位，为美国在亚太地区扩张服务。上述因素是罗斯福欧洲均势外交的重要考虑和砝码。

罗斯福均势外交不是"利他主义的"，更不是单纯为了"和平"。[1] 罗斯福在亚太地区鼓励日俄战争和在欧洲阻止战争的爆发都是出于美国国家利益的需要。罗斯福深知"强权即公理"，他实际上有时很想使用武力，只不过力不从心，才使他不得不实行均势外交。但这不妨碍他大力发展美国的军事实力。美国的军事实力一旦达到一定的程度，投入武力竞技场便是必然结果了。

罗斯福欧洲均势外交虽然达到了其预期的目的，但并没有从根本上解决问题。欧洲的战争火星用一张总议定书是盖不住的。诚如罗斯福的一个传记作者普林格尔所言，阿尔赫西拉斯会议只不过"推迟"而没有"制止"战争的爆发。[2] 实际上，在帝国主义时代，由于各国发展的不平衡，由于资本主义扩张的本性，任何国家、任何个人都不能长久地维持均势。均势只能是暂时的、

---

[1] 不少美国学者为罗斯福欧洲外交涂脂抹粉，或称其是"利他主义的"，或称其"为了和平"等（Howard Beale, *Theodore Roosevelt and the Rise of America to World Power*; David Burton, *Theodore Roosevelt: Confident Imperialist*, Philadelphia: University of Pennsylvania Press, 1968），这些观点必须批判。

[2] Henry Pringle, *Theodore Roosevelt: A Biography*, New York: Harcourt, 1931, p. 397.

相对的，非均势是绝对的。帝国主义国家之间只能维持短暂的均势，而没有真正的均势。作为一个大国的总统，罗斯福充其量只能推波助澜，而无法逆流而动。均势的动态性表明一个均势的建立，便是另一个非均势的开始。因此，罗斯福的欧洲均势外交当然只能以最后失败而告终。

（原载《世界历史》1989年第6期）

后　记

在最近出版的一本名为《边缘人偶记》的小书中，我公开承认本人成为职业历史学者是历史的误会。1980年高考前几个月我还做着理科男的春秋大梦，坚信学好数理化，走遍天下都不怕。但最终由于种种难以预测的原因，我还是报考了文科，并被历史系录取。那是一个个人无法控制命运的时代。结果当然是阴差阳错，一步步上了职业历史学人的"贼船"，无法逃脱，成为现在所谓的国际历史学者。套用刘晓庆当年大红大紫时的名言，我可以说，读历史难，中国人做历史学家更难，而一个中国历史学人在西方学术界混饭吃难上加难（她的原话好像是做人难，做女人更难，做名女人难上加难）。君不见，前有司马迁惨遭宫刑，后有无数中国历史学家因言获罪，不得善终。君不见，堂堂胡适虽名闻天下，屈居美国时，只能当一个普林斯顿大学东方图书馆的小小馆长。目前在中国学术界如雷贯耳的黄仁宇先生在59岁时被一个三流美国学校解雇,其在西方出版社出书的经历更是让人唏嘘不已。

虽说被逼上梁山,但在其位,就得谋其政,更不敢偷懒。加上小子何幸,曾先后忝列南开大学杨生茂教授、哈佛大学入江昭教授的门墙,作为他们的受业弟子,在两位先生的循循善诱、谆谆教诲之下,个人虽资质愚钝,亦偶有所思、所感、所成,不敢有辱师门。尤其在我上大学前无法想象的是,自己后来会走出国门,并最终在西方学术界成为一个历史学者。因为没有过去恐惧的各种限制和环境,历史研究很快成为个人喜欢的职业。古人云,知之者不如好之者,好之者不如乐之者。教书育人、著书写史成为本人好之和乐之的生活。您手中的这本小书就是本人一步一个脚印成为职业历史学人的部分中文文字见证。雪泥鸿爪,白纸黑字。杜甫诗云:"文章千古事,得失寸心知。"我当然不敢有老杜"千古事"的自信,但这里收集的每篇文字,无论价值如何,我还是认为其所有选题及用心直到今天还是有意义的,或许至少对读书人有所裨益。

本书的第一部分为"读书天下",同读者分享读书特别是读天下书的体悟。尤其希望读者对美国人经常性争论美国是否在危机之中的现象加以思考。无疑,一个习惯于对国家地位及前途进行批判性反省和反思的民族是一个自信和进取的民族,反之,一个坐井观天、自欺欺人的民族最终会自取其辱。美国在不断自我更新、自我检讨,敢于承认缺陷和不足。其每两年一次的中期选举和四年一度的大选就是制度性对全面和全民思考与检讨国家命运和前途的保证及落实。我也诚恳希望读者在读完关于美国外交政策史研究动态一文后，想想为什么外交史学科在美国20世纪80年代即告没落，国际史应运而生，开始崭露头角。而在今天的中国，外交史研究仍旧在民族－国家层面打转，无论在资料、观点，还是方法诸方面均无法突破。

本书的第二部分取名为"知人论世"，即从第一部分的读书转移到读人。旨在从新的角度分析一些政治家或像亨廷顿这样的学者的政治轨迹或学术人生。我不敢说自己的观点都对，甚至我今天对亨廷顿的文明冲突论的认识与当年写文章时已有不同。我之所以将此三篇文章收集在这里，其实是有检讨身为职业历史学人应该如何"知人论世"之苦心的。窃以为我的出发点和视角还是有点独到之处，因此不敢藏拙，放在这里，聊为抛砖引玉吧。

本书的第三部分侧重"大战"遗产，由"读书""读人"跳到解读重大国际事件。这里的"大战"当然是指第一次世界大战。2018年系一战结束100周年。全世界都在反思这场战争的遗产。美国目前有上百个一战纪念碑或纪念馆。一战战败国德国的大众汽车公司在汉诺威有一个很有影响的研究机构，从2013年起该机构已连续四年每年主办一战方面的学术讨论会，本人有幸参加了其中三次。德国政府在2014年以"一战爆发百年的欧洲思考"之名义在其外交部大楼召开一战讨论会，德国外交部长亲自出席晚宴，各国学者济济一堂，从多种角度反思这场"大战"。本人也十分荣幸，受邀躬逢其盛。自2014年以来，剑桥、牛津等大学出版社也纷纷出版专著，从高雅的学术层面对这场战争加以研究，本人有幸参与由耶鲁大学温特教授主编并于2014年用英法两种文字出版的《剑桥一战史》的撰写工作，并为牛津大学出版社撰写了亚洲与一战的英文专著。2019年为巴黎和会100周年，国际学术界早在2016年即筹备2019年六月在巴黎召开国际会议，讨论和会的意义、遗产和展示最高学术水平。本人应邀出任会议国际筹备委员会委员，2018年夏天委员会已结束明年参会论文的遴选。从这些个人卷入的经历可以说，一战的国际研究在如火如荼、大张旗鼓的纪念中进行。

虽然本人一直认为一战与中国关系密切，但国内学术界对一战的关注、对一战与中国的关联缺乏深入研究，2018年国内固然有好几个关于一战的学术讨论会，但整体水平似乎有待提高。所以值此一战结束百年之际，收入过去本人从不同角度研究一战的中文文字，希望为促进国内的一战研究贡献微薄之力。

本书的第四部分题为"亦中亦西"，收入的文字分别讨论美国在内战时期如何处理英国政府意图制造"两个美国"、美国所发动的越南战争的现代记忆及其影响，以及法国大革命的精神遗产等题目。本人意图通过这三篇文章向读者展示所有历史都是国际史和共有的历史这一视野和观点。关注本人学术研究的读者也许知道，我长期以来一直研究国际史和共有的历史，并用英文分别在哈佛、剑桥、牛津大学出版社出版"国际史"三部曲和"共有历史"三部曲。

国际史三部曲为《中国与大战：寻求新的国家认同与国际化》(*China and the Great War: China's Pursuit of a New National Identity and*

Internationalization, Cambridge: Cambridge University Press, 2005）、《奥林匹克之梦：中国与体育，1895—2008》（*Olympic Dreams: China and Sports, 1895—2008*, Cambridge: Harvard University Press, 2008）、《西线战场陌生客：一战中的华工》（*Strangers on the Western Front: Chinese Workers in the Great War*, Cambridge: Harvard University Press, 2011）；共有历史三部曲为《中国人与美国人：一个共有的历史》（*Chinese and Americans: A Shared History*, Cambridge: Harvard University Press, 2014）、《亚洲与第一次世界大战：一个共有的历史》（*Asia and the Great War: A Shared History*, Oxford: Oxford University Press, 2017），以及目前还在为哈佛大学出版社撰写的《中国的观念：一个共有的历史》（*Idea of China: A Shared History*）一书。这里收集的文章实际上展示了本人在这些方法和视野中慢慢摸索和突破的过程。真心希望这三篇小文能在方法论和学术视野方面对读者有所启迪。

本书的第五部分为"何以美国"，这里的几篇文章完全侧重美国外交史。横跨18至20世纪。分别涉及美国早期对法外交、威廉·亨利·西沃德（美国内战时期的国务卿）和美国亚太扩张政策、均势与美国门户开放政策，以及西奥多·罗斯福（1898至1908年美国总统）的欧洲均势外交等题目。之所以用"何以美国"这一标题，是因为想从外交层面揭示美国何以成为美国这一人人十分关注的话题。得失与否，还是由读者诸君决定吧。

我是在哈佛大学教育研究所（The Graduate School of Education）图书馆写作此后记的。图书馆大门及附近街道均悬挂着标语

"Learn to Change the World",反映了该所的目标是要其毕业生能够改变世界。我根本没有改变世界的雄心,也不敢奢望这本小书能改变什么,如果读者掩卷后,觉得有点开卷有益的感觉,吾愿足矣!元末明初的学者谢应芳的一首词,可能比较能够说明我此时的心态:"青松涧底独离奇。寒也谁知,暖也谁知,老夫聊为一嘘唏。"

光启随笔书目

《学术的重和轻》　　　　　　　李剑鸣　著
《社会的恶与善》　　　　　　　彭小瑜　著
《一只革命的手》　　　　　　　孙周兴　著
《徜徉在史学与文学之间》　　　张广智　著
《藤影荷声好读书》　　　　　　彭　刚　著
《凌波微语》　　　　　　　　　陈建华　著
《生命是一种充满强度的运动》　汪民安　著
《希腊与罗马——过去与现在》　晏绍祥　著
《面目可憎——赵世瑜学术评论选》赵世瑜　著
《中国的近代：大国的历史转身》罗志田　著
《随缘求索录》　　　　　　　　张绪山　著
《难问西东集》　　　　　　　　徐国琦　著
《诗性之笔与理性之文》　　　　詹　丹　著
《文学的异与同》　　　　　　　张　治　著